高等院校电子商务职业细分化创新型规划教材

ECETC　电子商务从业人员培训考试认证项目指定教材

U0733469

网店数据化运营

大数据分析 流量转化
SEO 网店管理

李杰臣 韩永平◎主　编

占建民 乔陆 胡令 熊璐◎副主编

人民邮电出版社

北　京

图书在版编目（ＣＩＰ）数据

网店数据化运营 大数据分析 流量转化 SEO 网
店管理 / 李杰臣，韩永平主编. -- 北京：人民邮电出
版社，2016.1（2023.1重印）
高等院校电子商务职业细分化创新型规划教材
ISBN 978-7-115-39827-7

Ⅰ. ①网… Ⅱ. ①李… ②韩… Ⅲ. ①企业管理—电
子商务—高等学校—教材 Ⅳ. ①F274-39

中国版本图书馆CIP数据核字(2015)第190350号

内 容 提 要

随着电子商务的迅猛发展，仅淘宝网每天有上万家新开的店铺，淘宝店铺之间的竞争非常激烈，淘宝卖家要想在众多的竞争者中脱颖而出，数据化运营是一门必修的课程。

本书系统、全面、深入地讲解淘宝卖家从开店、推广到管理的基本方法和技巧，书中紧紧围绕"开店前主营类目的选择和定价——运营期间各项数据的分析——运营期间各项数据的优化——淘宝店铺的内部管理"这条线索展开，其中包括开店流程、淘宝规则、淘宝官方活动，以及店铺管理者运营店铺需要掌握的技能和方法。为了帮助读者更好地理解各项数据指标，书中穿插了相关的数据图表。书中最后一章以案例的形式为读者讲解如何借鉴别人的成功经验，进而达到学以致用的目的，将数据化运营的方法和技巧运用到实际的淘宝店铺运营中去。

本书可作为高等院校电子商务、经济管理等专业的教材，也可作为电商培训班的教学用书，同时也适合于网店创业人员、管理人员、兼职人员的自学用书。

◆ 主　　编　李杰臣　韩永平

　　副主编　占建民　乔　陆　胡　令　熊　璐

　　责任编辑　王　平

　　责任印制　杨林杰

◆ 人民邮电出版社出版发行　　北京市丰台区成寿寺路 11 号

　　邮编　100164　　电子邮件　315@ptpress.com.cn

　　网址　http://www.ptpress.com.cn

　　北京虎彩文化传播有限公司印刷

◆ 开本：787×1092　1/16

　　印张：15　　　　　　　2016 年 1 月第 1 版

　　字数：338 千字　　　　2023 年 1 月北京第 15 次印刷

定价：38.00 元

读者服务热线：**(010)81055256**　印装质量热线：**(010)81055316**
反盗版热线：**(010)81055315**
广告经营许可证：**京东市监广登字 20170147 号**

前言 FOREWORD

　　许多有商业眼光的人看中了淘宝网开店创业的巨大商机，先后加入了淘宝创业大军中，但是随着创业大军人数的激增，许多中小店铺逐渐失去了大型店铺的竞争优势。那么，针对淘宝新手卖家而言，应该怎么做才能使自己的店铺在竞争激烈的淘宝市场立足呢？淘宝店铺的运营不能是仅仅凭借个人主观的猜想，更重要的是学会如何运用数据进行分析和决策。

　　本书共 10 章，第 1 章以淘宝指数和阿里指数为数据分析平台，详细讲解如何选择店铺的主营类目；第 2 章从定价出发，教会读者利用科学的定价法制定商品的价格；第 3 章是店铺的流量结构分析，讲解店铺可以利用哪些渠道引流；第 4 章主要讲解成交转化率，先解析影响成交转化率的因素，并逐一进行优化；第 5 章主要讲解店铺的客单价提升的方法和技巧；第 6 章主要是对宝贝标题和宝贝上下架时间进行 SEO 优化；第 7 章全面深入地为读者解读影响店铺的 DSR 动态评分；第 8 章的核心出发点是店铺内部管理，淘宝掌柜对客服人员实行 KPI 绩效考核；第 9 章也是属于店铺内部管理的范畴，淘宝掌柜应该掌握哪些数据预测法对店铺的成本进行精准的预测；第 10 章介绍3 个案例，第一个案例演示了开店初期的运营，第二个案例演示了如何提取店铺的核心数据，第三个案例演示了如何深入分析各项流量指标。

　　本书具有以下特点。

　　※ 以数据化思维为导向。本书的最大亮点是以数据化思维去分析问题、解决问题并预测可能会出现的问题，为店铺提供更加科学的数据化决策。书中以 Excel 为主要分析工具，操作过程简单易懂。

※ 案例经典。本书在讲解理论知识的同时，也列举了许多的经典案例，通过案例对淘宝市场、同行卖家以及淘宝官方活动等多维度地进行分析，找出店铺目前存在的问题，并采取相应的优化措施，让卖家对店铺的运营更加得心应手。

※ 循序渐进。本书按照开店的流程逐步为广大新手卖家讲解了从开店选货到正式的数据运营，再到 SEO 优化，最后是店铺内部管理。让读者清晰地了解开店的整个流程，并学会在各个流程如何利用数据进行分析和决策。

本书逻辑清晰，层次分明，语言精练，案例丰富，注重对读者进行数据化运营的思维训练。同时，书中所列举的案例都具有代表性，每个案例能够提供思考方向，让读者学会举一反三。

本书由成都航空职业技术学院李杰臣、长江职业学院韩永平任主编，江西工程学院占建民、河南职业技术学院乔陆、湖南信息学院胡令和江西外语外贸职业学院熊璐任副主编。韩永平编写了第 1~2 章，占建民编写了第 3~4 章，乔陆编写了第 5~6 章，胡令编写了第 7~8 章，熊璐编写了第 9~10 章，李杰臣负责全书案例编写。由于编者水平有限，在编写本书的过程中难免会存在疏漏之外，恳请广大读者批评指正，并登录 www.epubhome.com 提出宝贵意见，也可以加入 QQ 群 227463225 与我们交流。

编　者

2015 年 7 月

CONTENTS
目录

CONTENTS

目录

CONTENTS 目录

第1章
店铺主营商品的选择

在大数据时代的今天，电子商务正处于高速发展时期。淘宝开店创业就是典型的电子商务数据化的案例。2014年"双十一"购物狂欢节开场后一分钟，淘宝市场的交易额就突破了1亿元，当天成交额高达571亿元，同比增长38%，这一数据直接反映了"双十一"当天购物的火爆程度。因此，越来越多的人加入到淘宝创业的大军中。

淘宝开店创业已经成为当今社会的热潮，开店的第一步就是选择自己店铺的主营商品。如果没有经过数据化的统计和分析，完全凭借主观臆想和猜测，盲目地选择店铺的主营商品，最终可能会导致创业的失败。因此，淘宝卖家必须先对市场进行调查，利用市场调查的最新资料进行分析，了解淘宝买家的需求是什么？淘宝市场现阶段是否处于饱和状态？同行之间的竞争情况怎么样？所在的行业是否属于热门行业？自己的店铺的定位是什么？只有在透彻掌握市场趋势的基础上，才能让自己的店铺立于不败之地。

- 淘宝指数
- 阿里指数
- 选择店铺宝贝类目
- 选择货源市场
- 对货源市场的考核标准

本章数据分析中的图表展示

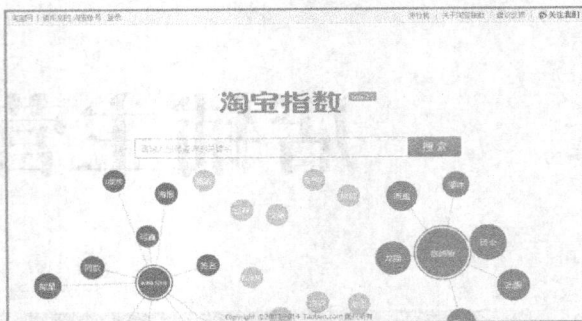

1.1 根据数据平台分析市场趋势

　　淘宝卖家在选择店铺的主营商品之前，需要先对整个淘宝市场有充分的认识和了解。首先分析淘宝市场的整体趋势；其次再从自己所在的行业趋势进行深入的考察和研究，掌握所在行业的采购市场的行情和动态，熟悉所在行业的消费者市场的走势和特性。而对于新手卖家而言，可以通过哪些数据平台分析市场趋势呢？下面主要从阿里指数和淘宝指数两个专业的数据平台分析市场趋势，为新手卖家指引一个明确的方向。

1.1.1 阿里指数

　　阿里指数是专业的电子商务市场动向的数据分析平台。它主要是对整个淘宝市场的行业价格、供求关系、采购趋势数据进行统计和分析，帮助卖家充分的掌握采购市场动态。图 1-1 所示为阿里指数首页，从图中可知阿里指数根据其功能的不同划分出了行业大盘、属性细分、采购商素描等 6 大模块。对淘宝卖家而言，这些数据并非都能帮助卖家分析出行业动态，毕竟阿里指数是电子商务领域的一个数据分享平台，而非淘宝专用的数据平台。因此如果卖家要了解淘宝市场的采购情况，只要关注淘宝采购指数、热门行业、潜力行业和采购关联行业这 4 项指标就能分析出整个淘宝市场的采购趋势。

图 1-1　阿里指数的首页

1．根据行业大盘查看淘宝采购指数

淘宝采购指数是根据在淘宝市场所在的行业的成交量计算而成的一个综合数值。该数值越高，表示在淘宝市集的采购量越高。图 1-2 所示为通过阿里指数首页中的查询窗口搜索"连衣裙"的采购趋势图，图中橙色竖线表示昨日日期，橙色竖线的左边是该商品最近 3 个月的采购变化趋势，而橙色竖线的右边是阿里指数，它是对未来 30 天连衣裙的淘宝采购指数的预测。

从图 1-2 所示的淘宝采购趋势图可以看出淘宝店铺采购连衣裙在 2 月 15 日后出现有一个低迷期，而下旬之后其采购趋势又逐渐好转。细细琢磨这个时间点，不难发现 2 月 15 日出现连衣裙的采购指数最低是因为 2 月 18 日是除夕，大多数卖家都与家人团聚去了。但是随着时间的推移，在 2 月 20 日后连衣裙的采购指数骤然上升，且其市场逐渐明朗，这是因为人们的生活逐渐恢复正常。可见淘宝市场的采购趋势与人们的生活节奏息息相关，也正是因为有这种特殊和正常时间段之分，才形成了这个市场的动态变化过程。因此，卖家在采购商品前需要考虑特殊日期和特殊事件，这些因素都会影响消费者的购物趋势。

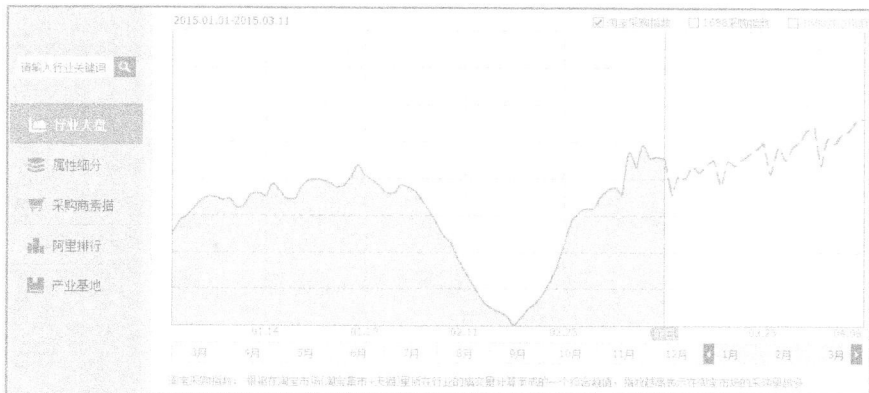

图 1-2　连衣裙的淘宝购买指数趋势图

2．根据行业大盘了解热门行业和潜力行业

在"行业大盘"数据中卖家还可以了解与所查询行业相关的热门行业和潜力行业。图 1-3 所示为与"连衣裙"相关的热门行业，从图中可以分析绝大多数卖家在采购"连衣裙"时还同时采购了的女士 T 恤、女士衬衫、女士休闲裤、女士牛仔裤、女士针织衫，且它们的采购指数逐渐减弱。阿里指数平台根据这些相关的热门行业的采购情况对淘宝市场的需求做出了一个预测，它们基本上都呈大幅上升的趋势。因此，卖家在采购主营商品时，可以关注与此相关的热门行业。

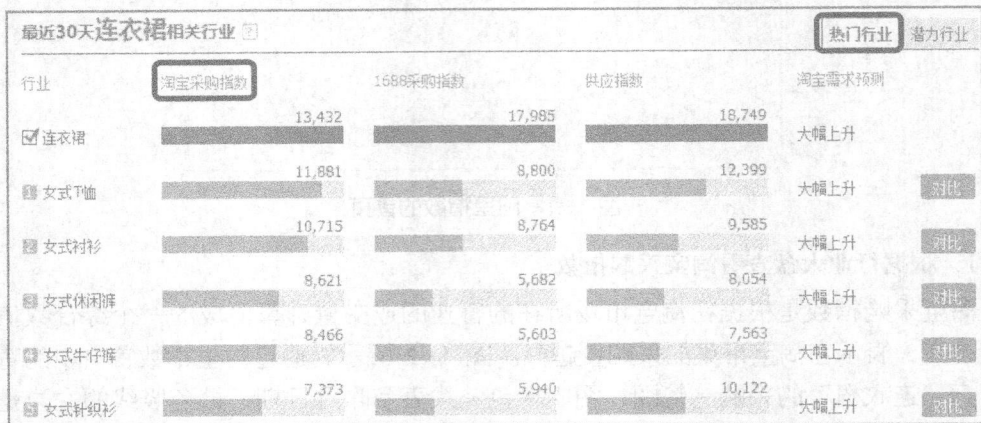

图 1-3　与连衣裙相关的热门行业

同样在"大盘数据"中还可以查看与搜索相关的潜力行业。图 1-4 所示为与"连衣裙"相关的潜力行业。从图中可分析出，"女士 T 恤"是很多卖家在采购连衣裙时重点采购的对象，而情侣装的采购指数相对很低。由于这是服装类商品，所以与季节有很大关系。因此卖家在选择服装类商品时一定要结合当期的季节进行选择，而选择对季节不敏感的其他商品时要重点关注与它们相关的类目，如电子产品。总之，通过热门行业和潜力行业，能帮助新手卖家摸清行业趋势，洞察出同行业中其他卖家的采购趋势。

图 1-4　与连衣裙相关的潜力行业

3．根据采购商素描分析采购关联行业

通过阿里指数的"采购商素描"模块可以查看与搜索行业相关的行业。图 1-5 所示同样是搜索"连衣裙"后给出的关联行业，它与"大盘数据"中的热门行业和潜力行业类似，都是根据相关性搜索的结果。但是根据"采购商素描"搜索的关联行业会按照相关性的强弱给出排名，排名越靠前其与所搜索的商品的关联性就越强。由于这些数据都是根据采购指数进行分析的，所以这本身也是一个动态变化的相关性结果。

新手卖家可以结合上述介绍热门行业、潜力行业和关联行业找出其他卖家重点关注度的对象，借用别人的经验来提升自身的辨别能力。

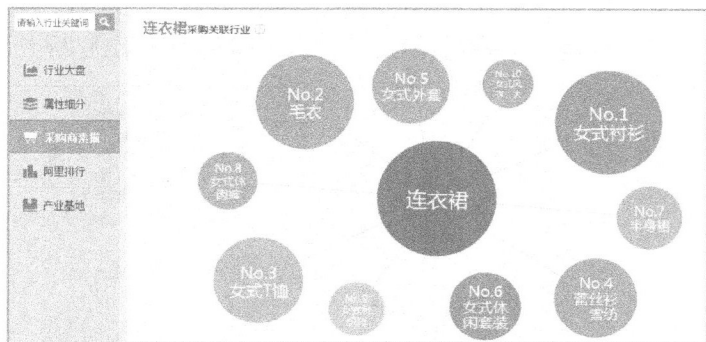

图 1-5 连衣裙采购关联行业

1.1.2 淘宝指数

淘宝指数是研究淘宝消费者的数据平台。淘宝卖家通过淘宝指数可以查看：商品的长周期走势、消费者的人群特性、商品搜索量和成交量的排行榜。图 1-6 所示为淘宝指数的首页，淘宝卖家可以在搜索栏中输入想查询商品类目的关键字，通过市场趋势、市场细分、排行榜 3 项指标对该商品进行全方位的分析。

图 1-6 淘宝指数的首页

1．市场趋势

市场趋势主要是通过搜索指数、地域细分和人群定位 3 项指标数据指标表现出来。

卖家通过市场趋势可以掌握商品的长期搜索和成交趋势，了解不同地区人群的喜好度和人群占比，精准定位不同地区的消费者特性。

搜索指数是指数化的搜索量，反映搜索趋势，并不等同于搜索次数。假如淘宝卖家决定查看"斜挎包、手提包、双肩包"搜索指数，首先在如图 1-6 所示的淘宝指数的搜索栏中输入关键字"斜挎包、手提包、双肩包"，如图 1-7 所示为斜挎包、手提包、背包的搜索指数。从趋势简报中可以得到：斜挎包最近 7 天的搜索指数环比下降 9.4%，与去年同期相上升 187.5%；最近 30 天的搜索指数环比上升 70.2%，与去年同期相比上升 98%。预测未来一周内的总体趋势是小幅上升。淘宝卖家就清晰了解到最近 7 天、最近 30 天的搜索指数与同期的变化情况，大体上掌握斜挎包的搜索指数的趋势。同时，卖家也根据对斜挎包未来一周的总体趋势的预测，提前对市场行情变化作出判断。

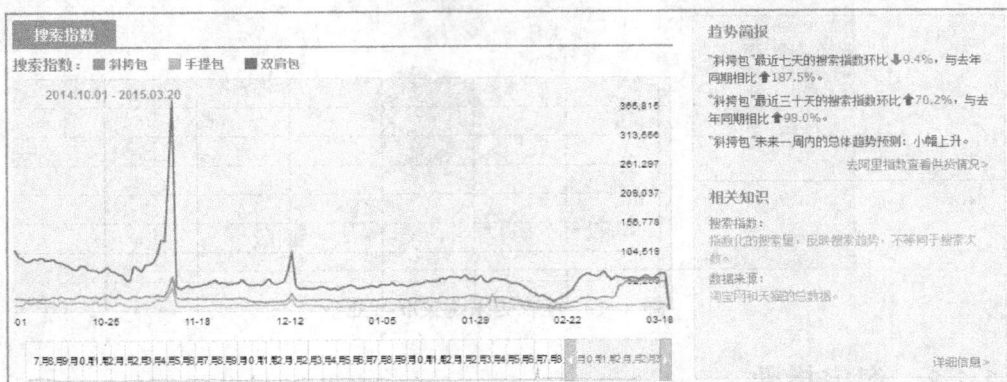

图 1-7　斜挎包、手提包、背包的搜索指数

图 1-8 所示为斜挎包、手提包、双肩包的搜索指数的对比，斜挎包的搜索指数作为参考指标，在最近 7 天，手提包的搜索指数环比下降 80%，双肩包的搜索指数环比上升 17%；在最近 30 天，手提包的搜索指数环比下降 76%，双肩包的搜索指数环比上升 65%。在总体上，双肩包的搜索指数呈上升趋势，手提包的搜索指数呈下降趋势。淘宝卖家可以直观地通过搜索指数的变化趋势看出市场对该商品的需求变化，当搜索指数越高，消费者对该商品的购买意向就越强，市场对该商品的需求量就越大。

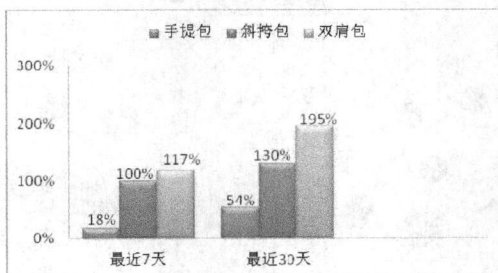

图 1-8　手提包、斜挎包、双肩包的搜索指数对比

2．人群定位

淘宝市场搜索、购买过斜挎包的都是什么样的人？用人群定位查看不同商品的消费

人群特性。人群定位是指通过对消费群体的性别比例、年龄、星座、爱好、买家等级、消费层次做精准的数据统计与分析，以便于淘宝卖家更加准确地了解该商品消费者群体的特性。淘宝卖家主要是从年龄、爱好、消费层次对消费者群体进行定位分析。

（1）年龄

图 1-9 所示为搜索斜挎包的消费者的年龄人群占比和喜好度（TGI），18～24 岁人群占比 30.9%，25～29 岁人群占比为 27.1%，30～34 岁的人群占比为 17.2%，且喜好度随着年龄的上升而递减，故判定斜挎包的主力消费群体是 18～34 岁的青年群体。

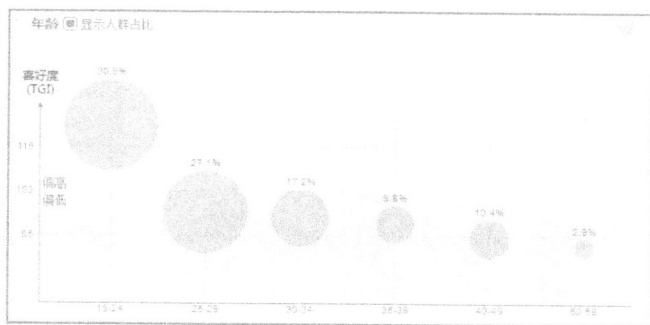

图 1-9　消费者年龄的人群占比和喜爱度（TGI）

（2）爱好

图 1-10 所示为搜索斜挎包的消费者爱好的人群占比和喜好度（TGI），以喜好度的高低为纬度分析：搜索斜挎包的消费者的喜好度最高的是爱美女生和健美一族，均为 115，但是这两类消费群体的人群占比偏小；以人群占比的大小作为纬度分析：爱吃零食的人群占比为 9.2%，居家主妇的人群占比为 7.9%，户外一族的人群占比为 7.1%；但是这 3 类消费群体对斜挎包的喜好度略偏低。如果卖家以喜好度作为店铺主营商品的参考指标，那么，斜挎包的设计款式、潮流元素、审美品位都应符合爱美女生和健美一族的要求；如果卖家以人群占比作为店铺主营商品的参考指标，那么，斜挎包的风格特色、功能作用、价格定位都应符合爱吃零食、居家主妇和户外一族的要求。

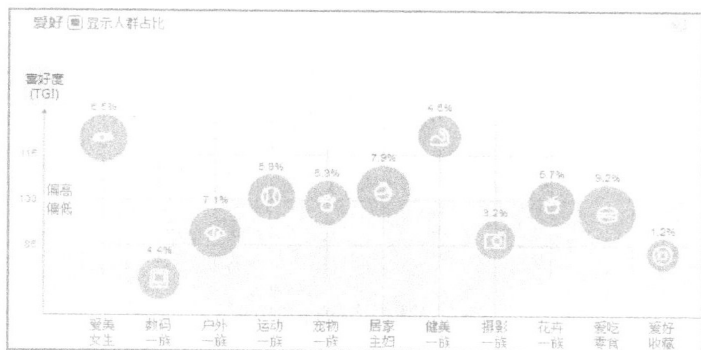

图 1-10　消费者爱好的人群占比和喜爱度（TGI）

（3）消费层级

图 1-11 所示为搜索斜挎包的消费者的消费层级，低消费层级为 1.3%，高消费层级为

5%，均低于全网平均消费层级；偏低消费层级为17.2%，和全网基数持平；中等消费层级为56%，偏高消费层级为20.2%，中等消费层级和偏高消费层级均高于全网基数。因此，淘宝卖家根据消费层级可以初步确定店铺商品的品种类型，不同消费层级的消费者对商品的选择标准不同：低消费层级的消费者看重商品的价格；中等消费层级的消费者兼顾商品的价格和质量；高消费层级的消费者则更注重商品的质量。

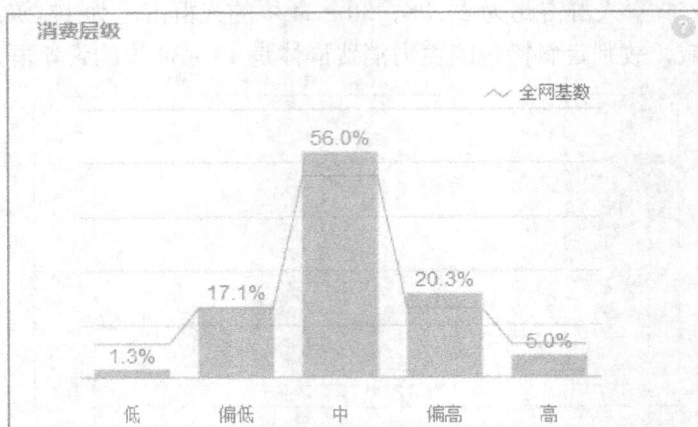

图1-11　消费层级

3．市场细分

　　上海的女白领和大学生通常会选择哪种品牌的斜挎包？市场细分告诉你不同标签的人购买过的斜挎包的品牌。市场细分主要包括商品的类目分类和人群偏好。商品类目细分帮助淘宝卖家了解与该商品相关联的类目，扩大淘宝店铺的主营商品的选择范围；而通过对购买该商品的人群偏好的细分则是帮助淘宝店家对不同消费者的消费特性有初步了解。

　　（1）类目分类

　　图1-12所示为斜挎包的类目分布，其中女士包为95.62%，男士包为2.32%，其他为2.02%；结合图1-9分析可知：斜挎包的主要消费群体是青年女性。

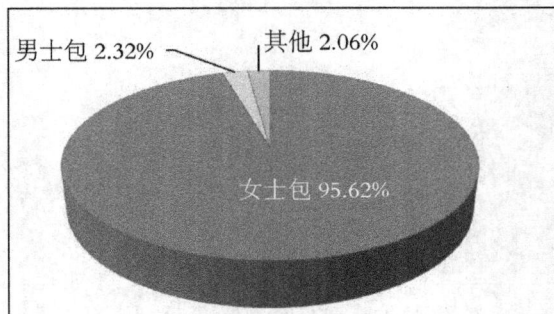

图1-12　斜挎包的类目分布

　　（2）人群偏好

　　人群筛选器通过性别、消费层次、买家等级、身份和地域等条件对购买斜挎包的消费者选择的品牌进行统计。如图 1-13 所示，淘宝卖家可以利用人群筛选器初步了解不同消费群体对相关品牌的选择；同时，也可以很清楚地了解不同品牌的销售趋势、热销指数和全网均价。

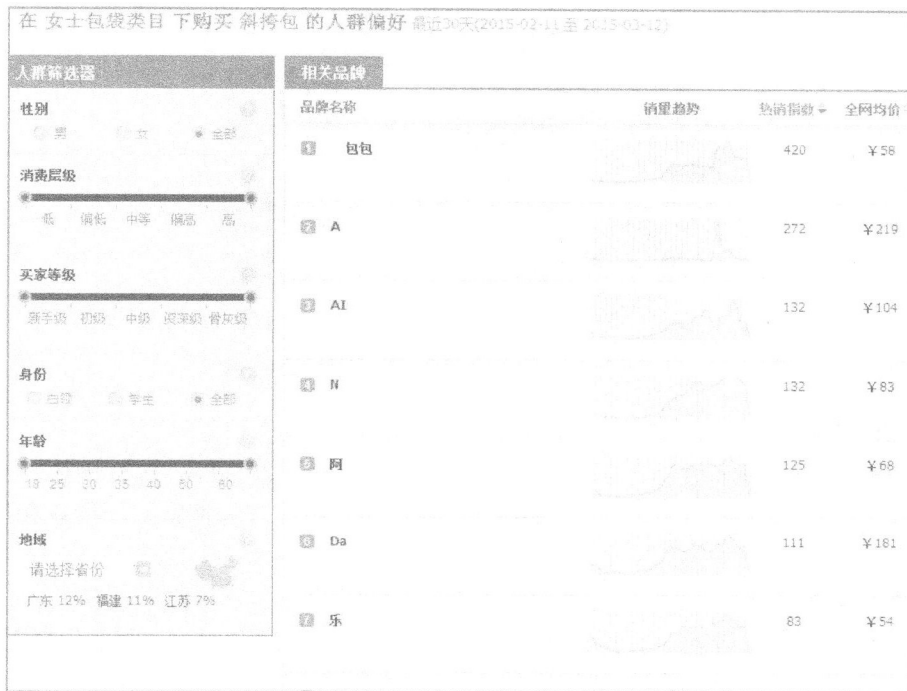

图 1-13　购买斜挎包的人群偏好

图 1-14 所示为上海女白领选择斜挎包的品牌的分布图，由图可知，上海女白领主要选择外国品牌的斜挎包。上海作为我国超一线城市，生活消费水平质量高。该地区的女白领对斜挎包更注重职场化和品牌化。淘宝卖家针对都市白领这部分消费群体，店铺商品的应该倾向于品牌化。

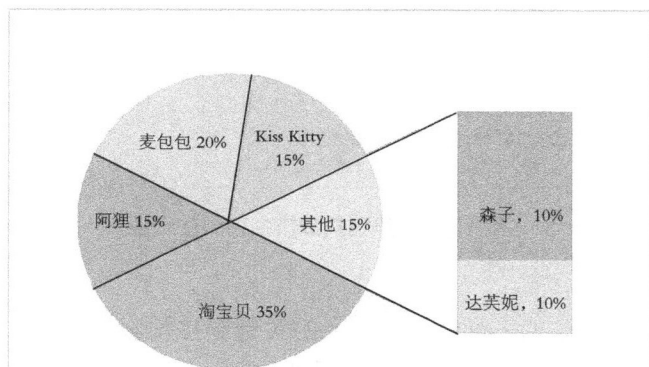

图 1-14　上海女白领选择斜挎包的品牌

图 1-15 所示为上海女大学生选择斜挎包的品牌的分布图，由图可知，上海女大学生主要是选择淘宝贝和麦包包两种品牌的斜挎包。女大学生的穿着打扮的风格路线主要是

青春风格，但是经济实力有限，通常会选择在淘宝贝上选择价位适中的品牌。淘宝卖家根据女大学的喜好与经济实力，店铺的宝贝应该与该消费群体的特性相符合。

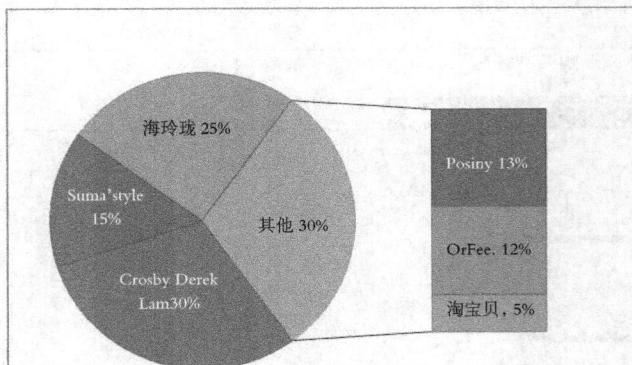

图 1-15 上海女大学生选择斜挎包的品牌

4. 排行榜

排行榜是基于淘宝市场搜索量和成交量的综合宏观数据指标。排行榜热销类目的搜索排行和成交排行来帮助淘宝卖家了解最近 7 天淘宝最热门的搜索词、行业和品牌分别是什么？

（1）热销类目

热销类目是指在最近 30 天淘宝商城高销量的商品类目。图 1-16 所示为最近 30 天淘宝市场销量排名前 10 的类目。热销类目直接反映了淘宝市场的热门类目的销量，淘宝卖家根据宏观数据可以大致掌握淘宝市场的行业情况，再结合自己所在的行业具体分析：所在行业的整体趋势变化、行业的竞争情况、自身所具备的优劣势。

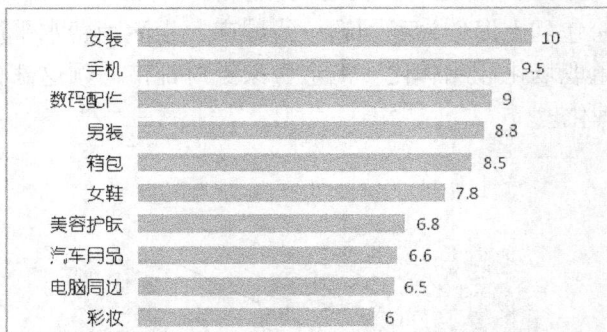

图 1-16 热销指数排名前十的行业

（2）搜索排行

搜索排行是指通过对某一行业不同商品的关键词按搜索量排名。热搜关键词是该类目下，最近一周按搜索量大小排序的热门搜索词。图 1-17 所示为女装和 T 恤在 2015.03.16-2015.03.22 期间的搜索排行榜。女装的热搜关键词前 3 名是：连衣裙、衬衫女和毛衣；T 恤热搜关键词的前 3 名是：T 恤、长袖 T 恤和打底衫。热搜关键词客观上反映了市场的需求，淘宝卖家可把不同类目的热搜关键词作为选择店铺主营宝贝的参考标准。

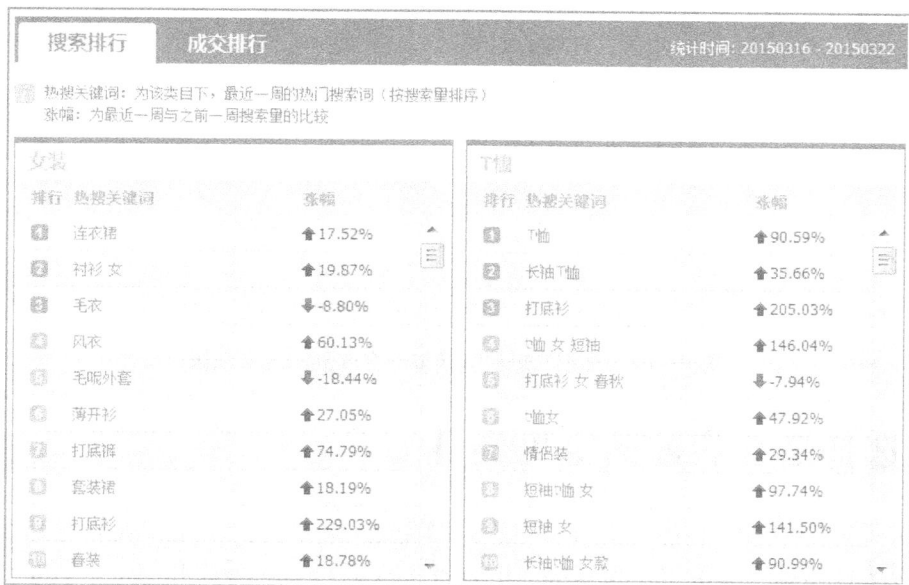

图 1-17　女装和 T 恤的搜索排行榜

（3）成交排行

成交排行是按照品类排行、品牌排行、行业排行的热销品类词是该类目下，最近一周按成交量排序的热门品类词。图 1-18 所示为品类排行的热销指数排名前十的商品，热销指数直观的反映了市场的需求，热销指数越大的商品，市场需求也就越大。淘宝卖家结合图 1-17 女装和 T 恤的搜索排行榜和图 1-18 女装的热销指数综合分析比较，最后选择出店铺的主营宝贝。

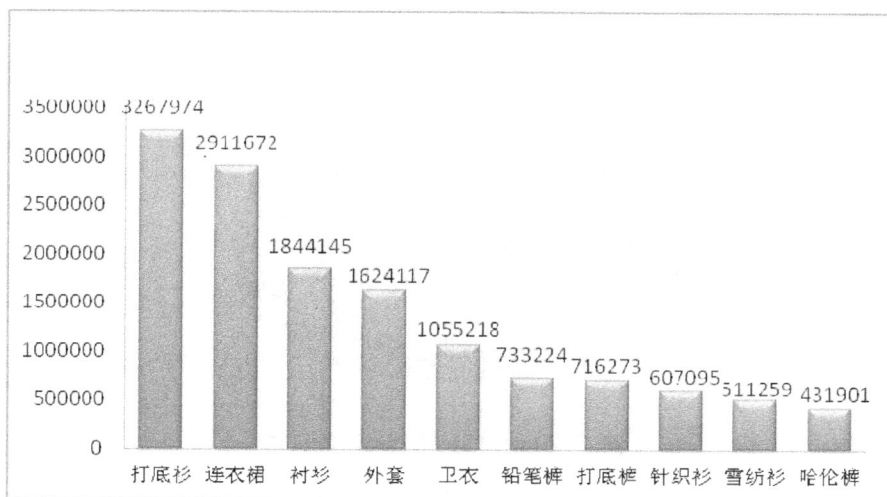

图 1-18　女装行业热销指数前十名的商品

涨幅是最近一周与之前一周成交量的比较。图 1-19 所示为品类排行的热销指数排名前十商品的成交涨幅，其中针织衫、打底衫和连衣裙的成交涨幅最快。成交涨幅主要是帮助淘宝卖家把握某商品最近半个月的成交走势。

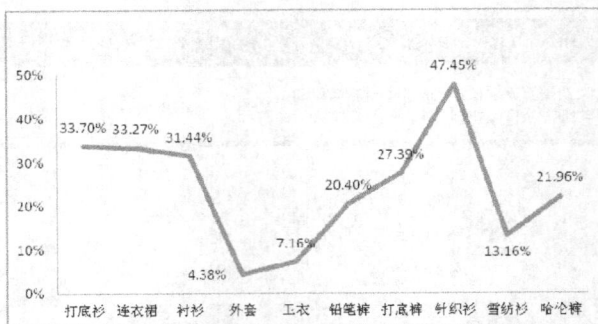

图 1-19　女装的热销指数前十名商品的成交涨幅

1.2　选择适合店铺的宝贝类目

淘宝卖家在全面的考察淘宝市场的整体趋势之后，再结合行业的整体趋势和自身的实际情况选择店铺宝贝类目。宝贝类目的选择不仅影响着店铺盈利与否，更是整个店铺的定位与发展的决定性因素。那么，接下来将从市场趋势、地理优势、自身条件 3 个层次为淘宝新手卖家讲解该如何选择店铺的宝贝类目。

1.2.1　根据市场趋势选择商品

淘宝卖家在开网店前对市场趋势的调查是非常重要的一个环节。据专业的数据分析调查显示，目前网上购物的主力军为 18～30 岁的年轻人（见图 1-20）。所以，淘宝店家首先应该明确年轻人的审美观和消费观。年轻人追逐潮流，有个性、有创意的商品更能吸引他们。清楚店铺的商品的主要消费群体，为不同的消费群体提供完善的服务，才能提升店铺的整体竞争力。

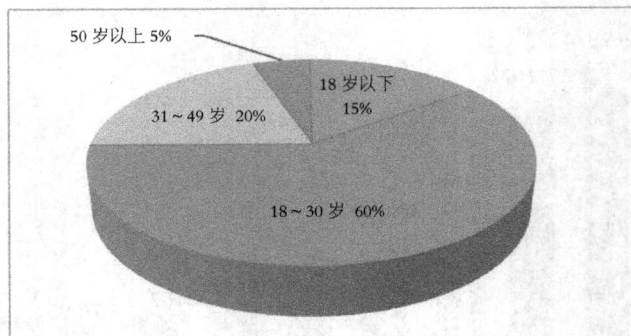

图 1-20　中国网购年龄阶段分布

1．符合市场需求

店铺的宝贝必须是符合市场需求的是适销商品。适销商品就是指类目、价格、质量等方面与市场的消费需求相适的商品。直白而言，就是你店铺销售的商品能够让消费者有购买的意愿，且商品的成交率越高越好。

怎样才能知道什么样的商品是适销商品呢？淘宝卖家通过淘宝指数的排行榜可以看

到整个淘宝市场的排名前 20 中热销类目。图 1-21 所示为淘宝指数排行榜的热销类目，在不同的时间段，热销类目不同，因此，淘宝卖家应该时刻关注淘宝市场的变化趋势。

但是热销类目除了意味着高销量和高利润之外，背后也隐藏着高风险。淘宝卖家在选择店铺宝贝之前，先预测其风险性，不盲目从众。

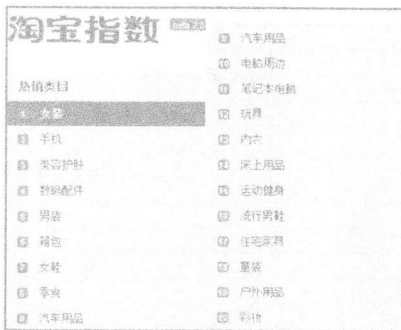

图 1-21　淘宝指数的热销类目

2．符合行业行情

行业行情是指分析店铺所在的行业是否处于饱和状态？是否为当前热门行业？是否为潜力行业？行业的竞争是否过激？国家对该行业是否有特殊的法律法规？前期的市场行情调查是非常辛苦的，但是淘宝卖家对市场行情调查得越透彻，就对整个行业的行情了解得越清楚，为后期的店铺的运营打下坚实的基础。

淘宝卖家根据市场的行业现状、发展前景与空间、发展规模与趋势分析，清楚自己店铺的定位、在同行之间的水平，以及店铺所在的行业的整体发展趋势。既可以选择热门行业迎合市场大众的消费需求，又选择冷门的行业独辟蹊径打造店铺的风格与特色。例如，淘宝店铺经营的商品要求物流性高，但是仍然有独具慧眼的卖家在淘宝网上售卖瓷器制品、商品房、汽车，而且取得不错的经营效果。第一个吃螃蟹的人，虽然风险很大，但也可能获得意想不到的成功。淘宝店铺也需要创新思维。条条道路通罗马。在透彻掌握市场行情的基础之上，淘宝卖家可以选择一条适合自己的道路。

1.2.2　根据地理优势选择商品

淘宝卖家在选择店铺的主营商品的同时，应该考虑到地理环境这一因素。针对不同地区的不同的地理优势，采取"因地制宜"的方法。假如淘宝卖家所在的区域是全国著名的"鱼米之乡"，店铺的主营产品首选鱼类制品或者是稻米制品。

1．地方特产

我国地大物博，物产种类极其丰富。每个地区的特产各有千秋。比如，天津泥人张彩塑、北京烤鸭、新疆吐鲁番的葡萄、江西景德镇的瓷器等都具有地方特色。

淘宝卖家可以把所在地区的地方特产作为店铺的主营商品，因为地方特产独具特色，市场竞争力相对较小；而且熟悉当地的货源市场，可以直接从供应商进货，减少进货成本。淘宝卖家，尤其是新手卖家把握好市场的供求关系，很容易在众多的淘宝卖家中脱颖而出。

　　假如 A、B 两个淘宝卖家都以海产品作为店铺的主营宝贝，A 卖家在广东湛江，B 卖家在甘肃宁夏。图 1-22 所示为 A、B 卖家的进货成本比较图，A 卖家靠近货源市场，了解行情，进货成本低，且运输距离较短，商品损耗程度低，故总成本较低；而 B 卖家位于内陆城市，距货源市场较远，不熟悉市场行情，进货成本较高，且商品在运输过程中产生运费和商品有一定的损耗，故总成本较高。

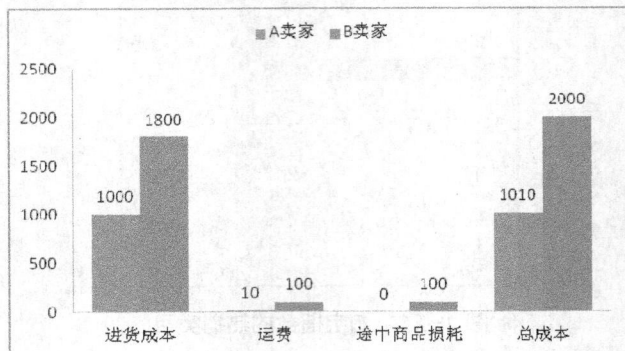

图 1-22　A、B 卖家进货成本比较图

2．民族文化特色

　　我国共有 56 个民族，其中少数民族有许多极具民族特色的商品，比如服饰、鞋帽、乐器、手工制作的工艺品等。这些工艺品往往因为色彩艳丽、纹饰讲究而深受消费者的青睐，大部分消费者会选择服饰、帽子、手链作为装饰品或者是赠送亲朋好友的礼物。但是在研究民族特色的专业人士看来，这些具有民族文化的艺术品往往不同于市场上普通商品，是少数民族人民智慧的结晶和文化的弘扬。他们往往愿意把这些特色商品作为艺术品收藏。

　　因此，具有民族文化特色的商品既可以作为艺术品收藏，又可以作为普通商品出售。淘宝卖家必须看准商机，抓住不同消费者的不同需求，打造具有独具民族特色的商品。

1.2.3　根据自身条件选择商品

　　淘宝卖家客观的根据自身的经济、喜好等因素选择店铺的主营商品。经济基础决定店铺的经营程度，自身的喜好取决于自己感兴趣的领域。

1．经济

　　根据自身实际的经济情况选择合适的商品。图 1-23 所示为淘宝店铺运营的成本构成图，商品总成本占据总费用的 25%，其中包括商品的进货成本和运费。淘宝店铺的运营费用占据总费用的 40%，其中包括办公区费用（水电、网络）、人力资源费用（网页制作、美工、客服）。淘宝店铺推广和宣传费用占据总费用的 30%，其他费用为 5%。

2．兴趣爱好

　　根据自身的兴趣爱好选择店铺的商品，且对该领域有一定了解和认识。据统计，如图 1-24 所示为淘宝女性卖家主营商品排名前 5 名的类目；如图 1-25 所示为男性卖家主营商品排名前 5 名的类目。

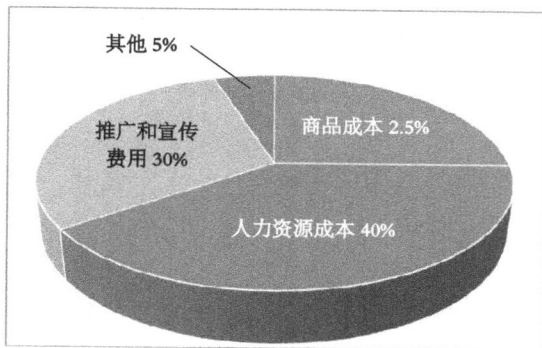

图 1-23　淘宝店铺运营成本构成

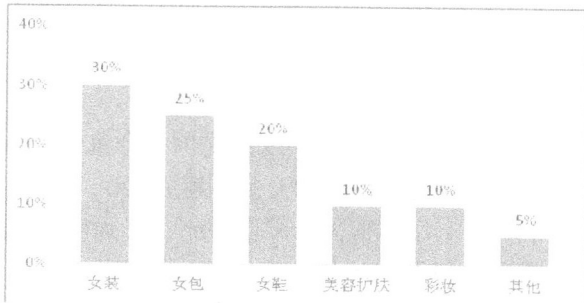

图 1-24　淘宝女性卖家主营商品排名前 5 名的类目

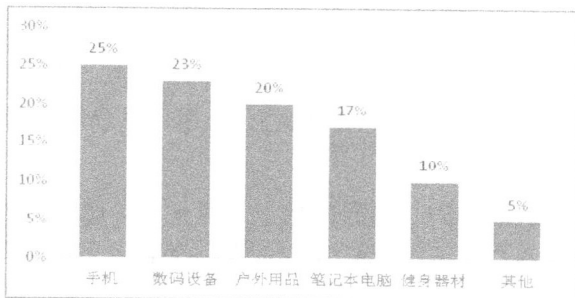

图 1-25　淘宝男性卖家选择排名前 5 名的商品

1.3　选择适合店铺的货源市场

淘宝创业初期最基础的是——进货平台。万丈高楼平地起，没有坚实的基础的高楼都是空中楼阁。如果进货平台是地基，那么，淘宝店铺就是高楼；唯有在坚实牢固的地基上，高楼才能从一丈慢慢建设到一万丈。

1.3.1　货源市场的考核标准

随着网络零售商的发展，很多新手卖家在开店初期最大的困扰就是货源市场。淘宝卖家首先选择货源市场，而对货源市场的考核标准又有哪些呢？如图 1-26 所示，主要是通过对货源市场整体水平、商品的全面评估、商品的利润空间 3 个方面对货源市场进行分析，帮助淘宝卖家选择最优的货源市场。

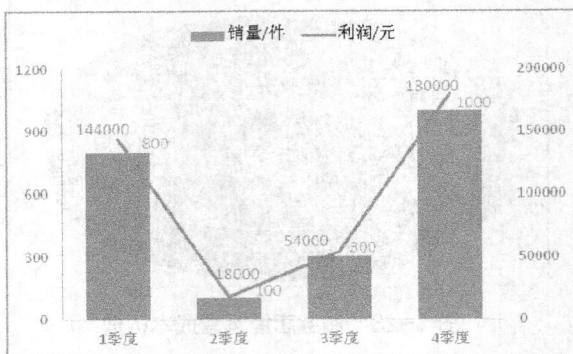

图 1-26　同一商品在不同销售阶段的利润空间

1．货源市场的整体水平

货源市场的整体水平决定了能否为买卖双方提供一个良好的交易平台。一个好的货源市场的商品类目丰富、价格公正、市场的交易制度完善。

淘宝卖家通过对多个货源市场的整体水平作对比，排列出整体水平前 3 名的货源市场，选择一个整体水平最高的货源市场作为店铺的进货主要渠道，其他两个货源市场作为店铺进货的备用渠道。当主要渠道不能满足进货的需求时，可以从备用渠道进货。

2．商品的全面评估

货源市场商品的品质决定了淘宝店铺商品的定价和盈利。淘宝卖家在选择商品的时候，应该先对商品的价格、质量、类目等多方面进行评估。货源市场商品的价格决定了淘宝店铺商品的定价，质量是淘宝店铺的核心，类目可以满足不同消费群体的需求。

3．商品的利润空间

利润是淘宝店铺运营的基础。选择商品之前应充分考虑到该商品的利润空间。同一件商品在不同时间段盈利空间不同。A 卖家选择羽绒服作为店铺的主营商品，假设一件羽绒服的进价为 300 元，按照 60%的利润计算，羽绒服的定价应该为 480 元。1 季度出售 800 件，2 季度出售 100 件，3 季度出售 300 件，4 季度出售 100 件，每季度的盈利情况如图 1-26 所示。

1.3.2　选择货源的渠道

不同行业和地区的淘宝卖家对货源渠道的选择不同，影响货源渠道的客观因素主要是：行业的特性、行业的入门门槛以及地区的经济发展水平；其主观因素主要是：卖家自身的喜好、对行业的熟知度。如图 1-27 所示，根据淘宝卖家货源渠道的分布图可以得知：对于中小卖家而言，尤其是新开店的淘宝卖家，线上的网络渠道和线下的批发市场是店铺进货的主要渠道。这两个渠道的入门门槛较低，淘宝卖家的自主选择权相对较高。随着淘宝店铺的经营规模扩大，网络渠道和批发市场已经不能满足淘宝卖家进货的需求，大型淘宝卖家的货源渠道更倾向于代工工厂和品牌商，或者是自主生产。淘宝卖家针对自身的实际情况选择进货渠道。

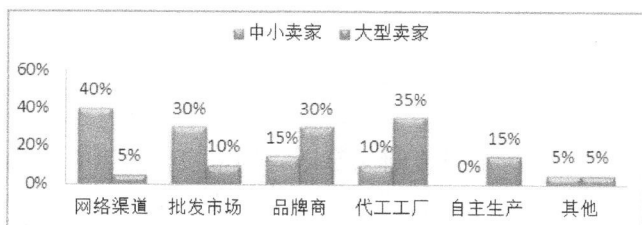

图 1-27　淘宝卖家货源渠道分布

1．网络渠道

制造业和商贸业都不发达的省市地区，网络渠道成为淘宝卖家首选的货源渠道，如新疆维吾尔自治区、西藏自治区、内蒙古自治区、甘肃省等地；阿里巴巴作为众多采购商和供应商优先选择的电子商务交易平台，主要是为网商提供商机资讯和快捷安全的在线交易市场，同时也为商家提供以商会友的互动社区平台。淘宝卖家可以直接在阿里巴巴选择货源的供应商，在搜索栏中输入关键词"皮鞋"，如图 1-28 所示，可以看到阿里巴巴网站中所有类目的皮鞋。淘宝卖家可以根据选购热点、鞋面材质、产地、价格、分类等指标进行筛选；再通过对多个供应商的产品详情介绍、累计销量和评论、店铺的信誉进行综合对比。有些供应商提供了免费拿样的服务，淘宝卖家可以向供应商索取样品，对样品各方面都满意再下单。

图 1-28　阿里巴巴所有类目的皮鞋

2．批发市场

批发市场是指向批发商和零售商提供交易的商业性市场。我国东南沿海省份以及部分交通枢纽省份城市的商贸业和制造业都很发达，批发市场往往是卖家们首选的货源渠道，如浙江、福建、广东、上海以及河南等地，淘宝卖家可以去当地知名度较高、口碑较好的批发市场进货，通过对商品的品质、供应商的供货系统、供应商的售后保障进行全方位的实地考察。批发市场进货具有极大的灵活性，选择哪个价位的商品？选择什么类目的商品？进货的数量是多少？采用什么物流方式？淘宝卖家完全可以根据自身实际情况来决定。

批发市场进货的缺点是：进货成本是由商品的数量和进价决定的。当进货数量较大时，店铺可能会有压货的风险。例如，甲、乙两个淘宝卖家同时从 A 批发市场批发同一品牌的衬衫，甲卖家批发了 1000 件，乙卖家批发了 500 件，假设一件衬衫的进价为 50元，根据 80%的利润率设置衬衫的售价。一段时间后，乙卖家的衬衫已经全部售出，而甲卖家因为衬衫的推广不到位，还剩下 600 件衬衫。此时正值换季，消费市场对衬衫的需求量大幅减小，甲卖家把剩下的衬衫全部以 45 元售出。甲、乙两个淘宝卖家的利润如表 1-1 所示。

表 1-1　甲、乙卖家利润对比

卖家	进货量/件	进货成本	售价	压货量/件	二次售价	利润
甲卖家	1 000	50 000	90	600	45	13 000
乙卖家	500	25 000	90	0	0	20 000

3．品牌商

在内陆省市地区，商贸业和制造业远不及东南沿海城市发达，品牌商是卖家优先选择的货源，如四川、云南、湖南、江西等地。品牌商是指经营一个或多个商品品牌的生产型的个人或企业。品牌意味着高质量、高信誉、高收益、低成本。淘宝卖家通过品牌商进货，借助品牌效应带动店铺销量，在彰显消费者自身身价的同时，也无形中提高了商家的品位。假如淘宝卖家所在的行业是箱包，如图 1-29 所示，则可供选择的品牌商有爱华仕、Zosed 佐斯登、银座、七匹狼、Polo 等品牌。

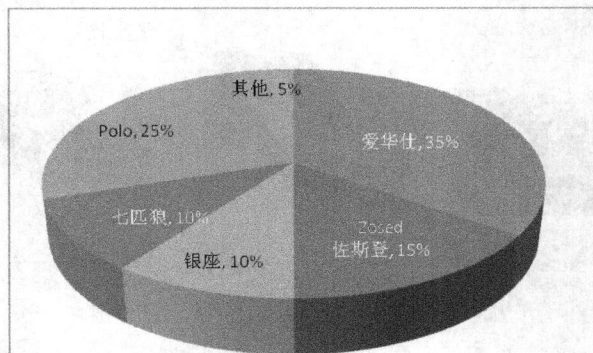

图 1-29　不同品牌箱包的市场占有份额

4．代工工厂和自主生产

工厂代加工是指有大型卖家以个人或公司名义委托第三方厂家对商品进行加工。自主生产是指大型卖家自主设计、生产并销售商品。在商贸业和制造业发达的东南沿海地带，大型的淘宝卖家往往选择代工厂供货或自主生产，如江苏、上海、浙江、福建、广东等地。

5．其他

其他的货源渠道主要包括库存、海外代购、外贸尾单等。这种小众货源渠道仅仅适合一小部分的淘宝卖家，如能够精准握市场行情和挖掘库存商品、有亲戚朋友在海外、对外贸流程熟悉。

综上所述为淘宝卖家货源的主要渠道，而针对不同行业、不同地区的淘宝卖家应当结合自身的实际情况来决定。其中，淘宝卖家可以参考两个原则，一是货源渠道的优势和劣势的对比。首先对不同货源市场的优势和劣势的对比分析，确保获得相对的优势，尤其是商品的价格和质量的优势。二是货源市场提供的售后保障。货源市场是否承诺 7 天无理由退换货，特别是因为问题商品引起的退换货。

本章小结

通过本章的学习，读者对阿里指数和淘宝指数有了全面的认识，在此基础之上，根据目前的实际情况选择合适店铺的宝贝类目，主要从市场趋势、地理优势以及自身条件选择商品。当确定了店铺的主营类目之后，再选择适合店铺的货源市场，先对货源市场进行考核，最终选择最佳的渠道作为店铺的主要进货渠道。

课后思考题

新手淘宝卖家小王决定在淘宝网上开店创业，但是想来想去，也不知道店铺该卖什么商品。小王所在地是著名的小商品批发城——浙江义乌。于是，小王先走访了当地有名的线下批发市场，通过实地考察发现：服装、手工制品以及针织业是当地的特色产业。货源市场分布较密集，进货的渠道广，商品的类目多。通过对线下市场的初步考察，小王暂时决定选择服装作为店铺的主营商品。

请根据本章所学知识，帮助小王利用数据化分析应该如何选择店铺的主营商品。

第 2 章
店铺宝贝的定价

　　《孙子兵法》云："知己知彼，百战不殆。"知己：自己店铺宝贝的价位等级划分明确；知彼：清楚掌握同行竞争对手的情况。淘宝卖家在定价时不能一概而论，对宝贝进行不同价位的划分，店铺既有低价位和中等价位，也有高价位；宝贝的定价不能脱离同行市场，必须参照市场行情定价，例如，目前淘宝市场同行卖家有多少？同行卖家的店铺的整体定价是多少？淘宝市场上同款宝贝或者是相似宝贝的定价是多少？

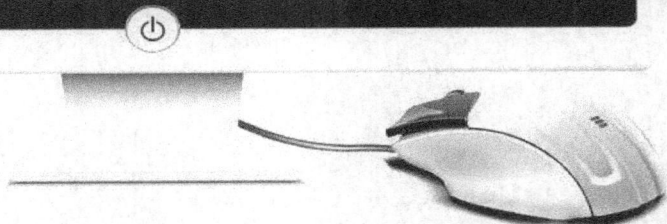

本章关键词

- 全店宝贝价格全方位规划
- 传统定价法
- 保留安全定价底线
- 消费者心理定价策略
- 促销式定价策略
- 组合式定价策略

本章数据分析中的图表展示

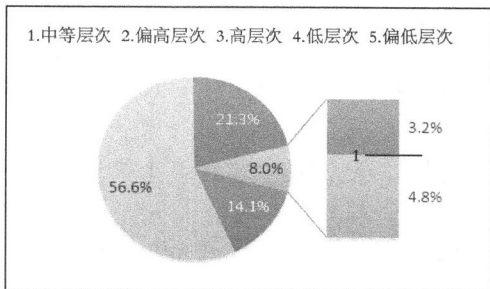

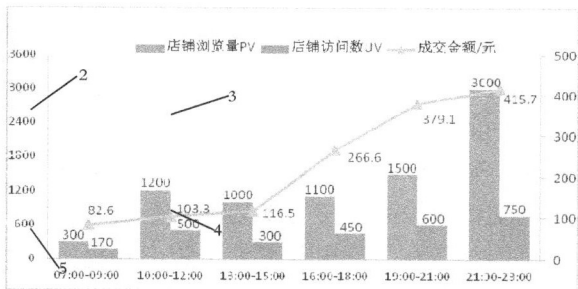

2.1 全店宝贝价格全方位规划

在数百万家店铺中，开店初期的成交量不甚理想，因此，有一部分卖家就失去了信心，有的卖家甚至关闭网店。"物竞天择，适者生存"这条生存法则正是对竞争激烈的淘宝市场的最佳说明。

在开店初期，店铺的核心数据运营指标之一就是——定价。店铺宝贝的定价科学合理，可以刺激买家的购买欲望，除此之外，也会形成一定的竞争优势。接下来将为广大的淘宝卖家讲解如何对店铺的宝贝进行全方位的规划。

2.1.1 低价位引流量

在一个淘宝店铺中，低价位的商品类目应该占据所有类目的 10%～20%。低价位的商品凭借其价格优势可以为店铺带来大量的流量和成交转化率。而对于淘宝新手卖家而言，低价位的宝贝主要功能是用来吸引流量。卖家可以选择款式新颖的宝贝来吸引买家的目光，达到为店铺增加流量的目的，进而提高商品的潜在成交率。

图 2-1 所示为淘宝网上同款雪纺连衣裙的定价与销量的对比，第一家店铺的定价为 49 元，共有 3076 人付款；第二家店铺的定价为 90 元，暂时没有买家下单。同样的宝贝，为何销量相差如此之大呢？

图 2-1　同款宝贝定价对销量的影响

从店铺的经营战略分析：第一家店铺采取低价营销的战略。低价位营销是淘宝卖家最常用的营销手段之一，其目的是在短时间内提高某款宝贝的销量。第一家店铺的连衣裙定价较低，相比较第二家而言，其价格更容易被买家接受，在一定程度上来讲，连衣裙的定价能提高潜在的成交转化率。

因此，淘宝卖家在对低价位商品定价之前，需先对淘宝市场上同款宝贝的定价进行全方位的了解，明确哪个价位区间销量最好。在淘宝网上，卖家可以直接通过"找同款"或者是"相似款"寻找到全淘宝的同款宝贝或者是相似宝贝，图 2-2 所示为某品牌连衣裙的同款，全淘宝市场共有同款宝贝 3192 件，再通过销量从低到高的筛选，统计出全淘宝网同款连衣裙销量最好的价格区间为 49～78 元，最后结合市场行情制定出低价位商品的定价。

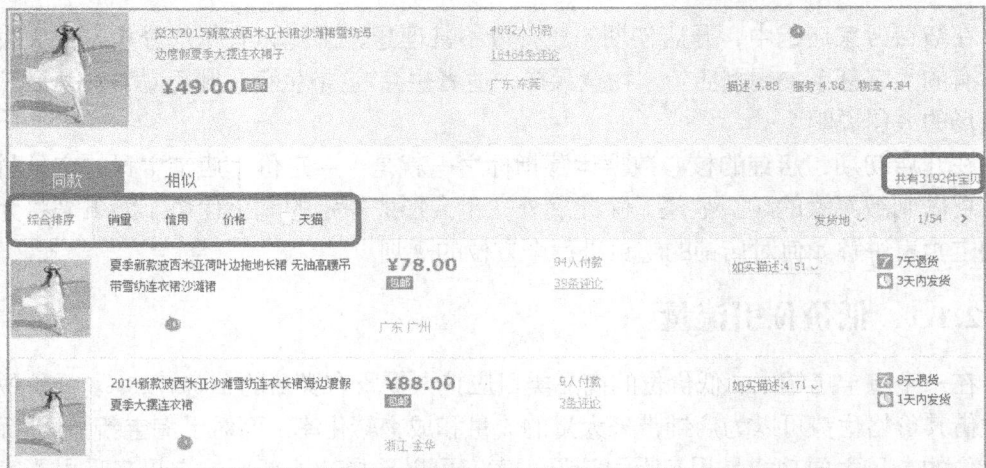

图 2-2　全淘宝某品牌的同款连衣裙

在淘宝网上，许多淘宝卖家采用低价来吸引流量，促成交易。同时，也有很多买家很纳闷，宝贝的成交率高，买家的评价也高，但是为什么店铺的销量和信誉都没有累计呢？关键在于淘宝卖家没有意识到低价位营销的"雷区"。接下来就为淘宝卖家讲解低价位营销易触碰的两大"雷区"。

（1）超低价销售商品的部分订单销量和信誉均不累计

1元及1元以下价格支付的订单：商品的销量正常累计；如果买家账号绑定了有效的手机号码，买卖双方评价正常累计；如果买家账号未绑定有效的手机号码，该商品订单的卖家端评价最多累计250笔，买家端评价正常累计。

1元订单是指订单支付价格，即除去快递费、店铺的优惠券、淘金币、单品折扣等费用后，买家实际支付的价格。例如，某淘宝卖家的商品定价为1元，买家使用淘金币抵扣后最终花了10.5元买下，其中快递费为10元，则该笔订单的支付价格为0.5元。

当订单的评价生效时，淘宝后台系统会判断买家在付款时是否绑定了有效的手机号码，若未绑定，则该商品的订单卖家端评价最多累计250笔，即这250笔订单的好中差评价对应的信用积分和店铺评分都会累计，后续订单的评价均不累计。

（2）支付价格低于一口价3折且支付金额低于5元的订单的销量和评价均不累计

若淘宝店铺同时发生上述情形，则执行第二项规定。例如，某商品一口价为20元，其中一笔订单的支付价格为4元，最终的支付价格低于一口价3折且支付金额低于5元，则该笔订单销量、信用积分以及店铺评分均不累计。

淘宝这两项规定有效地打击了一小部分靠超低价炒作虚假信誉的淘宝卖家，维护淘宝市场的交易公平性。淘宝卖家清楚了解了关于超低价营销的"雷区"后，在对低价位宝贝定价之前，参考淘宝官方规定的该条目下的最低价格，然后再结合淘宝市场上相似宝贝或者是同款宝贝的定价；最后综合两者的定价为店铺的低价位宝贝进行定价。

2.1.2 中等价位盈利

在一个淘宝店铺里，中等价位的宝贝类目应该占据所有宝贝类目的60%～75%。中等价位的宝贝数量多、类目齐、价位适中，买家对价位的接受度高，宝贝的成交率也高。因此，从某种程度上来讲，中等价位的宝贝是整个店铺的"镇店之宝"。

图2-3所示为某淘宝店部分中等价位商品，店铺的中等价位区间为55～88元。中等价位的代表商品分别是：针织衫、针织毛衣裙和V领连衣裙。其中针织衫总销量为1192件，针织连衣裙的总销量为4095件，V领连衣裙的总销量为7676件。

单从商品的累计销量来分析，这3款具有代表性的商品对整个店铺的发展具有举足轻重的意义。许多淘宝新手卖家凭借打造单品的爆款提升自然排名，为店铺带来相当可观的流量，带动其他商品的连带营销，从整体上提升店铺的销售额。

假设针织衫的进价为40元，针织毛衣的进价为70元，V领连衣裙的进价为75元。3种商品的销量与利润对比如图2-4所示，由图中分析可知：中等价位的商品其主要是为店铺盈利，它对整个店铺的发展有举足轻重的作用。那么，对于中等价位商品的定价又该从哪些方面考虑呢？

图 2-3　店铺中等价位的商品的销量

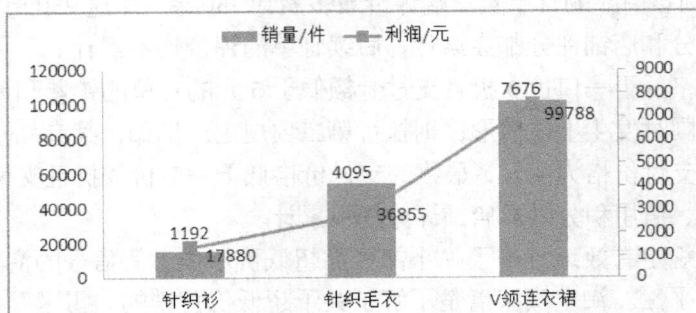

图 2-4　中等价位商品销量与利润的对比

　　卖家在选择店铺中等价位的商品时要明确店铺的主力消费群体的实际消费处于怎样的水平；中等价位商品的类目繁多，卖家按照商品的不同标准进行类目的细分。

1．主力消费群体的实际消费水平

　　主力消费群体是影响店铺亏盈的重要因素之一，淘宝卖家须熟悉掌握主力消费群体实际消费水平。图 2-5 所示为淘宝市场 10 种品牌牛仔裤的全网均价，全网均价是指整个淘宝市场的淘宝卖家平均定价。淘宝卖家参考全网均价制定出店铺中等宝贝的定价。

　　在一般情况下，同一品牌的商品的定价高于或者是低于全网均价 3～5 元，如淘宝卖家店铺经营真维斯的牛仔裤，定价在 82～93 元范围内最佳。根据经济学家对淘宝买家的购买行为分析：相当一部分淘宝买家往往会根据自己的经济实力确定购买哪个价位区间的商品。在该价位区间内，经过仔细的筛选对比，最后选择性价比最高的商品。

　　普遍的淘宝买家认为："高价的商品不一定是好货，但是便宜肯定无好货。"所以，对于这一部分的淘宝买家而言，低价意味着低质量，通常不会选择该价格区间的"低价商品"。淘宝卖家把商品的价格设置为浮动价格，当店铺商品的定价稍微高于全网均价时，反而能够赢得这部分淘宝买家的"好感"，认为该商品比其他的商品更有优势，进而提升商品的成交率。

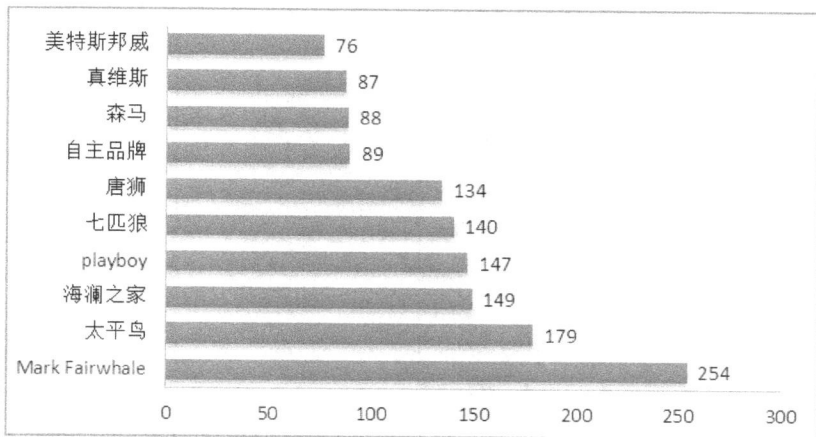

图 2-5 10 种不同品牌牛仔裤的全网均价

2．商品类目的细分

中等价位商品的类目多，淘宝卖家必须把中等价位的商品按照质量和材质进行细分。

（1）质量

一种商品要在市场中更具有竞争力，必须以合适的价格和优质的质量来满足买家的需求。无论如何，一定要让买家觉得在同等价位上该商品的性价比是最高的，因此，质量就是最有说服力的"武器"。中等价位的商品作为整个店铺的盈利商品，如何平衡价格和质量之间的关系，这是淘宝卖家需要慎重考虑的。淘宝卖家在现有的资源基础上，尽量保证商品的质量，优质的商品能赢得买家的信赖，提高店铺的重复购买率。

（2）材质

按照商品的材质进行细分可以提高店铺分类的专业程度。绝大多数的商品都可以按照面料进行细分，如服装、部分鞋袜帽、床上用品以及箱包等日常生活用品。

面料的材质主要分为天然纤维和化学纤维，其中，化学纤维的应用比例为 70%。如图 2-6 所示，天然纤维包括棉、麻、毛和蚕丝；如图 2-7 所示，化学纤维包括涤纶、锦纶、晴纶、维纶和氨纶。

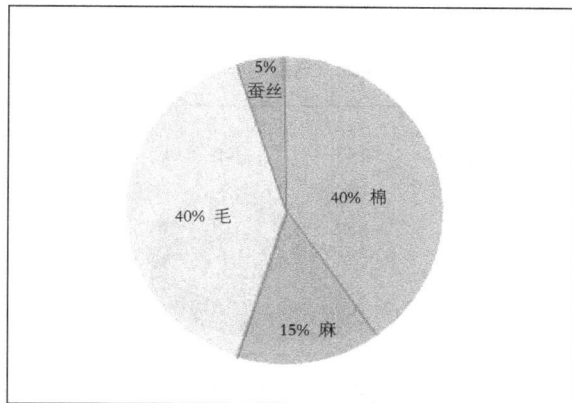

图 2-6 天然纤维的分类

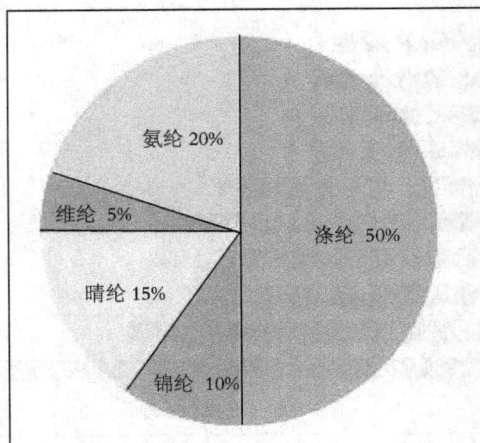

图 2-7　化学纤维的分类

2.1.3　高价位定位品牌

一般而言，淘宝店铺要有低价位商品引来引流量，但是也必须有高价位商品，这部分商品主要用于提升店铺的档次。高价位的商品是满足一些高端消费群体对优质商品的需求。

高端消费群体主要是指拥有财富、身份以及地位的人群。这部分消费群体对生活环境、居住品质以及人文修养均有较高的要求。根据我国高端人群消费行为研究调查统计，高端消费群体中 20～39 岁的年轻人为 83.7%，如图 2-8 所示，其中女性比例超过 56%；职业分布以企业高层管理者和成功的创业人士为主，如图 2-9 所示。

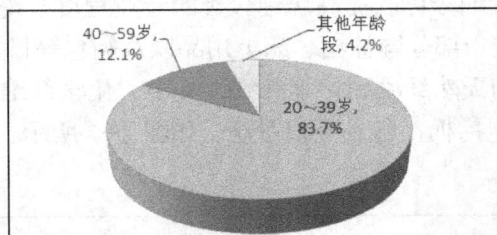

图 2-8　我国高端消费群体年龄段分布图

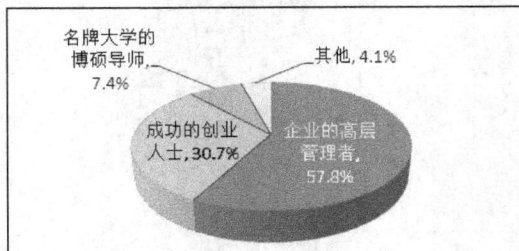

图 2-9　我国高端消费群体职业分布图

随着社会经济的发展，买家对商品各方面的要求也会有相应的提升，只有优质的商品才会吸引高端买家。结合图 2-3 所述范例，图 2-10 所示为该店铺高价位的宝贝。

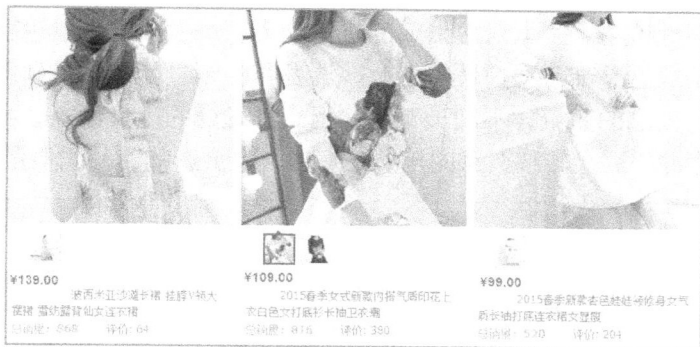

图 2-10 某淘宝店铺的高价位商品

从价格分析：该店铺高价位连衣裙的价格区间为 99～139 元，价格呈阶梯状递减，但是递减幅度不大，阶梯价位可以满足不同买家对价格的最大接受程度。

从销量分析：三款连衣裙的平均销量为 700 件，说明商品的市场需求量比较大。

从商品分析：这三款连衣裙的款式设计、时尚元素以及细节搭配都符合当下流行的趋势，三款连衣裙都有店铺的特色与风格。在参考了成功别的店铺的定价后，那么，淘宝卖家又该怎么设置自己店铺高等价位的商品呢？

淘宝卖家在设置高价位商品的价格之前，应先了解高端消费群体的消费心理，什么样的价格最能吸引这部分优质的买家。我国的高端消费群体的消费心理主要分为以下两种。

● 标签型。标签型人群最典型的购物心理特征是：身份与地位的体现。这类消费群体很在意自己的身份与地位是否能够得到别人的认可。

● 享受生活型。享受生活型人群不断追求更高水平的生活方式和生活理念，不仅仅是物质方面的追求，更追求物质与精神的统一。这部分消费群体对生活的品质有非常高的要求，尤其注重服务的质量，同时也很注重某一商品是否能体现自己的品味。

因此，针对第一类消费群体，卖家抓住这部分消费者注重身份得到认可心理，淘宝卖家可以打造店铺的 VIP 商品，通过 VIP 商品来体现买家的身份与地位。而对于第二类消费群体注重消费的品质，凭借高端的消费享受更优质的服务，淘宝卖家应着力培养店铺的高级客服，为买家营造良好的购物服务氛围。

2.2 传统定价法

传统的定价方法主要是习惯定价法和成本加成定价法。在宝贝成本大致相似的情况下，宝贝的定价差异不甚明显，同行之间的价格竞争也降到了最低。由于传统的定价方法简单易懂，绝大多数卖家都采用传统的定价方法。

2.2.1 习惯定价法

市场上有许多商品因为买家时常购买，就形成了一种习惯性的价格。图 2-11 所示为某品牌的同款洗发露，当洗发露的定价为 17.8 元时，该定价接近习惯性价格，符合买家长期形成的习惯性价格，买家对洗发露的接受度高，洗发露的销量也就比较高。洗发露的定价一旦低于或者是高于习惯性价格时，洗发露的销量就严重受到影响。如果定价太低，买家会怀疑商品的质量，不利于销售；但是洗发露的定价偏高，和买家长期形成的习惯性价格产生冲突，会转移买家的消费注意力，也会影响商品销售量。

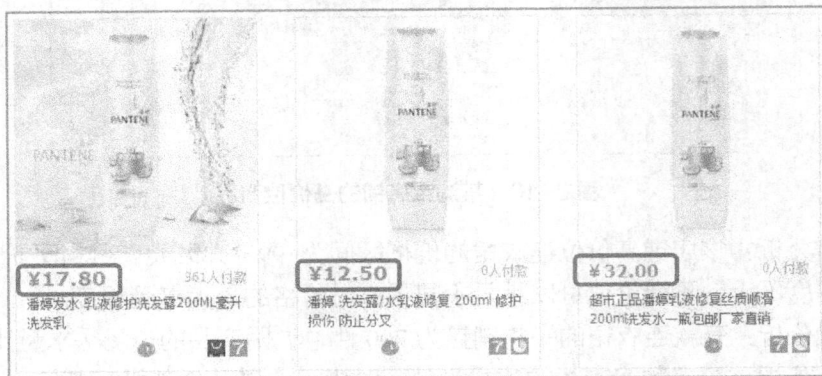

图 2-11　习惯性定价法对销量的影响

习惯定价法是一种完全依赖于市场和买家的定价方法，市场和买家掌握了商品定价的主动权，而卖家处于被动地位，如果卖家长期采用这种定价方法，必定不利于店铺的发展。

2.2.2　成本加成定价法

成本加成定价法是按商品的单位成本加上一定比例的利润制定商品定价的方法，即商品定价＝商品成本＋商品成本×成本利润率。

假设甲、乙、丙 3 个淘宝店铺的同一款雪纺连衣裙的进价为 200 元，甲卖家以 80% 的成本利润率进行定价，最终定价是 360 元；乙卖家以 50% 的利润率进行定价，最终定价为 300；丙卖家则以 20% 的利润率定价，最终定价为 240 元。市场上同款雪纺连衣裙的均价为 260 元，市场共有 5 家同款雪纺连衣裙的店铺。

如图 2-12 所示，甲店铺的雪纺连衣裙的月销量为 30 件，乙店铺的月销量为 100 件，丙店铺的月销量为 150 件，整个市场的月销量为 800 件。最终的利润如表 2-1 所示。

表 2-1　成本加成定价法对利润的影响

卖家	进价/元	利润率	定价/元	月销量/件	利润/元
甲卖家	200	80%	360	30	5 400
乙卖家	200	50%	300	100	10 000
丙卖家	200	20%	240	150	6 000

成本加成定价法在一定程度上受定价者主观因素的影响，宝贝定价和市场行情容易产生冲突，最终会影响商品的销售和店铺的利润。

宝贝定价的基本前提是保证店铺的盈利。店铺利润＝宝贝定价×宝贝销量－成本，由此可见，宝贝的定价是影响店铺利润的三大因素之一。所以，淘宝卖家对于店铺宝贝的定价必须有全方位的规划。

图 2-12 所示为某品牌衬衫的消费者的消费层级分布图，可大致分为 3 个消费层级：低消费层级、中等消费层级，高消费层级。其中低消费层级的人群比例为 18.9%，中等消费层级的人群比例为 56.5%，高消费层级的人群比例为 24.5%。由此可见，该品牌衬衫的主力消费层级为中等层级。

1.中等层次　2.偏高层次　3.高层次　4.低层次　5.偏低层次

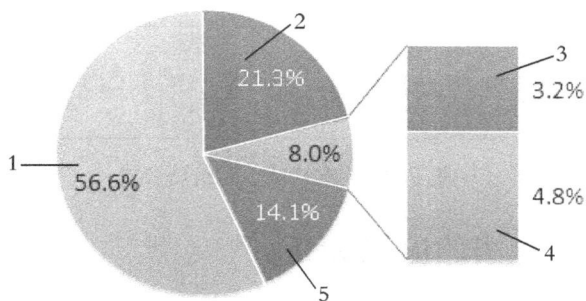

图 2-12　消费者的消费层级分布图

因此，淘宝卖家可以根据消费层级的人群比例规划店铺商品的定价分类，中等消费层级的人群比例最大，所以中等价位商品的类目应占据所有商品类目的 3/5，可共中等消费层级消费者的选择范围广，中等价位的商品作为店铺的盈利商品；高消费层级的人群比例其次，高价位商品的类目大概占据所有商品类目的 1/4，高价位的商品主要是用于定位品牌，为店铺树立品牌效应；最后，低消费层级的消费群体更看重商品的价格，针对这一部分的消费群体，淘宝卖家有意店铺的低价位商品的价格优势凸显出来，以吸引买家的注意力，为店铺引流量。

当宝贝的定价确定了，店铺的主力消费群体和营销战略也就相应的确定了。不同价位的作用明确，低价位引流量，中等价位盈利，高价位定位品牌。所以，定价也是一种营销战略。当店铺的定价确定之后，不要随意改动。

2.3　保留安全定价底线

一般情况下，当商品的定价过高，会影响商品的销售量；当商品的定价过低，则店铺可能出现亏损。最安全可靠的方法就是将商品的定价设置得比较适中，市场竞争力相对较小，消费者有较强的购买能力，淘宝卖家可以在短时期内回收投资，而且有一定的利润。因此，将这种定价方法称为安全定价法，它是介于高价位与低价位之间的中等价位定价策略。因为安全定价法的市场风险较小，这种定价方法很适合淘宝的新手卖家。

2.3.1　安全定价的公式

安全定价法也叫"满意价格策略"。安全定价法主要是针对消费者在淘宝网上购买商品的时候，担心出现质量问题引起的退换货不便的心理，卖家把商品本身的价格和确保消费者正常使用的费用总计，降低消费者的消费风险，提升消费者的购物满意度与安全感。

图 2-13 所示为安全定价法的公式，安全定价法=商品成本+正常利润+快递费，其中正常利润一般为商品成本的 30%~60%。比如，一套西服的成本是 180 元，正常利润为 120元，快递费用为 10 元，因此，这套西服的安全定价为 310 元。

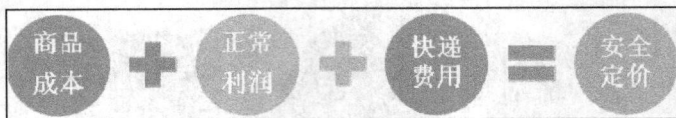

图 2-13　安全底价定价法公式

2.3.2　安全定价法的应用分析

安全定价法并不是代表商品的定价完全没有任何的风险。在安全定价法中，店铺的正常利润为商品成本的 30%~60%，而商品成本为变量，当商品成本发生变化时，会直接影响商品的安全定价。

假设一双皮鞋的成本价为 120 元，按照成本价的 30%计算店铺的正常利润，快递费用为 15 元，如图 2-14 所示，皮鞋的月销量为 1000 双，店铺的利润为 55 000 元。

在其他外部环境保持不变的情况下，当皮鞋的正常利润分别按照成本价的 40%和 60%来计算，皮鞋的月销量和店铺的利润如表 2-2 所示。

表 2-2　正常利润对店铺销量和利润的影响

商品成本/元	利润率	正常利润/元	快递费用/元	安全定价/元	月销量/双	店铺利润/元
100	30%	30	15	145	1000	45 000
100	45%	45	15	160	600	36 000
100	60%	60	15	175	300	22 500

从皮鞋的月销量和店铺的利润来分析，如图 2-14 所示，当正常利润为 30%时，皮鞋的定价为 145 元，属于中等消费层级的定价，接近市场的平均消费价格,买家对皮鞋定价的接受指数比较高，皮鞋的成交率比较高，同时店铺的利润也最高。

当正常利润为 45%时，定价为 160 元，只有中等偏高层级的买家能接受这个定价，故皮鞋的成交率明显有大幅下降。

当正常利润为 60%时，定价为 175 元，该皮鞋的定价只针对于一小部分高消费层级的买家，买家对价格的接受指数最小，所以皮鞋的成交率较低。

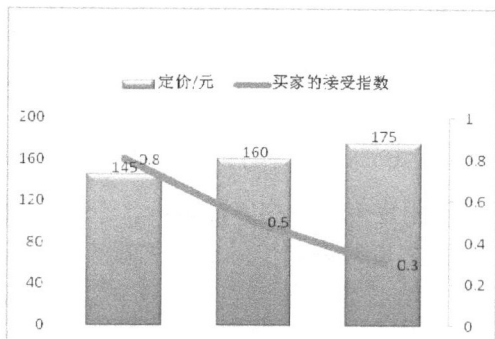

图2-14　定价与买家的接受指数的关系

　　在淘宝市场中，如果淘宝店铺的信用良好，商品质量上乘、款式新颖、服务态度好，那么，安全定价法则是很适用的；但是，如果店铺信誉较低、商品的质量得不到保证、款式老套以及客服的服务态度不佳，安全定价法也会变得"不安全"，整个店铺的消费群体会呈"两极化分裂"。追求高端名牌的消费者觉得商品的档次太低，讲究经济实用的消费者觉得商品的价格过高。

　　消费者在购买商品时，不仅会考虑价格因素，同时也很看重商品的质量。如果因为质量问题出现的退换货，卖家是否能在第一时间解决？退换货中途产生的快递费用谁承担？因此，淘宝卖家可以把退换货的快递费用、售后服务费用等所需费用全部记入商品的价格内，在确保商品质量的同时，也为消费者提供完善的售后服务。这样就能消除消费者的购买疑虑，进而提高店铺的信誉和销售额。

2.4　消费者心理定价法

　　消费者心理定价法是依据顾客购物过程中心理特点来制定的商品定价的一种策略，消费者选择一件商品的主要原因是：该商品能满足消费者某一方面的需求。商品价值的大小和消费者的心理感受有紧密的联系，因此，这为消费者心理定价法的产生和运用奠定了基础。很多淘宝卖家利用消费者心理因素来制定商品的价格，以满足消费者对物质、心理以及精神等多方面的需求。如图2-15所示，常用的消费者心理定价法主要包括：最小单位定价法、数字定价法、招徕定价法。

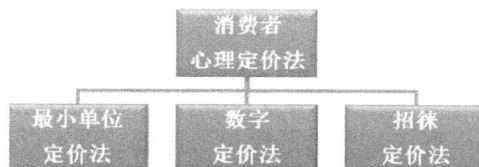

图2-15　消费者心理定价法

2.4.1　最小单位定价法

　　最小单位定价法是指卖家把同一品牌的商品按照不同的数量包装，取最小包装单位制定商品的定价。一般情况下，包装越小，实际的单位数量商品的价格越高；包装越大，实际的单位数量商品的定价越低。最小单位定价法主要分为最小单位定价法和最小单位比较定价法。

1．最小单位定价法

最小单位定价法主要是利用定价的最小单位报价，造成了消费者的"心理错觉"。比如，黄金饰品都是以最小单位"克"来定价的，假如黄金饰品以"千克"来定价，一件黄金首饰的定价为 30 万元/千克，定价给消费者的第一心理感受是昂贵，对价格的接受程度低。

如图 2-16 所示，某淘宝店铺把茶叶的最小单位设置为克，每 250 克茶叶的售价为 22.8元，绝大部分的消费者对该品牌茶叶的第一心理感受就是价格比较合理，因此，消费者的对茶叶的价格接受程度相对较高，进而商品的潜在成交率在无形中就提升了。

新茶正宗安吉白茶高山有机绿茶雨前珍稀白茶叶茶农直销包邮

安吉白茶高山有机珍稀白茶，只做春茶，性价比白茶，你还在等什么呢？不喜欢拆开包退，运费来回我承担。这就是我对自己家茶叶的自信。

价格	¥ ~~129.00~~	258.00元/500g
净重	250g	
促销	**¥22.80**	
配送	浙江湖州 至 快递 免运费 ▾	
数量	1 ＋	件(库存981155件)

立即购买　　🛒 加入购物车

图 2-16　茶叶的最小单位定价法

2．最小单位比较定价法

最小单位比较定价法是通过把两个不同单位量的商品进行比较，消费者会产生一种"很划算"的心理感受。比如，某宽带公司的促销广告：10M 宽带 360 元一年，一天花费不到 1 块钱；地铁招商位的广告：您每天只需花 100 元，就会有 10 000 人关注您。

2.4.2　数字定价法

数字定价法是直接利用整数或者是零数对消费者心理的影响进行定价的方法。数字定价法主要分为尾数定价法和整数定价法。尾数定价法一般以零头结尾，给消费者以有整有零、定价公平公正的感受。整数定价法是指采用凑整为零的方式，只要整数不要零头，给消费者以实实在在的感受。

1．尾数定价法

尾数定价也称零头定价或者是缺额定价，即卖家给商品制定的价格为零头后尾的数字。据数据统计，78.32%的消费者会选择定价以零头结尾的商品。

从数据结果分析，尾数定价法可以让消费者产生两种心理感受：一是卖家在制定商品价格的过程中精准、慎重，即使商品的某方面可能还欠缺一点，卖家也很坦诚的制定商品的应有价格，购买此商品不会吃亏；二是这件商品很便宜，容易产生购买的欲望。因此，商品价位以零头结尾的销量会比较高。

在日常生活中，尾数定价法能够有效的刺激消费者的购物欲望，并且会获得明显的销售效果。非整数定价虽与整数定价接近，但是非整数定价给予消费者的心理暗示是截然不同的。在淘宝上购物，非整数定价会让买家觉得非常精准，更容易促成交易。

如图 2-17 所示，第一款牛仔裤的定价为整数 90 元，共有 116 人付款，而第二款牛仔裤的定价非整数 89.9 元，共有 2934 人付款。两款牛仔裤的定价仅仅相差 1 角钱，但是第二款牛仔裤的销量是第一款的 25 倍。

在日常生活中，对于中档商品或中低档商品，采用零头价格容易促成交易。普遍的消费者在购买某一商品时，尤其是购买日用消费品，消费者更倾向于定价以零头结尾的商品。消费者会认为这种商品的定价是经过精确计算的，从而对卖家产生信任感。根据经济学家的调查表明：价格尾数的微小差别，往往会给消费者以不同的效果。消费者通常认为 199 元的商品比 200 元钱的商品便宜很多，而 201 元的商品太贵，实际上只差 1 元钱。尾数定价法符合消费者求廉的心理。

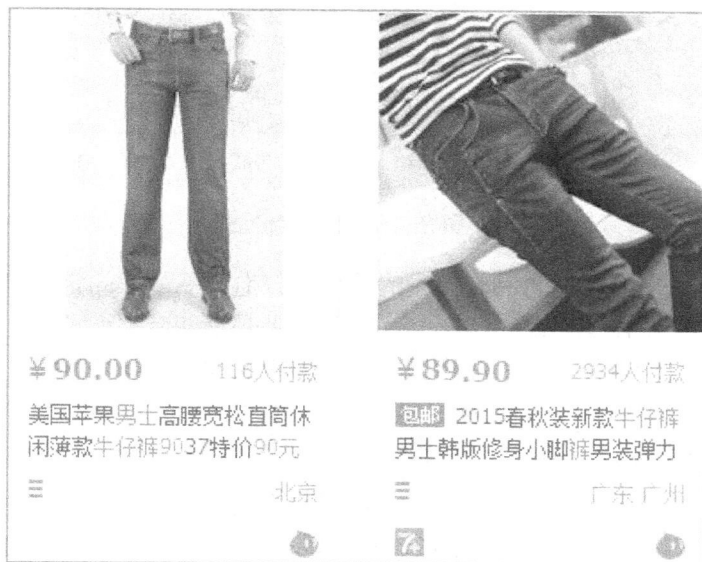

图 2-17　消费者选择日用品的价格特征

在某些情况下，人的消费行为是求廉的，仅仅因为价格尾数的微小差异，就能刺激一部分消费者的购物行为。卖家针对消费者的这种求廉心理，有意把商品的定价设置成零头结尾，如 0.5 元、0.99 元、0.98 元等。尾数为 5 是从财务角度考虑的，容易找零；尾数为 8 是根据消费者的图吉利心理；尾数为 9 是根据消费者的求廉心理。

2．整数定价法

整数定价法恰恰与尾数定价法相反，卖家为了突出商品的质量而特意将商品的定价设置为整数。这种舍零凑整的定价方法实质上是利用了消费者"按价论质"的心理，当消费者不太了解某一商品的时候，通常会把价格作为衡量商品质量和性能的标准之一，会产生"一分钱一分货"的心理感受。当商品的定价越高时，消费者会认为该商品的质量越好。

比如，现有甲、乙、丙、丁 4 家店铺正在销售同一款冰箱，甲店铺的定价为 1988 元，乙店铺的定价为 1998 元，丙店铺的定价为 2000 元，丁店铺的定价为 2001 元，如图 2-18 所示。甲店铺的销量为 200 台，乙店铺的销量为 300 台，丙店铺的销量为 1000 台，丁店铺的销量为 100 台。

根据销量情况分析：冰箱作为耐消商品，使用周期较长，同类型产品种类多，生产商数量多，型号和批次又不同；因此，在外部环境相似的情况下，消费者的潜意识会认为丙店铺的冰箱更加货真价实，质量也肯定高于其他三家店铺的冰箱。

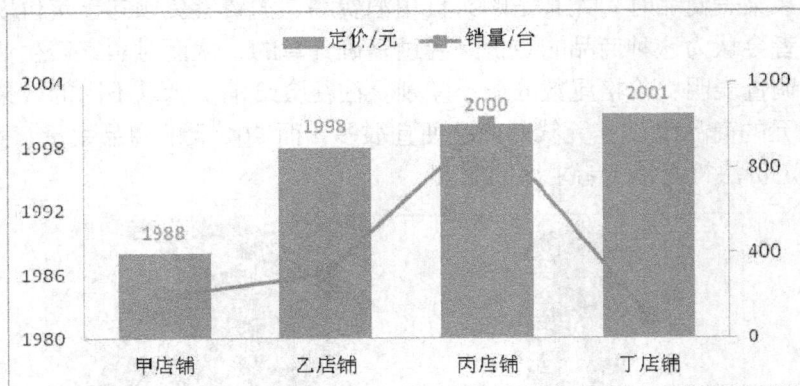

图 2-18　整数定价法

整数定价法是以整数值来制定商品的价格、打造商品品牌的定价策略。一般而言，整数定价法适用于耐用消费品、高档名牌商品或者是消费者不太了解的商品。因为这部分商品的价值高，消费者也难以在短时间内了解商品的质量和性能，消费者会产生"高价=高品质"的心理。

3．弧形数字定价法

弧形数字定价法是指卖家选取一些消费者喜爱的数字来制定商品的价格的一种定价方法。根据市场调研发现，在许多的生意兴隆的店铺，商品的定价是有很讲究的，定价商品的数字有一定的使用频率，如图 2-19 所示。

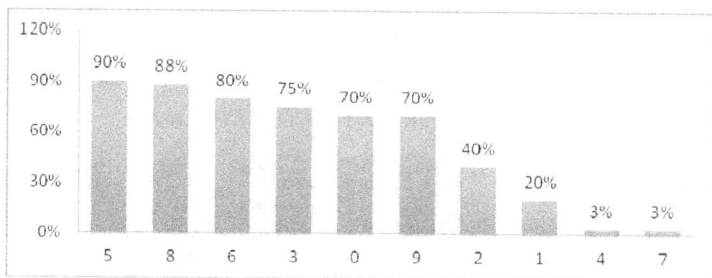

图 2-19　商品定价数字的使用频率

数字的使用频率是完全根据消费者的心理制定的，从消费者消费心理来分析：带有弧形线条的数字对消费者没有刺激感，比如 9、8、6、5、3、2、0，消费者对该类价格很容易接受；而不带弧形线条的数字对消费者有强烈的刺激感，比如 1、4、7，相比之下，这类数字的价格在消费者中不受欢迎。因此，不管在线上还是线下，在各类大大小小的商城、店铺中，8、6、5 等数字的使用频率最高，但是 1、4、7 的使用频率则非常低。

在中国，数字"8"与"发"谐音，所以中国人特别喜欢"8"这个数字，认为会给自己带来发财的好运，商品的定价普遍使用"8"，以图个吉利。又比如数字"6"，中国老百姓有"六六大顺"的说法，所以"6"也很受消费者的欢迎。因为数字"4"与"死"同音，在中国相当的忌讳"4"这个数字；"7"与"气"同音，也不受欢迎。所以，卖家在定价的时候都应该考虑到这些因素，尽量避免这些数字在商品的定价中重复出现。

弧形数字定价也是一门学问，是开店经营非常重要的一个环节。商品的定价是否合理，很大程度上取决于是否满足了消费者的心理需求。有的淘宝卖家充分利用消费者求廉价、求品牌、求吉利的心理，十分巧妙地在商品定价上玩"数字游戏"，最后赢得消费者的青睐。

2.4.3　招徕定价法

招徕定价法是卖家抓住消费者求廉的心理，有意将商品价格定得低于市场的平均价格，部分商品甚至低于成本价，以招徕消费者增加销售量的一种定价方法。比如，商品大甩卖、大拍卖、清仓处理等。

当季节转换时，由于某些商品因为款式过时或者是断码、缺码等原因，淘宝卖家则会清仓处理。如图 2-20 所示，由于清仓处理羽绒服的价格低于淘宝市场上其他的同类商品的价格，因而羽绒服的成交量比较高。

图 2-20　同款羽绒服的清仓处理

如图 2-21 所示，纵观整个淘宝市场，在这个时间段，大多数的淘宝卖家纷纷把店铺的一部分羽绒服进行促销，整个淘宝市场的羽绒服的定价都相对较低。因此，羽绒服的定价对消费者的吸引力更大，满足了一部分求廉消费者的需求。

图 2-21　淘宝市场部分羽绒服的清仓处理价

淘宝卖家在对店铺的部分羽绒服进行招徕定价的时候，应该先对当前的市场整体定价作一定的了解。因为店铺的部分商品需要低价销售，减轻库存量，在全方位了解市场定价的基础之上，再结合自己店铺的实际情况定价。

假设甲、乙、丙、丁 4 家淘宝店铺的同款羽绒服正在进行清仓处理，如图 2-22 所示，4 家店铺的羽绒服的定价不同，销量有明显的差异。从 4 家店铺的定价可以大致分析出淘宝市场现阶段清仓羽绒服的平均定价为 120 元，在同等质量的情况下，当羽绒服的定价越接近市场均价，对消费者的吸引力就越高，因此羽绒服的销量也就越高。

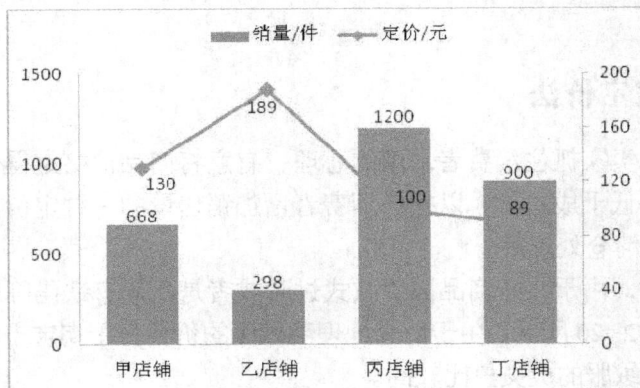

图 2-22　招徕定价法对销量的影响

虽然招徕定价法是利用低价销售商品，甚至亏本，但是从整体的经济效益来讲，卖家还是盈利的，因为这部分低价商品往往能带动店铺其他商品的销售。但并不是所有的商品都适合用招徕定价法定价的，卖家采用招徕定价法需要注意以下几点：

① 商品应是日常用品，对消费者有很强的吸引力；

② 降价商品的数量适中，既可以满足消费者的不同选择，又不至于让店铺出现严重亏损；

③ 商品降价的幅度大，刺激消费者的购买动机；

④ 降价商品与质量问题商品区分开。

2.5　促销式定价

促销式定价是指卖家将部分商品以低于市场预期的价格打折出售，以获得较高的销售量，使资金迅速回收，为店铺其他的商品投资做准备。

科学合理的促销价格能直接影响到促销效果。从某种程度上而言，促销定价的合理性直接决定了店铺的经营利润。有的淘宝卖家很疑惑："我店铺宝贝的价格已经非常低了，为什么销量和信誉还是上不去？"影响销量和信誉的因素有很多，促销是其中因素之一。接下来为淘宝卖家依次讲解4种常用的促销式定价法。如图2-23所示，促销式定价主要分为统一促销、特价式定价、满额定价和快递定价。

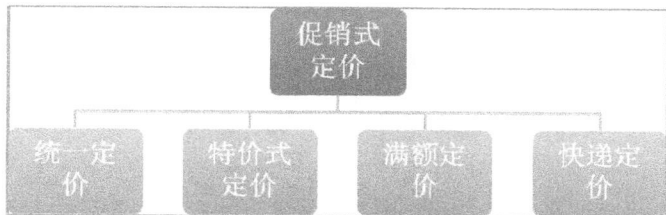

图 2-23　促销式定价的分类

2.5.1　统一促销

统一促销是指整个淘宝店铺的商品全部按照一个价格销售。统一促销是为了提高店铺的销量而采取的一种促销定价策略。

截至目前为止，国内的电子商务平台的购物网站逐渐趋于成熟，消费者对网购的态度从最初的盲目从众逐渐趋于理性消费。大量的淘宝卖家为了招揽消费者而不断降低商品的价格，因此导致淘宝市场上的"价格战"不间断，而最受消费者欢迎的消费模式主要是：全场满9.9元包邮、全场XX元、全场5折起。

1．全场满9.9元包邮

图 2-24 所示为淘宝卖家推出的全场满9.9元包邮的促销方法，从图中分析可知：采取全场满9.9元包邮的商品大部分属于低价的小商品，其平均价格区间为0.5元~2元，扣除快递费用，卖家盈利的空间很小，那么为什么许多淘宝卖家还会采取全场满9.9元包邮的促销呢？

如图 2-25 所示，98%的心级卖家，特别是新开的淘宝店铺或者是中小店铺，常常会选择全场满9.9元包邮的促销定价，因为新开的店铺没有人气，即使店铺的宝贝再好，也不能促成交易。消费者在购物的时候都比较精明，通过仔细对比后选择性价比最高的商品。因此，新手淘宝卖家会制定出全场满9.9元包邮的促销定价，从而达到赚人气、引流量的目的。

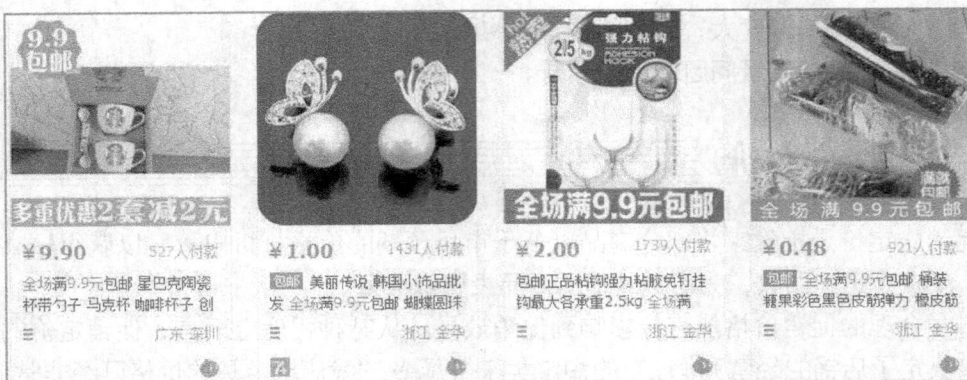

图 2-24 全场满 9.9 元包邮

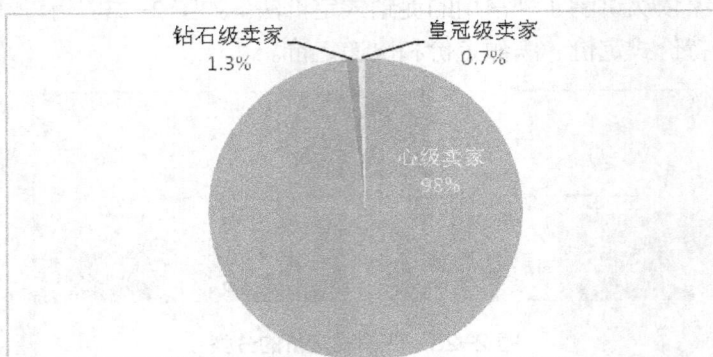

图 2-25 选择 9.9 元包邮的卖家等级分布图

2. 全场 XX 元

全场 XX 元也称作"全场一口价",全场 XX 元是指淘宝卖家为了刺激消费者的购买欲望,将店铺的部分商品按照设定的一个价格销售。如图 2-26 所示,全场的商品的价格在 10 元以内,但是某些店铺将促销商品的价格设置成阶梯价格,直接满足了低价消费层级的不同需求,也在一定程度上提高了店铺的利润。

图 2-26 全场 XX 元

全场一口价主要是针对某些淘宝店铺因为库存太多，现急需资金周转，所以不得不选择以低价的方式把库存的商品全部清仓处理；或者是因为某种商品款式或风格已经过，但是店铺的库存过多，需要清仓处理这部分商品，为新的商品提供储存空间。

3．全场 5 折

全场 5 折是指在特定的市场范围和时间范围内，保证商品处于盈利状态的基础上，淘宝店铺的部分商品全部按照 5 折销售。全场 5 折属于打折促销，打折促销又称作"折扣促销"，这种促销似的定价方法就淘宝卖家使用最频率最高的。

折扣促销可以给消费者很明显的价格优惠，能够有效的刺激消费者的消费欲望，同时商品的市场竞争相对小，卖家可以创作出"薄利多销"的市场盈利机制，如图 2-27 所示。

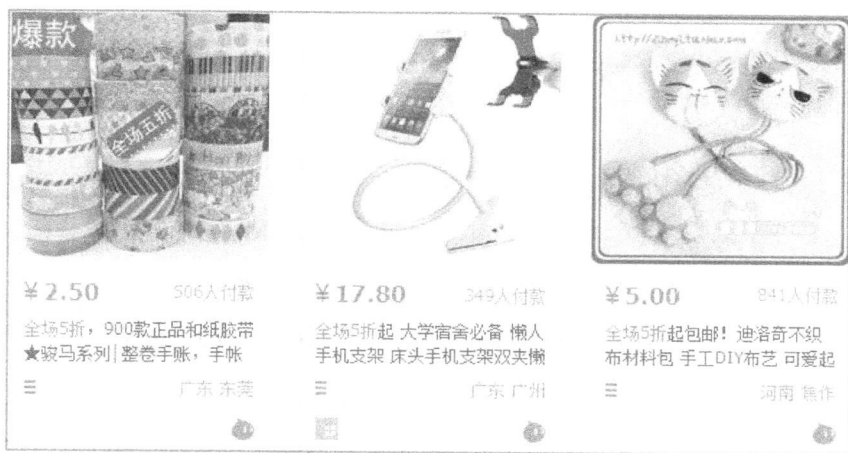

图 2-27　全场 5 折

有的淘宝卖家选择折扣促销方式主要是为了推广店铺的新商品。卖家通常在不同时间段设置全场的限时抢购，但不会投放过多的商品。其主要目的是在抢购前对自己店铺的推广和宣传，让消费者对店铺产生好感。一方面能够对店铺的新商品进行有效的推广，另一方面又能带动店铺其他商品的销售。

2.5.2　特价促销

特价促销是指卖家将少数的商品以降价的形式吸引消费者购买的定价方式。特价商品凭借偏低于市场价、接近成本价的价格优势，同时也迎合了消费者的求廉心理，对消费者而言，更具有吸引力和号召力，很容易在同类商品中脱颖而出，进而占据市场的大部分份额。淘宝卖家经常采用的特价式定价为：1 元起拍和限时打折。

1．1 元起拍

1 元起拍是淘宝网的一个促销活动。通过淘宝网官方审核的商品，以卖家承担运费的方式发布，以 1 元为低价进行网上竞拍，最终在规定的时间内，出价高者拍到该商品。每天 6 场 1 元起拍，时间段分别为 07:00—09:00，10:00—12:00，13:00—15:00，16:00—18:00，19:00—21:00，21:00—23:00，每个时段 4 场，每场 3 款商品，时间为 30 分钟。

卖家在参加1元起拍最关键的环节是选择参加的时间段，主要从店铺浏览量（PV）、店铺访问数（UV）和成交金额来分析。如图 2-28 所示，某淘宝店铺参加 1 元起拍的活动，从图中可知，从 07:00—09:00 开始，随着时间的推移，店铺浏览量、店铺访问数和成交金额大致呈上升趋势。其中在 13:00—15:00 间，店铺浏览量、店铺访问数和成交金额略微呈下降趋势；在 21:00—23:00 间，店铺浏览量、店铺访问数和成交金额均达到最大值。

因此，可以确定参加 1 元起拍的消费者的网购时间主要集中在 16:00 ~ 23:00。淘宝卖家在这个时间段参加 1 元起拍的效果是最好的。

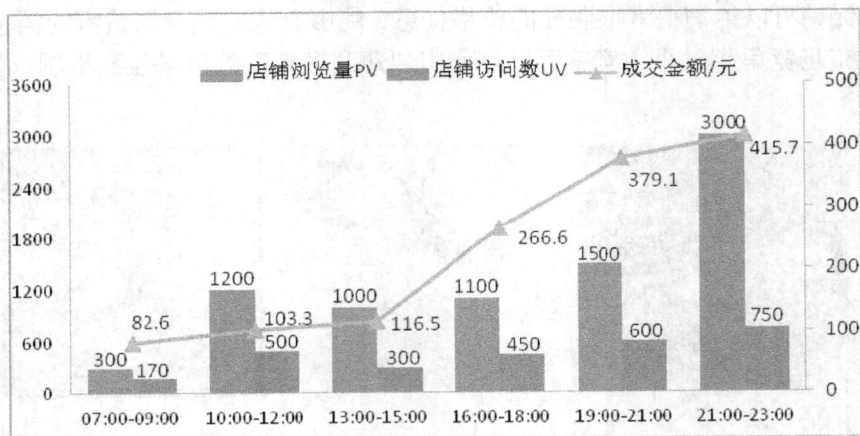

图 2-28　不同时间段的 PV、UV 和成交金额对比图

1 元起拍能为店铺带来相当可观的流量，针对于新开的淘宝店铺而言，可以凭借一元起拍增加店铺的浏览量和访问量；同时，做好店铺商品的组合搭配营销，相对而言，买家的消费选择范围更广，可以提升其他商品的销售量，实现店铺的整体利润。

2．限时打折

限时打折是指在 3 小时内，淘宝卖家把店铺的商品进行折扣促销。限时打折是一种有效的促销策略，特别适合新手卖家和心级小卖家。

淘宝卖家在卖家后台打开"营销中心"，选择"促销管理"，然后选择"限时打折"，如图 2-29 所示，选择需要进行限时打折的宝贝，设置活动的状态和活动的时间。

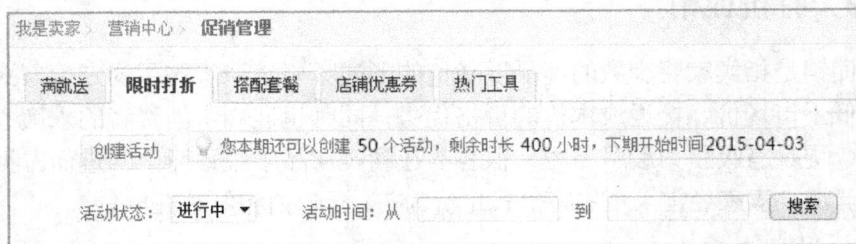

图 2-29　限时打折的设置

在创业的初期，新手卖家和心级小卖家可能会遭遇不同程度的资金周转的问题，限时打折可以在最短的时间内迅速为店铺聚集人气，最大限度地吸引不同消费层级的买家来店铺"参观"，进而实现最少化的资金投入和最大化的利润收入。

2.5.3 满额促销

满额促销是指淘宝卖家对在本店消费了一定金额的买家实行一定的优惠，这种促销方法能提高消费者对店铺的好感，在一定程度上能提升消费者的再次消费以及多次消费。

1. 买2送1

如图 2-30 所示，卖家为了提升店铺的销量，针对在本店铺购买两种同样产品的消费者推出"买2送1"的优惠方案。但从商品的销量分析：买2送1已经达到卖家的促销目的，一方面，增加商品的销量；另一方面，卖家可以把三种商品同时打包快递，也节省了快递费用。而消费者也会产生占到便宜的心理。

图 2-30 买 2 送 1 促销

2. 满 XX 元减 XX 元

如图 2-31 所示，淘宝店家将店铺的促销方式设置为满减促销，当消费者在该店铺的消费金额达到规定的金额时，会有相应的减价优惠。满减促销在保证商品利润的基础上，极大地提升了消费者对淘宝卖家和店铺的印象，同时也在无形中提升了店铺的重复购买率。

图 2-31 满减促销

2.6 宝贝组合定价法

组合定价法是指卖家为了迎合消费者的某种消费心理，在制定一部分互补商品、关联商品的时候，通常会有意识地把有的商品定价制定得高一些，有的商品定价相对低一些，以获得整体经济利益的一种定价方法。多种商品组合定价销售，有赔有赚，但是总体上保证店铺是盈利的；且不会有商品价格的横向对比，不会影响以原价购买单件商品买家的消费积极性。

图 2-32 所示为消费者购买商品的比例，其中 66%的消费者会选择组合商品，从消费者的消费心理分析：消费者在购物的时候，能促使消费者下单的因素往往不是低价，而是"占便宜"。通过把组合商品的定价和多件单件商品定价总和相比较，组合商品的定价能够让消费者感觉自己"占便宜"，因此购物欲望被激发。组合定价法又分为系列商品中的单品定价法和单品相加打折法，下面将为淘宝卖家详细讲解如何使用这两种定价方法。

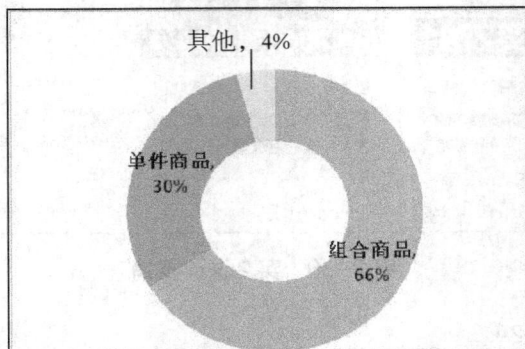

图 2-32　消费者购买商品的比例图

2.6.1 系列商品中的单品定价法

系列商品中的单品定价法是为新手淘宝卖家量身打造的一种定价方法。系列商品中的单品定价法是指对于同款商品的定价，淘宝卖家直接参考别的淘宝店铺制定的价格，再分别排列出高、中、低 3 个价位，最后利用平均值制定自己店铺商品的价格。

表 2-3 统计了 6 家不同的淘宝店铺的同款商品的定价，A 店铺定价为 136 元，为最高价，中间价位为 C、D 两家店铺定价的平均值，最低价为 108 元；再根据 3 个不同价位计算出平均价为 122.5 元，即该款商品的定价为 122.5 元。

表 2-3　系列产品中的单品定价法

淘宝店铺	定价/元
A	136
B	118
C	109.8

淘宝店铺	定价/元
D	130
E	129
F	108
最高价/元	136
中间价/元	123.5
最低价/元	108
平均价/元	122.5

系列商品中的单品定价法是根据某款商品的平均价格综合制定的，定价位于系列商品的中间价位，更能吸引消费者的注意力，同时，消费者对价格的接受度也比较高。对于新手淘宝卖家而言，这种定价方法是最保险的，在清楚掌握竞争对手情况的基础之上，既能提高商品的竞争力，又能确保店铺的利润。

2.6.2　单品相加打折法

单品相加打折法是指淘宝卖家把某个固定组合中的所有单品相加，再按照一定的折扣对所有的单品之和进行打折，最后以折后价作为组合商品的定价。

如表 2-4 所示，先分别罗列出印花 T 恤、针织衫、风衣和打底裤的单价，再在 C7 单元格中输入 "=SUM(B2:B5)"，计算出所有单品的总价。在单品总价的基础上打 8 折，直接在 C8 单元格中输入 "=C7*0.8"，最后求出折后价，即组合商品的定价为 253.6 元。

表 2-4　单品相加打折法

	A	B	C
1	商品名称	定价/元	
2	印花T恤	58	
3	针织衫	78	
4	风衣	88	
5	打底裤	93	
6			
7		总价	317
8		折后价	253.6

一般而言，消费者对经常购买的商品价格比较敏感，对不经常购买的商品价格敏感性相对较弱；对价值高的商品价格比较敏感，对价值低的商品价格敏感性较弱。卖家充分利用消费者对价格的敏感度，把经常购买的商品的价格制定得偏低，同时把不经常购买的商品制定得偏高。从总体上来讲，单品相加打折法在保证整体盈利的基础上进行打折优惠，既确保了店铺的利润，又提高了商品的销售量。

卖家经常会把一些关联性比较强的商品搭配在一起，如服饰、家具、礼品以及化妆品等商品，既可以提升客均购买数量，对于承诺包邮或者部分地区包邮的淘宝卖家而言，又可以节省一部分快递费用。

本章小结

通过本章的学习，读者应该了解到定价对淘宝店铺发展的重要意义，并且初步掌握分别从低价位、中等价位和高价位对店铺的商品进行全方位定价，在此基础之上，学会保留安全定价、消费者心理定价法、促销式定价和组合定价法。最后根据这些理论知识，结合实际情况灵活的对商品进行科学合理的定价。

课后思考题

新手淘宝卖家小王急于求成，想迅速打开市场，采取"薄利多销"的定价方式，将店铺的所有的商品定价都设置得低于市场平均价，有的商品甚至是亏本销售，但是店铺的商品销量却没有明显的上升。小王很疑惑，为什么店铺的商品定价低，但是销量却不好呢？

请结合本章所学的知识，帮助小王分析该淘宝店铺销量低的原因，并制定出一套合理科学的定价方案。

第3章
流量结构分析

淘宝网发展至今，其买家群体和卖家群体都非常庞大，买家群体带来的巨大的流量因此变得极其重要。而对于淘宝卖家而言，尤其是中小卖家和新手卖家，又该如何抢夺这块"大蛋糕"呢？

流量是衡量淘宝店铺运营成功与否的参考指标之一。一个成功的淘宝店铺的流量来源广、种类丰富。即使是再好的商品，再低廉的价格，如果没有流量，也就没有销量。因此，流量从某种程度上对店铺的发展有着至关重要的影响。只有把流量引进店铺，店铺的人气才会增加，才能够寻找到潜在的淘宝买家。而对于新手淘宝卖家而言，又该如何引（入）流（量）？

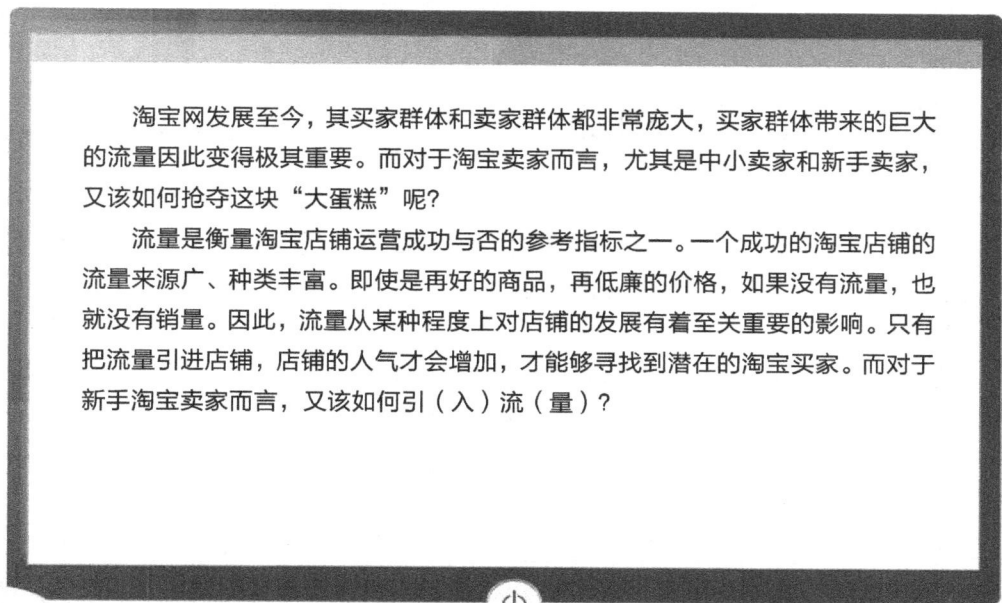

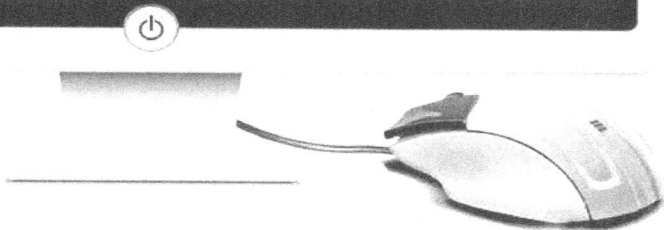

本章数据分析中的图表展示

		数值	比值	总计占比
自主访问流量	直接访问	852	25.75%	61.35%
	店铺收藏	314	11.23%	
	购物车	569	15.61%	
	已买到的宝贝	294	8.76%	
付费流量	淘宝客	89	10.76%	33.64%
	直通车	1153	22.45%	
	钻石展位	0	0.43%	
站内流量	淘宝论坛	20	1.23%	2.28%
	淘宝帮派	35	1.05%	
站外流量	QQ空间	11	0.78%	2.73%
	新浪微博	24	1.06%	
	豆瓣网	9	0.64%	
	人人网	6	0.25%	

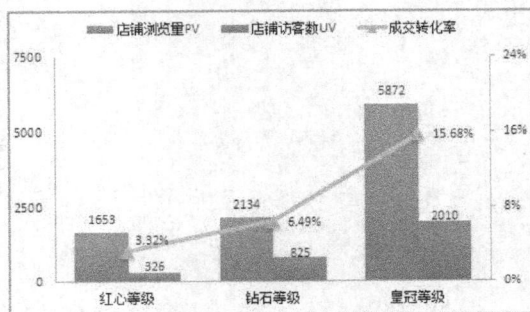

3.1 淘宝店铺流量来源概况

在介绍淘宝店铺流量来源之前，先讲解关于淘宝店铺的一些数据指标。量化的数据指标相当于飞机的仪表盘，通过这些数据指标来判断飞机是否在预定的正常航线上；而淘宝店铺的数据指标能判断店铺的运营是否良好。

（1）店铺访客数

店铺访客数（Unique Visitor，UV）是指通过互联网访问某个店铺的自然人，即店铺访客数。一个独立的 IP 地址访问同一个店铺只能产生一个 UV，在 24 小时内，同一个 IP 地址只会被记录一次，所以，UV 不会累加或者是累减。

（2）店铺浏览量

店铺浏览量(Page View，PV)是指通过互联网浏览店铺页面的自然人，即店铺浏览量。一个独立的 IP 地址浏览店铺的不同页面可以产生多个 PV，比如淘宝买家进入淘宝店铺首页后，看了 4 个不同的宝贝，且每个宝贝有 1 个页面，那么，该淘宝买家对店铺就产生了 5 个 PV（首页 PV+4 个宝贝的 PV）。

（3）点击率

点击率（Clicks Ratio）是指淘宝买家在浏览到某店铺宝贝并点击进入店铺的次数与总浏览次数的比例。宝贝的点击率越高，证明店铺的宝贝对买家的吸引力越强。

（4）跳失率

跳失率（Bounce Rate）是指淘宝买家通过相应的入口访问店铺，只访问了一个页面就离开的访问次数与该页面的总访问次数的比例。跳失率可以很直接体现出某个页面对买家是否具有吸引力，是否能继续深入访问。跳失率越小则表示页面对买家的吸引力更强，反之则相反。

（5）宝贝页浏览量

宝贝页浏览量指店铺宝贝页面被查看的次数，当淘宝买家打开或刷新一个宝贝页面，宝贝页浏览量就会增加。

（6）访问深度

访问深度是指淘宝买家一次性浏览店铺页面的页数，也是店铺浏览量（PV）和店铺访客数（UV）的比值。当淘宝买家一次性浏览店铺的页数越多，用户体验性越好，店铺的黏性也越高。

（7）收藏数

收藏数是指淘宝买家直接对淘宝店铺或者是商品收藏的数量。店铺的收藏量越高表示买家对店铺越感兴趣。

（8）转化率

转化率是指店铺最终下单访客数（UV）与当天店铺浏览量（PV）的比值。针对淘宝新手卖家，店铺的转化率应为 1%～2%。当转化率低于 1%时，就要分析店铺所存在的问题了。

在了解了一些对淘宝店铺很重要的数据指标的基础之上，再来分析淘宝店铺流量来源。如图 3-1 所示，在卖家中心—生意参谋—流量概况中，淘宝官方把流量的来源主要分为 4 大类：站内流量、自主访问流量、站外流量和付费流量，淘宝卖家可以通过这个平台随时监控店铺的流量变化情况。

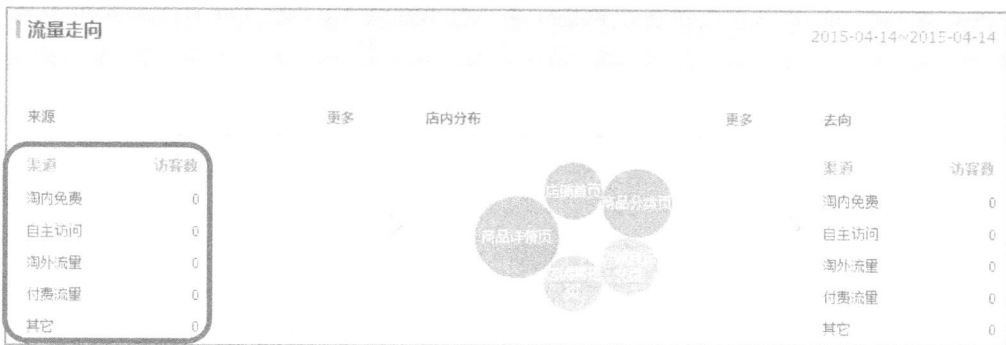

图 3-1　店铺流量的分类

图 3-2 所示为某个店铺一天的流量分布图，从图中可知：店铺的自主访问流量大约占据全部流量的 60%，付费流量大约占据全部流量的 30%，站内站外的流量总计大约为

5%。它从侧面说明了店铺此时正处于高速成长期，大多数淘宝买家能自主访问店铺，说明店铺的人气较高，一部分付费的精准流量为店铺带来更优质的买家，而一小部分的站内流量和站外流量说明店铺流量来源的渠道多，有利于店铺通过不同渠道进行推广。

		数值	比值	总计占比
自主访问流量	直接访问	852	25.75%	61.35%
	店铺收藏	314	11.23%	
	购物车	569	15.61%	
	已买到的宝贝	294	8.76%	
付费流量	淘宝客	89	10.76%	33.64%
	直通车	1153	22.45%	
	钻石展位	0	0.43%	
站内流量	淘宝论坛	20	1.23%	2.28%
	淘宝帮派	35	1.05%	
	QQ空间	11	0.78%	
站外流量	新浪微博	24	1.06%	2.73%
	豆瓣网	9	0.64%	
	人人网	6	0.25%	

图 3-2　淘宝店铺流量的分类

　　流量指淘宝店铺的浏览量。在一个淘宝店铺内，淘宝卖家后台显示的店内浏览数据指标，店内浏览越多，表示店铺的访问深度越高，宝贝对买家的吸引力越大，相对而言，买家的跳失率降低，宝贝的权重增加。当店铺宝贝的权重增加，宝贝在淘宝的排名自然就会更靠前。

3.1.1　自主访问流量

　　自主访问流量是指淘宝买家主动访问店铺时产生的流量。自主访问流量是所有流量中质量最高的流量，这类流量具有很强的稳定性，且成交转化率极高，可以很直观地看出访问店铺的买家性质和质量。自主访问流量主要分为直接访问、宝贝收藏、已买到的宝贝和购物车。

1．直接访问

　　直接访问是指淘宝买家在搜索栏中直接输入宝贝名称或者是店铺名称进入店铺访问的行为。如图 3-3 所示，直接在搜索栏中输入宝贝的名称或者店铺名称，即可看到相关宝贝。

图 3-3　直接访问

例如，在搜索栏中输入"女式衬衫"，便可以查看相关的宝贝如图3-4所示，再通过单击宝贝主图进入店铺。这类流量对宝贝的成交转化率有一定的影响，因为这类淘宝买家有很强的购物意愿，但是在购物过程中容易受到价格、主图效果等因素的影响，从而转移成交率。所以，淘宝卖家在针对买家群体时，尽量把宝贝的主图设置得更加具有吸引力，引起买家的注意力，增加店铺的访问量。

图3-4　直接访问的宝贝

2．宝贝收藏

宝贝收藏是指淘宝买家对某款宝贝进行收藏。宝贝的收藏量高，表明买家对宝贝感兴趣。淘宝买家直接通过淘宝收藏夹中的已收藏的宝贝进入淘宝店铺，如图3-5所示。

图3-5　宝贝收藏

宝贝收藏人气是宝贝收藏人数和关注热度的综合评分。由此可见，收藏人气对于宝贝和店铺的综合评分是有影响的。收藏是一个店铺热度的标准，收藏量的高低能动摇消费者的购买决心。

3．购物车

淘宝购物车是淘宝网为广大淘宝买家提供的一种快捷购物工具，同时也为淘宝卖家减轻了系统各环节在大促销中承担的压力。淘宝买家将多种宝贝购物车后批量下单，并通过支付宝一次性完成付款，如图3-6所示。

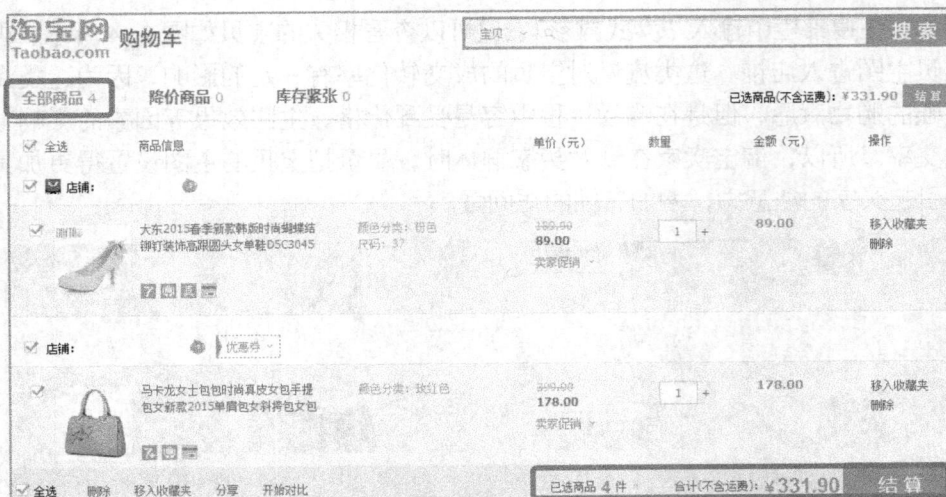

图 3-6　淘宝购物车

　　淘宝买家通过淘宝购物车对淘宝店铺进行访问，表示买家对该店铺的某件商品很感兴趣，这类买家具有很强的购物欲望，但是买家出于对价格、质量等方面因素的考虑迟迟没有下单。针对这类消费群体，淘宝卖家在阿里旺旺的交流和沟通中，不断循循善诱，消除买家心中的顾虑，促成下单。

4. 已买到的宝贝

　　已买到的宝贝是指淘宝买家在某个淘宝店铺已经购买到的宝贝。如图 3-7 所示，淘宝买家可以直接通过已经购买过的宝贝对店铺进行访问，同时，可以单击旺旺小图标，和卖家进行旺旺交流。

图 3-7　已购买到的宝贝

　　某淘宝店铺对最近一个月的访问方式的成交量进行统计，如图 3-8 所示。该店铺中，淘宝买家通过"已买到的宝贝"这种访问方式的成交转化率最高。因此可以得知：对该淘宝店铺而言，这类访问流量在自主访问流量中属于最优质的流量。如果买家直接通过已买到的宝贝对店铺进行访问，说明这类淘宝买家的购物目标明确，会有针对性地选择购物；且这类买家是店铺的回头客，表示这类买家对该店铺的宝贝质量、服务态度和物流等各方面都很满意，希望直接通过该店铺再消费。

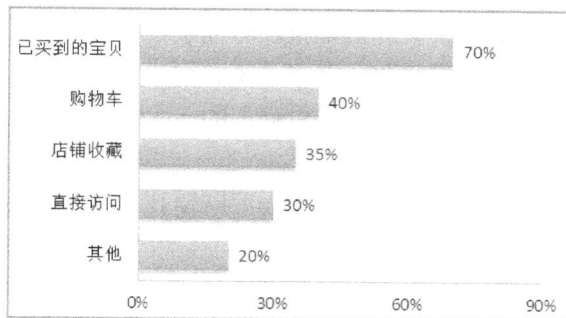

图 3-8　不同访问方式的成交转化率

　　那么，淘宝卖家该怎么维护和提高这类优质的流量呢？首先，淘宝卖家必须跟进售后服务。宝贝的质量再好，如果卖家的后续服务不到位，在买家消费之后出现售后问题没有及时解决，就会减少店铺的重复购买次数；其次，淘宝卖家应该更加严格地把控宝贝质量关，仅仅只有售后服务，没有优质的质量也是不行的。服务和质量相辅相成，二者缺一不可。淘宝卖家应在销售过程中及时配合跟进，并且建立完善的售后服务体制。

　　综上所示，通过自主访问店铺的买家一般都是对某宝贝具有较高的兴趣、购买欲望或者是老顾客，这类买家通常情况下具有较明确的购买需求，店铺的成交转化率相对较高。自主访问流量是所有流量中最优质的流量，淘宝卖家如果充分利用这部分流量，可以提高店铺的人气和流量、增加店铺的访问深度以及店铺的成交概率。

3.1.2　付费流量

　　相对而言，付费流量是 4 种流量中最容易获取的。付费流量的最大特点是：高精准度、流量大。付费流量意味着成本的投入，如果一个淘宝店铺的付费流量占据全部流量的 70%以上，当付费流量的投入过高，店铺的利润就会降低，严重的时候甚至亏本；但是一个淘宝店铺完全没有付费流量却又是不合理的，付费流量最重要的一个特点是高精准度，高精准度直接影响着商品的成交转化率，其中成交转化率也是影响搜索权重的重要因素之一。

　　因此，付费流量是淘宝店铺的流量不可缺少的一部分。最受欢迎的、使用频率最高的付费流量的方式主要是淘宝客、淘宝直通车和钻石展位，如图 3-9 所示。

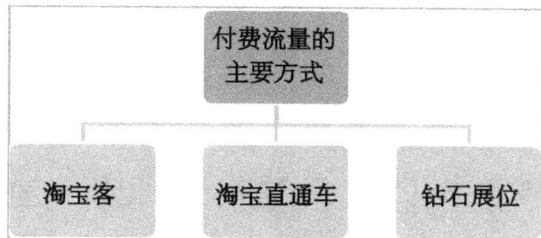

图 3-9　付费流量的主要方式

1．淘宝客

淘宝客，简称 CPS，属于效果类广告推广。淘宝客是按照实际的交易完成量（买家确认收货后）作为计费依据，没有成交量就没有佣金。

淘宝客推广流程主要由淘宝联盟、淘宝卖家、淘宝客和淘宝买家 4 种不同的角色组成。其中每种角色都是淘宝客推广平台不可缺失的一个环节，如图 3-10 所示。

淘宝联盟是淘宝官方的专业淘宝推广平台之一。淘宝卖家可以在淘宝联盟招募淘宝客，推广店铺以及店铺的宝贝；淘宝客利用淘宝联盟找到需要推广的卖家。

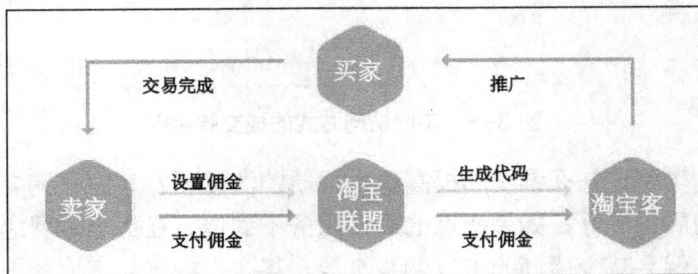

图 3-10　淘宝客推广的流程图

淘宝客是付费方式中性价比最高的，只有完成了成交才会付佣金。同时，性价比越高就意味着推广的门槛和难度也比较大，淘宝卖家在选择淘宝客时，应考虑到店铺的综合利润，当店铺商品的转化率不高，佣金较低，淘宝客的工作动力就相对减弱。针对新开的淘宝店铺，最基础的还是先做好商品和店铺的品质。一旦有了"品牌效应"，即使在佣金很低的情况下，仍然有很多淘宝客会选择为店铺作推广。

2.淘宝直通车

淘宝直通车是阿里妈妈旗下的一款精准营销产品，实现宝贝的精准推广。直通车是以文字+图片的形式出现在搜索结果页面的，直通车在淘宝网上的出现位置是搜索宝贝的结果页面右侧，12 个单品广告展位，如图 3-11 所示；直通车也会出现在搜索结果页面的最下端，如图 3-12 所示。

图 3-11　搜索页面右侧的展位

图 3-12　搜索页面最下端的展位

图 3-13 所示为某淘宝店铺的主要流量来源，其中淘宝直通车为店铺带来的流量为26.71%，直通车主要是通过与搜素关键词相匹配，当淘宝买家浏览到直通车上的宝贝的时候，如果直通车上宝贝的价格和图片能吸引买家的兴趣，买家就会点击进入，并且点击进入浏览的大部分买家具有强烈的购买意向。因此，淘宝直通车为店铺带来的流量精准有效。

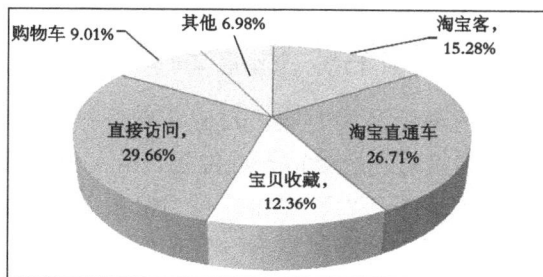

图 3-13　店铺的主要流量来源

淘宝直通车在推广某个单品宝贝时，通过精准的搜索匹配给店铺带来了优质的买家，当买家进入店铺时，会产生一次或者是多次的流量跳转，促成了其他商品的成交。这种以点带面的精准推广可以最大程度地降低店铺的推广成本，提升店铺的整体营销效果。同时，淘宝直通车为广大淘宝卖家提供淘宝首页热卖单品活动、各大频道的热卖单品活动和不定期的淘宝各类资源整合的直通车用户专享活动。

3. 钻石展位

钻石展位是专门为淘宝卖家提供的图片类广告竞价投放的平台，也是阿里妈妈旗下的营销工具之一。钻石展位主要依靠图片的创意吸引买家的兴趣，以此获取巨大的流量。钻石展位是根据流量竞价销售的广告展位，计费单位为 CPM（每千次浏览单价），按照竞价的从高到低依次投放。淘宝卖家可以根据地域、访客和兴趣点 3 个维度设置定向的广告投放。同时，钻石展位还为淘宝卖家提供数据分析报表和优化指导。

图 3-14 所示为钻石展位的首页，钻石展位可以为淘宝卖家提供 200 多个全淘宝网最优质的展位，其中包括淘宝首页、频道页、门户、画报等多个淘宝站内广告展位。同时，还可以将广告投向站外，涵盖大型门户网站、垂直媒体、视频站、搜索引擎等各类媒体广告展位。

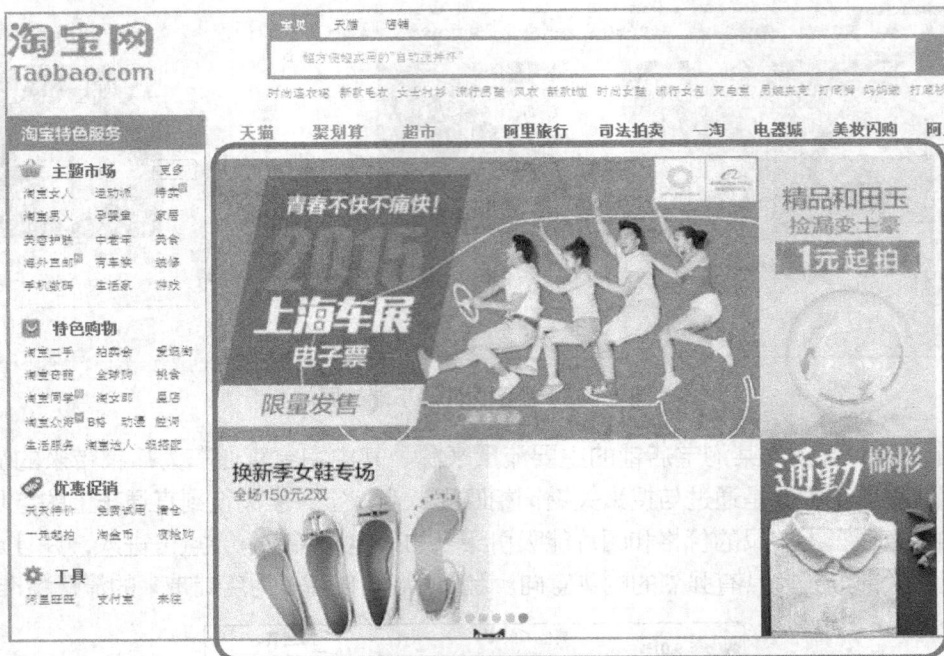

图 3-14　钻石展位首页

投放钻石展位需要一套完整的运营方案。首先，做好每天的钻石展位数据的采集、统计、整理和分析；淘宝卖家应明确选择钻石展位的目的和针对性，如图 3-15 所示，选择钻石展位是单品推广还是店铺推广？单品推广适合需要长期引流，并且不断调高单品成交转化率的卖家；而店铺推广主要是针对有一定的活动运营能力或者是短时间内需要大量的流量的大中型卖家。

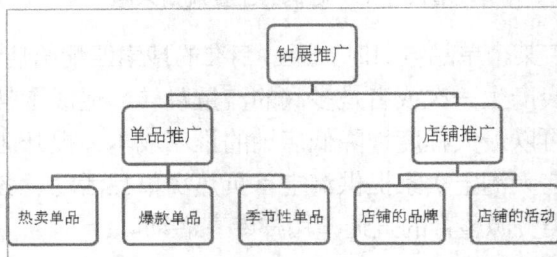

图 3-15　钻展推广的分类

3.1.3　站内流量

站内流量是指通过淘宝平台获取的流量。站内流量对于一个淘宝店铺的流量构成也是相当重要的，淘宝网站每天有几千万甚至过亿的流量，没流量就等于没销量。站内流量也分为免费流量和付费流量，新手淘宝卖家可以先从站内的免费流量渠道获取流量，如淘宝论坛、淘宝帮派等淘宝官方的互动交流平台。

1．淘宝论坛

淘宝论坛是以淘宝网为依托的淘宝店铺推广社区论坛。同时，为广大会员提供论坛最新的资讯信息，为会员营造一个舒适的快速阅读页面。淘宝论坛主要分为聚焦热点、卖家之声、活动专区和金牌卖家，如图3-16所示。

图3-16　淘宝论坛首页

　　淘宝卖家通过在淘宝论坛发帖，在一定程度上可以提高店铺的浏览量和访客数。因为在淘宝论坛发帖有一个规律，帖子的浏览量会不断增加，换而言之，这可能就为店铺的浏览量和访客数的增加提供了基础。

　　例如，1月3日，某淘宝店家在淘宝论发表的关于"如何有效提升店铺客单价"的帖子，因为帖子的内容很实用，给店铺带来了66浏览量和2访客数，如图3-17所示，随着帖子浏览量的增加，店铺的浏览量和访问数也呈上升趋势。因此，在淘宝论坛上发帖子的就能引入一定的流量。

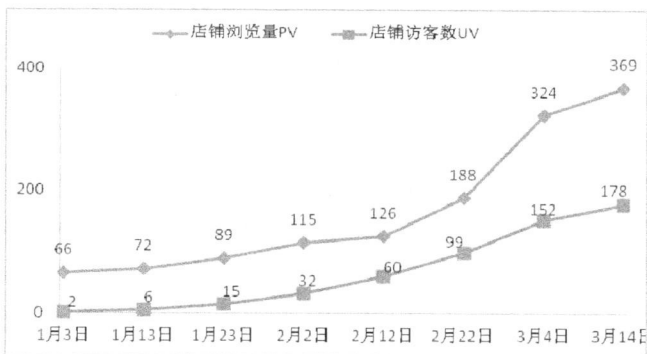

图3-17　帖子为淘宝店铺带来的浏览量和访问数

　　淘宝论坛有很强大的宣传功效，当店铺的浏览量和访客数逐渐增加时，店铺的潜在的买家也会随之增加。假如淘宝卖家在淘宝论坛上发的精华帖比较多，会很直接地提高浏览帖子的买家的好感度和认可度，因此，淘宝卖家的个人空间的访问量会增加，当个人空间有了买家基础，就相当于有了广告的价值。如果卖家能巧妙地运用，将获得意想不到的效果。

　　对于大部分的淘宝卖家而言，希望在回帖的时候也顺便为自己的店铺做免费的宣传，能对店铺有一定的宣传效果的回帖通常包括ID、头像和位置。

　　如图 3-18 所示，ID 能直接看出店铺的性质和分类；而头像是为 ID 服务的，头像的主要功能是对 ID 有具体形象的诠释，形成"图文并茂"的效果，如果买家在第一眼就能对店铺有印象，那么，就起到了免费宣传店铺的作用；当一个帖子回复很多的时候，宣传效果较好的位置依次是：沙发、板凳、地板以及前两页的回帖。

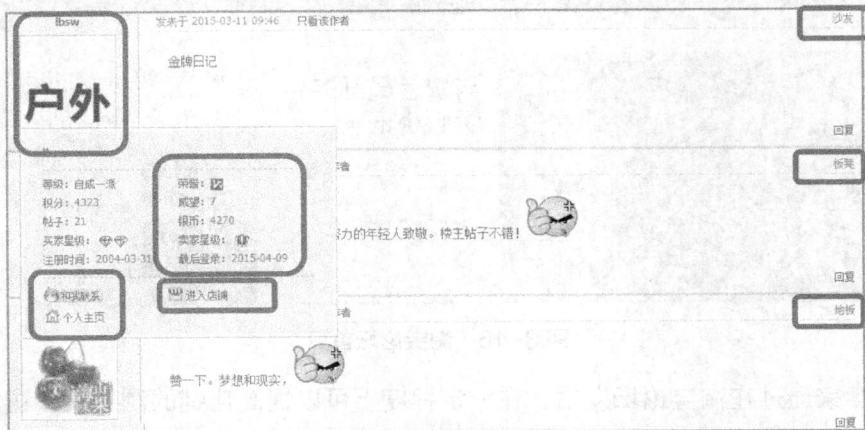

图 3-18　回帖对店铺的宣传

　　好的回帖能取得非常好的宣传效果，甚至在一定程度上能好过主题帖。当淘宝买家在浏览这个帖子的时候，可以查看到买家的荣誉、威望、银币和卖家等级，如图 3-18 所示，买家可以直接通过阿里旺旺和卖家交流，进入卖家的个人主页或者是店铺。

2．淘宝帮派

　　淘宝帮派是淘宝官方免费为广大淘宝用户提供的社区平台。淘宝帮派的实质就是个人社区，淘宝用户可以完全根据自己的兴趣喜好聚集在一起，含有武侠特色的群体，称之为"帮派"。

　　淘宝用户可以任意加入别人的帮派，当然必须遵守别人的帮规；也可以自己创建帮派，如图 3-19 所示。淘宝帮派可以分享经验、发布图文以及促销活动等，对于新开的淘宝店铺来说，如果自己帮派的人气旺，那么，店铺的流量也会增加。同时，浏览帮派的淘宝用户有卖家，也有买家，推广的针对性强。

图 3-19　淘宝帮派首页

在淘宝帮派中，淘宝买家可以分享交流购物体验，晒已购买到的宝贝，所以，很多淘宝卖家创建自己的帮派，一方面是为了引入流量，另一方面是对自己的店铺和宝贝进行免费的宣传。除此之外，淘宝卖家也会相互收藏宝贝或者是店铺，增加彼此店铺的收藏人气。因此，淘宝帮派也是一个很好的站内引流平台。

3.1.4　站外流量

站外流量是指除了淘宝网以外的所有渠道获得的流量。流量是影响店铺发展的关键因素，获得更多站外的流量也逐渐成为卖家关注的焦点。而最困扰新手淘宝卖家的就是如何获取站外的流量呢？

站外流量主要是各大知名网站带来的，如论坛、微博、人人网以及贴吧等社交网站。图 3-20 所示为某淘宝店铺的站外流量来源的构成图。

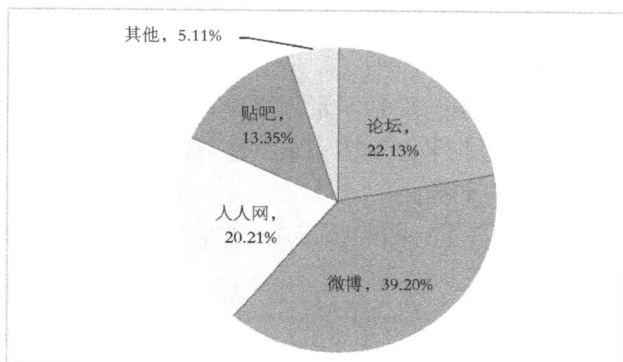

图 3-20　淘宝站外流量构成

从数据分析来看，新浪微博为店铺带来的流量占据站外流量的 39.20%，论坛和人人网的流量占比差距不大。因此，站外流量可以为店铺带来很大的一部分潜在的消费群体，卖家在引入站外流量之前，必须先对店铺把店铺装修好，而且宝贝的页面描述能刺激买家的消费欲望，否则即使引进再多的站外流量，店铺的转化率依旧会很低。

如果新手淘宝卖家不知道该如何对自己店铺进行装修，可以参考店铺销售量较好的同行卖家，借鉴别人的装修特点，将多家店铺最有特色的地方结合起来，再根据自己店铺宝贝的卖点制作宝贝的详情页面。

3.2　店铺初期引流渠道

流量对影响淘宝店铺销量的关键因素之一，而引流的渠道则决定了流量的质量。对于淘宝店铺的引流渠道要注意以下两点。

① 引流渠道多元化。如果一个淘宝店铺的流量种类较多，说明了店铺的宝贝展现和曝光的程度较高，店铺的消费群体层次丰富，有利于店铺的良性发展；如果店铺的流量过于单一，那么店铺流量的风险性可能会增加，使店铺的流量产生不稳定性。

② 不同来源流量的占比。不同流量来源的占比直接反应出了店铺的各个影响因素的

权重大小，同时，不同来源的流量，消费者的质量差异会很大，对于店铺的成交率有一定的影响。因此，卖家需要结合店铺的实际情况，科学合理地优化不同来源流量的占比。

在淘宝店铺成立初期，淘宝卖家最常用的引流渠道主要是：淘宝官方活动、论坛软文以及社交网络平台。

3.2.1 淘宝官方活动

随着淘宝店铺推广费用和流量的成本增加，不少淘宝卖家把目光都聚集在淘宝官方举办的各种活动上，利用低门槛的活动报名方式参加各种活动，进而为店铺带来巨大的流量。如果卖家在活动前准备充分，运用适当的营销技巧，很有可能成功打造店铺的爆款宝贝。

但是并不是所有的活动都能带来巨大的流量和成交转化率的，淘宝新手卖家应该有选择性地报名，在前期可以参加聚划算、淘金币、天天特价以及手机淘宝。

1．聚划算

聚划算是阿里巴巴旗下的团购网站。聚划算依托淘宝网的庞大的消费群体，现已发展成为淘宝卖家服务的首选团购平台。在淘宝网上，每天有超过千万的网购消费者，这也正是聚划算流量的最主要的来源。

图 3-21 所示为聚划算的首页，团购频道由品牌闪购、量贩团、聚名品、整点聚、生活汇、旅游团以及俪人购组成。

图 3-21 聚划算首页

（1）聚划算能获取巨大的流量，且成交转化率非常高

某淘宝店铺的一款休闲套装的上架时间为 2 月 24 日，定价为 618 元，但是销量很低。淘宝卖家决定在 3 月 8 日参加聚划算的今日团活动，并且把休闲套装的定价降为 89 元，参加活动的 9 小时内，休闲套装的销量已经突破三千套，如图 3-22 所示。

距离活动结束 15 小时 9 分，淘宝卖家对这款休闲套装的销量做了统计图，如图 3-23 所示，从图中可以得知：从宝贝上架开始，店铺的流量非常低，截至 3 月 4 日共销售了 3 套；宝贝在 3 月 8 日参加聚划算活动，店铺的流量和销量猛增。

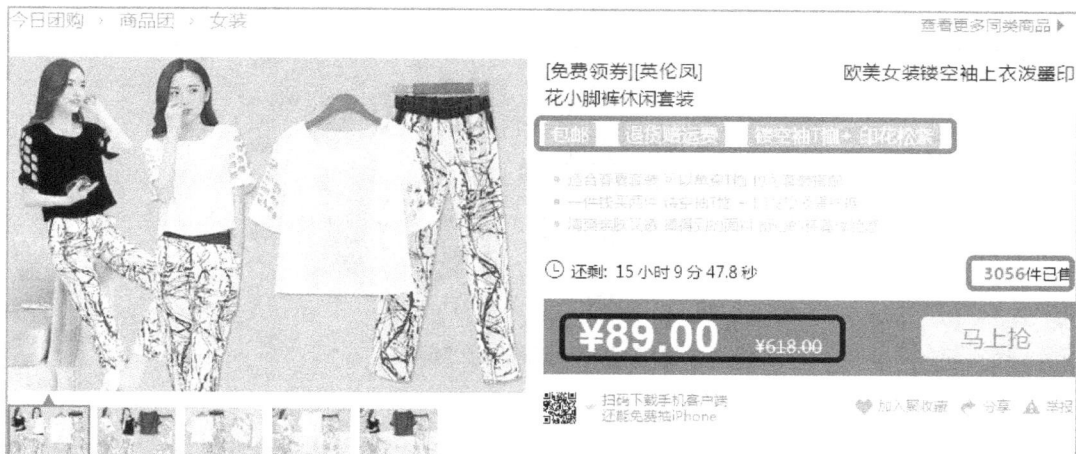

图 3-22　休闲套装的销量

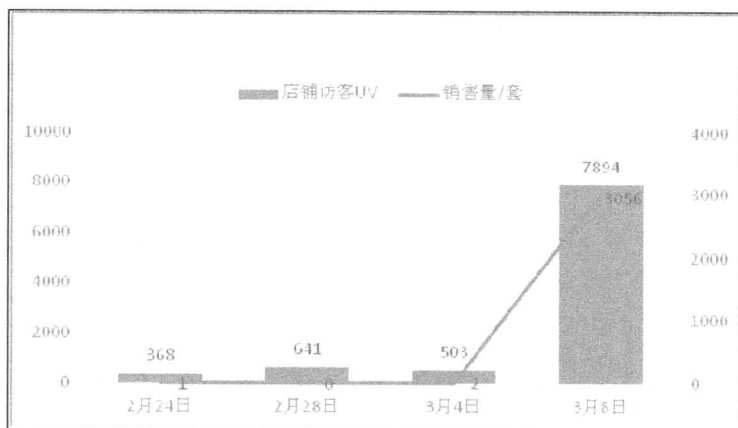

图 3-23　聚划算为店铺带来的流量和销量

从该淘宝店铺的销量变化图可以得知：聚划算可以直接为店铺带来大量的流量和较高成交转化率。除此之外，该淘宝卖家最值得众多新手卖家学习和借鉴之处是：审时度势，灵活营销。在宝贝上架的一个星期内，淘宝店铺的流量和销量都非常低，该淘宝卖家意识到店铺当前的问题时，抓住"三八妇女节"进行活动营销，在3月8日当天打了一场漂亮的"翻身仗"。

（2）聚划算能为店铺带来持续性购买

结合图3-23所示范例，休闲套装的价格仍然为89元，淘宝卖家在3月8日参加聚划算活动之后，店铺的销量的变化情况，如图3-24所示。

从店铺的持续销量趋势图可以看出：从3月8日开始，店铺的访客数和销量开始急剧上升，截至3月11日，店铺的平均访客数为9869，该款休闲套装的累计销量突破4000套。

由此可见，聚划算为店铺带来的持续性购买是相当可观的，能直接在最短的时间内为店铺带来大量的流量，随着店铺的流量和销量的增加，店铺的排名自然也会靠前，在最短时间内为店铺带来最大的利润。

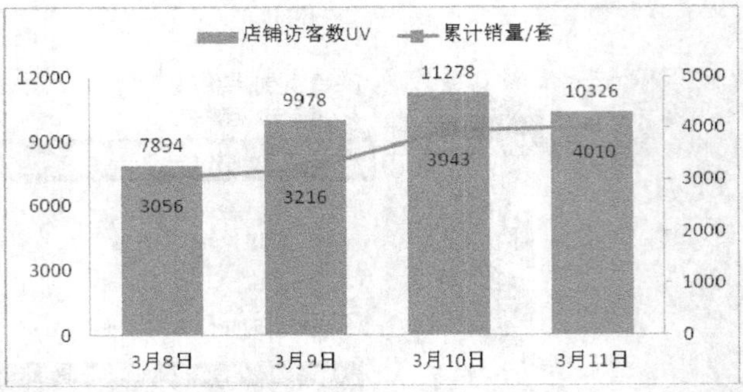

图 3-24　店铺的持续销量

在充分保证店铺盈利的基础上，增加了店铺的人气，为店铺品牌的宣传打下了良好的基础。但是聚划算带来的火爆的阿里旺旺咨询率和高成交转化率也是对一个店铺的运营能力的考验，淘宝卖家在参加聚划算活动之前，需要进行充分的准备，各岗位的工作人员全力配合。一次成功的活动对一个店铺有很大的提升和成长。

2．淘金币

淘金币是淘宝网的虚拟积分，是淘宝网为广大淘宝卖家专门打造的。淘宝卖家可以通过卖家的身份赚取金币，再给买家发金币，进而达到为店铺引流的目的，打造店铺的特色运营体制。

淘金币作为全淘宝最大的流量营销平台，淘宝卖家设置淘金币抵钱就有机会进入店铺街展示，可以为店铺带来稳定的流量。

图 3-25 所示为淘金币的店铺街首页，每个淘宝店铺拥有 5 个宝贝推荐位，其中 5 个宝贝的来源是淘宝后台系统根据店铺最近 30 天销量前 5 位的宝贝。而全频道的店铺则根据该店铺最近 30 天成交量最大的宝贝类目作为主营类目来匹配类目。如果店铺开通了淘宝直通车推广，在直通车展位会有特殊的淘金币标志。

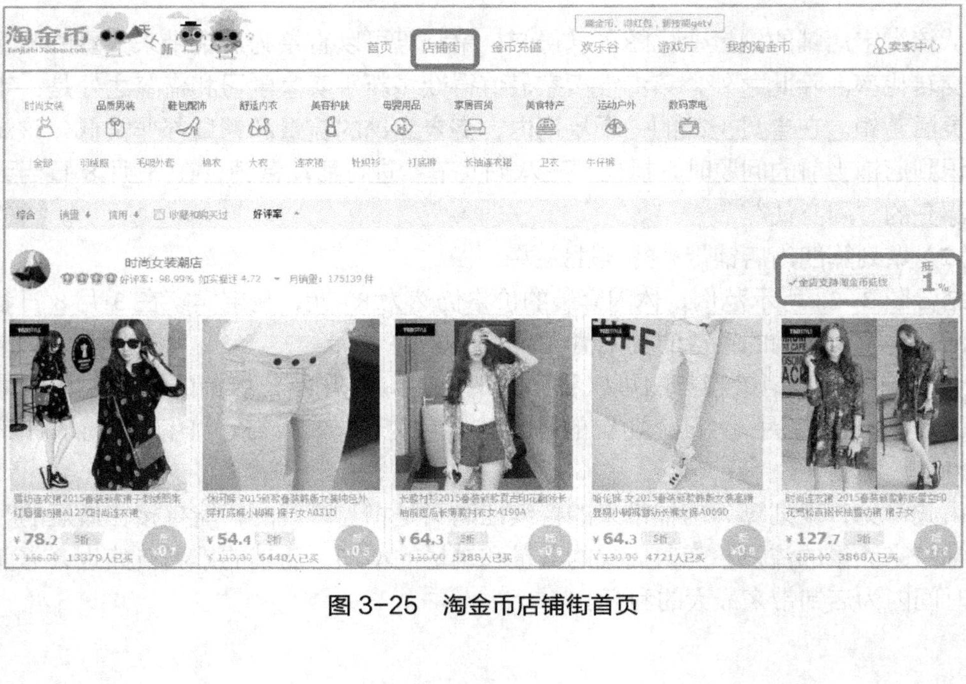

图 3-25　淘金币店铺街首页

某淘宝店铺设置淘金币抵钱活动后，店铺的浏览量和访客数的变化情况，如图3-26所示，从店铺的流量和访客数的变化趋势图可以看出：最近一个月中，店铺的日均浏览量为1554，日均访客数为347，因此，淘金币抵钱活动可以为店铺带来较稳定的流量。

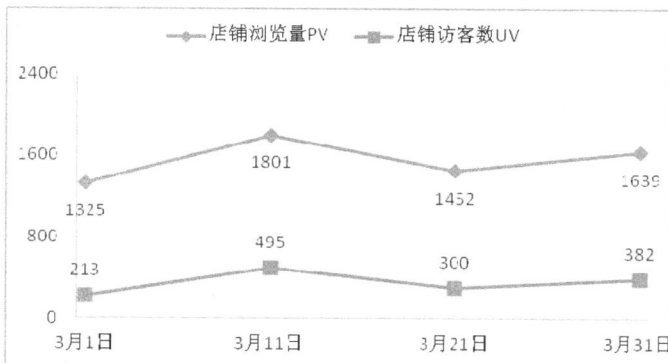

图 3-26　淘金币抵钱为店铺带来的流量

3．天天特价

天天特价是淘宝官方唯一免费扶持中小卖家快速成长的平台。帮助中小卖家解决在店铺发展过程中抢占资源能力弱、营销意识不足以及获取流量的成本高等问题，给予中小卖家更多的创业成功的机会。图3-27所示为天天特价栏目和活动总览图，不同的淘宝卖家可以根据自己店铺的实际情况参加天天特价的活动。

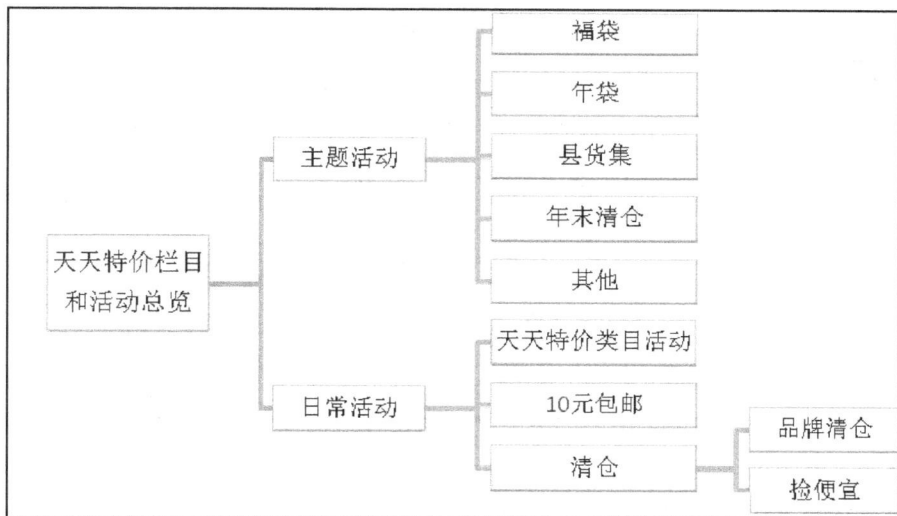

图 3-27　天天特价栏目和活动总览

而针对于中小卖家，在前期，淘宝官方对1~5星的卖家开放抢福袋等主题活动。抢福袋是指淘宝卖家在福袋中设置5款商品，价格不能超过90元。买家从其中选取3款，并且按照1~5的序号注明，买家拍下后并备注选择商品的序号，卖家根据买家的留言发货。该活动的频率为3天1次。如图3-28所示，1~5星的淘宝卖家进入特价商家报名的入口，选择"抢福袋"标题类目，根据在线提示自主报名。

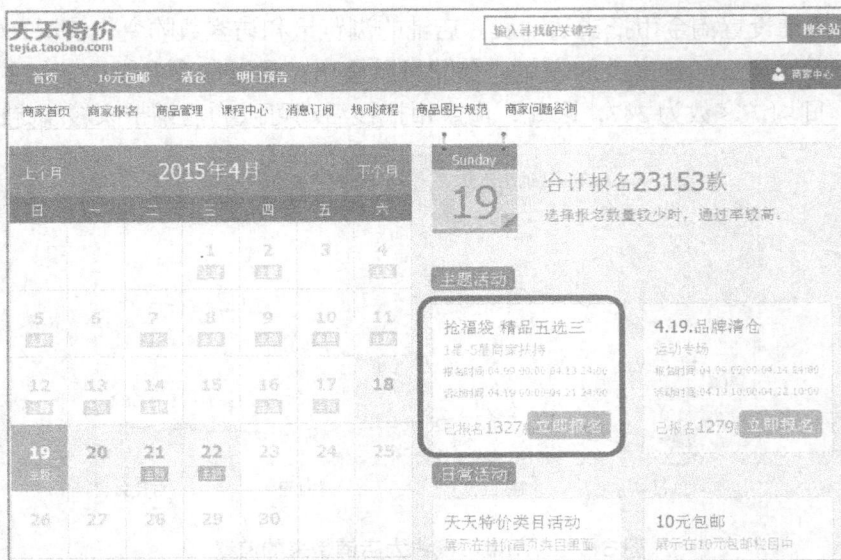

图 3-28　主题活动抢福袋

从 2015 年 3 月 16 日开始,淘宝店铺的商品在天天特价平台的成交数据将计入商品的搜索排名中。淘宝卖家参加活动的成交数据计入搜索排名中,在活动中获得的流量得到沉淀。某淘宝卖家在 4 月 19—21 日参加了天天特价活动,其店铺的流量变化情况如表 3-1 所示。

表 3-1　店铺流量分布表

访问页面	浏览量 PV	访客数 UV	页面平均停留时间（秒）	出店人次	出店率
宝贝详情页	89752	52190	121	3979	7.62%
分类页	3425	1526	32	829	54.33%
自定义页面	899	322	105	180	55.90%
搜索页面	2376	850	69	525	61.76%
店内其他	254	89	35	66	74.16%
合计	96706	54977		5579	

店铺各页面的浏览量与出店率对比如图 3-29 所示。

从店铺参加天天特价后的流量变化趋势图可知:在活动期间,通过成交数据的累计不断为店铺带来更多的流量;在活动期间效果越好,未来的店铺流量提升越快。同时,也在一定程度上提升了店铺的买家回头率,让中小卖家零成本获取最大化的收益。

3.2.2　软文

软文是指由专门的文案策划人员撰写的"文字广告"。软文与硬性广告相比,软文的最具特色之处在于以巧妙的图文并茂的形式吸引读者的兴趣,一般到最后,读者才会发现这是一篇推广软文。一篇好的软文是双向互利的，既能让读者获取想要的内容，又能在最大程度上取得理想的推广效果。

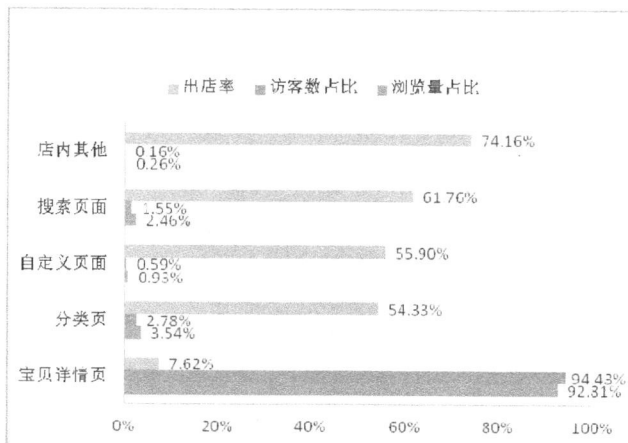

图3-29　店铺各页面的浏览量与出店率对比

淘宝软文主要是在初期为店铺引流，增加店铺的人气。软文推广主要集中在百度、天涯、猫扑等各大人气较高的论坛。

图3-30所示为百度淘宝网吧一篇推广软文，这个贴吧共有130多万人关注，楼主的这个帖子共有1540条回复，帖子的浏览量和回复量从侧面说明帖子的内容能引起读者的兴趣。楼主在帖子中间可以插入店铺的链接，因为许多人想学习楼主的创业经验，会直接通过链接访问店铺。因此，一篇高质量的软文能带来大量的优质流量，且有较高的成交转化率。

图3-30　贴吧的软文

随着店铺引流成本的增加，而中小卖家在创业初期，没有过多的资金投入到付费引流渠道，更多的是采用免费的渠道为店铺获取流量。图 3-31 所示为某个中小淘宝卖家选择软文发布的常用渠道，其中贴吧和论坛占据了全部渠道的 70%，此数据很直观地说明了贴吧和论坛的人气旺，活跃度高，淘宝卖家可以直接选择此类渠道为店铺引流。

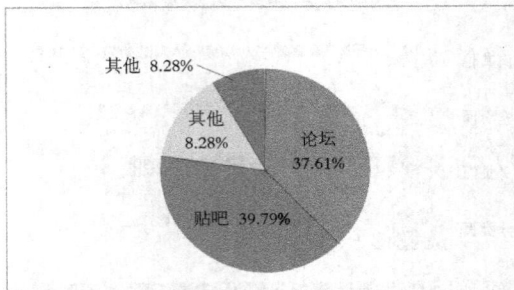

图 3-31　软文发布的常用渠道

3.2.3　社交网络平台

社交网络平台的全称是 Social Network Site，即社交网站，缩写为 SNS。SNS 类网站因为互动性很强，拥有广泛的用户基础，且用户的黏度高，对其依赖性较强。因此，SNS 类网站的价值很高，很多淘宝卖家把 SNS 类网站作为店铺引流的渠道。淘宝卖家最常用的 SNS 类网站分别是新浪微博、豆瓣网以及人人网。

1．新浪微博

微博引流是随着微博的火热推广而催生出的一种引流方式。首先淘宝卖家注册一个店铺的官方微博，在发微博的时候，可以添加店铺宝贝的链接，如图 3-32 所示。

图 3-32　微博引流

淘宝卖家可以做微博转发有奖的活动，转发本条微博并@3个好友，在规定的时间内转发有效。这是微博最常用的引流方法，当微博的转发和评论数量增大时，店铺的人气自然会上升。如果是资金充裕的淘宝卖家，可以雇佣专业的微博推广团队，或者是让微博名人发转发微博。总之，微博引流也是仁者见仁智者见智的，多种引流渠道并用可以提高店铺流量。

2．豆瓣网

豆瓣网是一个以科技和产品为核心、生活与文化为内容的创新型网络服务平台。在豆瓣网站，用户可以自由发表有关书籍、电影、音乐等方面的评论，所有的内容、分类、筛选和排序都有由用户决定的，包括出现在豆瓣网主页的内容都取决于用户。因此，豆瓣网是一个很好的引流入口。

豆瓣网汇聚了各种人群，每个人都能在豆瓣网找到和自己志同道合的群体。如图3-33所示，豆瓣网的用户以80后、90后为主；如图3-34所示，豆瓣网用户包括各个行业的上班族、学生以及自由职业者。这部分群体正是消费市场的主力军。因此，淘宝卖家可以选择在豆瓣网上推广"艺术文化、养生健康、娱乐休闲以及日常的日食住行"等相关商品，都会取得很好的效果。

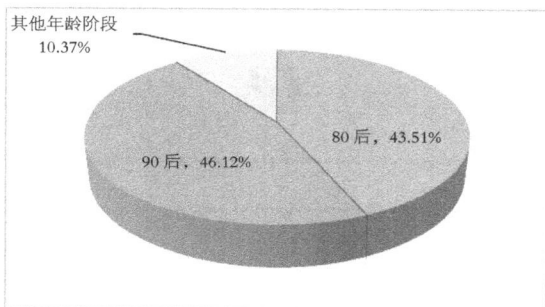

图3-33 豆瓣网用户年龄分布

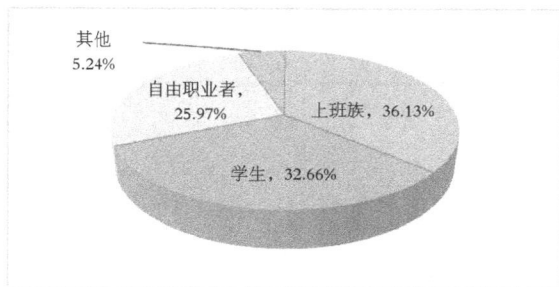

图3-34 豆瓣网用户的职业分布

淘宝卖家可以直接在豆瓣网上发布东西。某淘宝卖家在4月1日把店铺的一款挎包发布在豆瓣网上，如图3-35所示，直接把店铺宝贝的链接复制粘贴，再点击获取东西信息，如图3-36所示，包括商品的名称、价格以及图片等信息；在保证商品的质量和售后的前提下，当淘宝卖家在对商品进行评价时，尽量把商品的评价描述的更具有吸引力，刺激其他浏览者的购买欲望。最后点击发布。

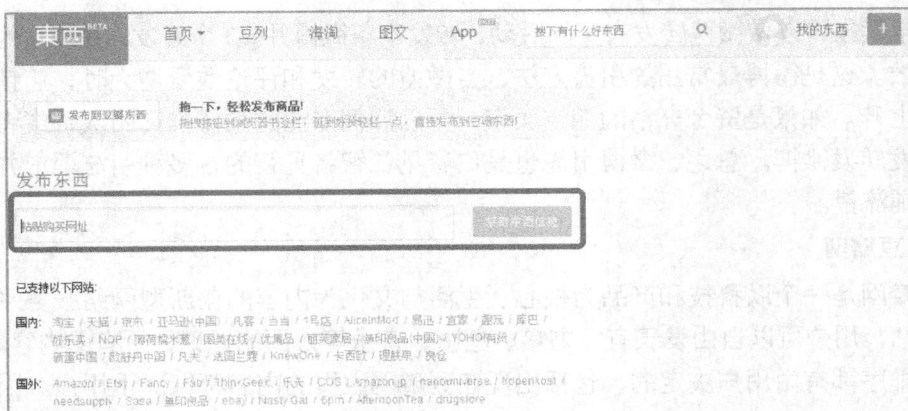

图 3-35　豆瓣网发布东西的首页

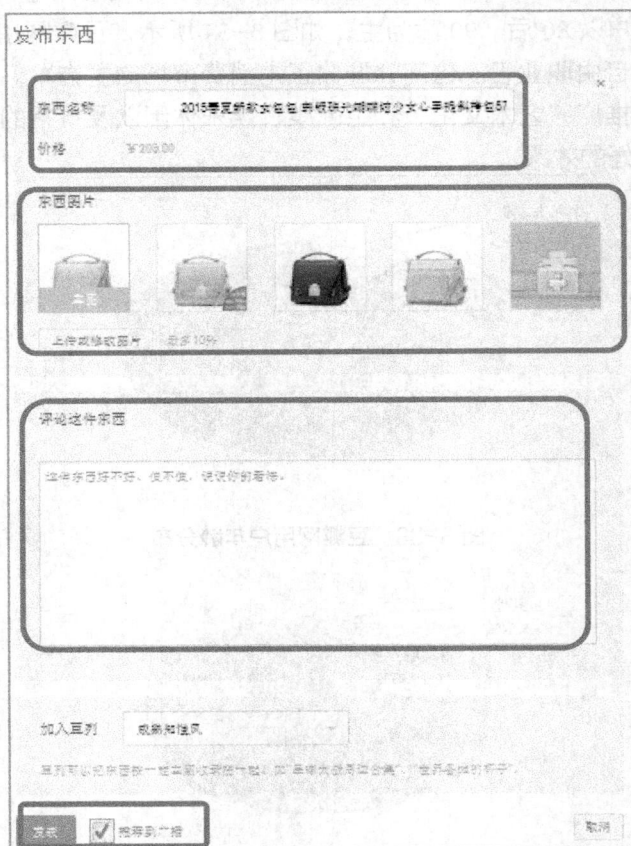

图 3-36　获取东西的信息

在豆瓣上免费发布商品能提高店铺的流量。淘宝卖家在 4 月 1 日把店铺的宝贝发布到豆瓣网上，截至 4 月 30 日统计，如图 3-37 所示，其中豆瓣网的流量的比例为 11.64%，甚至高于淘宝站内流量。

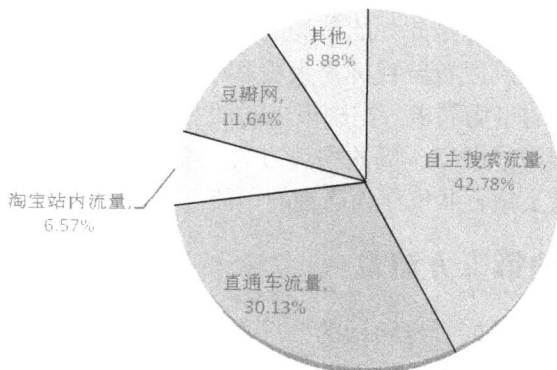

图 3-37　店铺 4 月流量来源总览

豆瓣网为店铺带来的流量很直观地说明豆瓣网存在大量的潜在买家，淘宝卖家应该重视这一部分的流量。在分享店铺宝贝的时候更加注重文案，可以直接采用软文的形式为店铺免费宣传。店铺在初期成长的阶段，需要大量的流量增加店铺的人气，但是资金、资源等因素的限制，新手卖家应该转移"流量主战场"，尽量避免和大型卖家之间的竞争，采取"农村包围城市"的战略战术，多拓展免费的流量渠道，并且做好店铺的数据运营分析。

3.3　店铺后期引流工具

在西方零售经济学中的"零售生命周期"理论指出：任何的形式的零售都有自己的生命演变规律，会经历创新、成长、成熟和衰落生命周期等阶段。而淘宝店铺的变化的方向和速度也可以从这一理论中得到解释。一个淘宝店铺，从刚建立到成熟稳定的发展，通常会经过 5 个阶段：导入期、成长期、竞争期、成熟期以及瓶颈期。

在淘宝店铺发展到成熟期的时候，该阶段店铺的资金实力比较雄厚，各类资源充裕，店铺的经济收益理想，市场的占有份额也很稳定，店铺的品牌已经具有较高的知名度。图 3-38 所示为某淘宝店铺在成熟期的流量结构图。

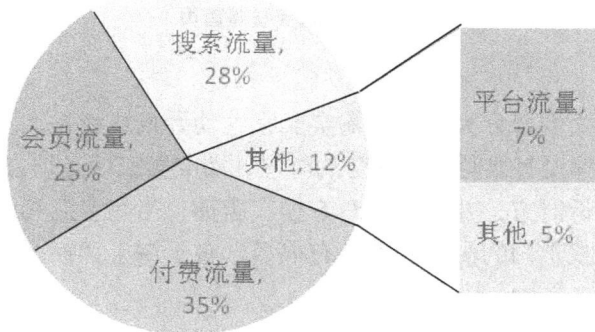

图 3-38　淘宝店铺在成熟期的流量结构图

虽然店铺处于成熟期，但是此刻的市场的需求量并没有饱和，消费者的需求缺口依旧很大，淘宝店铺在这个阶段首要目标是吸引和稳定新的消费者，以保持店铺的市场占有份额，不断挖掘潜在的市场需求。挖掘市场的消费需求，首要任务仍然是店铺的引流。淘宝店铺在不同的发展阶段采取不同的引流方式，在成熟期阶段，淘宝卖家通常会选择淘宝客、淘宝直通车以及钻石展位作为店铺的引流工具。

3.3.1　淘宝客的第三方流量

淘宝客支持按单个商品或者是店铺的推广形式，淘宝卖家可以针对单个商品或者店铺设置推广的佣金，佣金可以设置为每笔成交金额的5%~50%范围内任意调整，较高的佣金将会赢得更多的淘宝客的青睐。淘宝官方将会在每笔交易成交后，根据相应的佣金设置从成交金额中扣除。

1．淘宝客的入口

淘宝客带来的流量主要是第三方流量，淘宝卖家可以直接登录到"淘宝联盟"的首页，按照店铺的实际需求选择单品推广或者是店铺推广，如图3-39所示。

图3-39　淘宝联盟首页

2．淘宝客的招募

淘宝客的招募方式主要分为两种，淘宝卖家主动寻找或者是淘宝客主动上门。如果淘宝店铺的规模和品牌没有很明显的优势的时候，淘宝卖家就必须去寻找优质的淘宝客，将店铺的核心优势告诉对方，并且说服对方推广店铺；当淘宝店铺已经具有一定规模和品牌影响力时，主动找上门的淘宝客就会有很多。对于淘宝卖家而言，最重要的是如何才能招募到优质的淘宝客。

（1）招募书的书写

淘宝客招募书是淘宝卖家为了招募到淘宝客而发布的公告。招募书的质量直接决定了店铺能否招到优质的淘宝客。新手淘宝卖家如果没有写作招募书的经验，可以参考别人的优秀的招募书，借鉴别人招募书的闪光点。

图3-40所示为某淘宝卖家发布的淘宝客招募书，招募书主要分为3部分：店铺的基本概况（包括店铺属性、主营业务、佣金比率、联系方式和推广地址）、推广激励以及店铺优势。淘宝客在招募书中能清晰了解到店铺需要推广的商品是什么？淘宝卖家佣金的比率和推广激励如何？店铺的商品的推广优势是什么？

店铺名称　　　旗舰店
店铺地址：http //　　　com/
店铺属性：天猫商城
主营业务：经营【厨房电器】类别【净水器】
佣金比率：5%--15%
联系方式：　　淘客群　164　　20
推广地址：http //　　　　　　taobao.alimama.com

一：淘宝客VIP计划
　1.通用淘宝客推广，佣金高达10%。单笔佣金最高可达100元.
　2.VIP淘宝客推广，月推广笔数大于20或总成交额超过2w就可申请加入我们VIP淘客推广计划，享受更高推广佣金。

二：推广笔数奖
　1.单月推广笔数20-50笔 奖励现金50元
　2.单月推广笔数50-100笔 奖励现金150元
　3.单月推广笔数100-500笔 奖励现金400元
　4.单月推广笔数500笔以上 奖励所现金1000元
　5.单月推广笔数1000笔以上，奖励现金3000元

三：奖励与分享：
　1 奖励以月为周期，每个月结算一次。
　2.淘宝客奖金得主，需要提供个人真实身份，姓名，淘宝ID，淘宝客PID等信息
　3.每个月的1号为奖金结算日，请参加推广的淘客们在此前主动联系查看自己是否有奖励，不联系的视为主动放弃。
　4.发奖形式：以现金的形式打到支付宝，同时激励获奖的淘客们把获奖信息，推广心得，获奖感言等跟帖分享于广大淘客朋友们。

备注：淘客在申请推广时，请提供推广方式和联系方式(旺旺或者是QQ)
　　　为了我们能长期合作，并且做活动时，能及时告知活动信息或者发放奖金、奖品到您的手上，请务必提供上述信息！

四：推广本店的优势：
1.良好健康产业发展趋势
随着水污染的日益加剧，越来越多人意识到自家的自来水喝着越来越不安全了，所以净水器作为环保健康产品，被越来越多的人所关注和购买，需求量非常大。
2.优质的产品质量保证，产品受到众多买家的认可和接受，好评如朝。
3.店铺服务保障
出色的客服团队，保证高转化率。
高品位的设计和专业的策划团队，吸引人眼球的图片和文案吸引客户。
4.高佣金×高转化率×高客单价=最终高推广回报。

亲，还等什么？井蓝团队以最饱满的热情期待您的加入.

图3-40　招募书的书写

（2）淘宝客的选择标准

淘宝卖家在选择淘宝客之前，应该明确一点：并非所有人都适合做淘宝客推广的。那么，究竟是什么样的人会去做淘宝客呢？如图3-41所示，淘宝客主要分为3类：第一类是资深的网站管理人员，该类人员凭借网站的大量流量，在网站中加入一些推广广告；第二类是网络游民，该类人员的最大特点是上网时间长；第三类是兼职人员，该类人员主要通过朋友介绍、网络搜索等渠道获取兼职的机会。

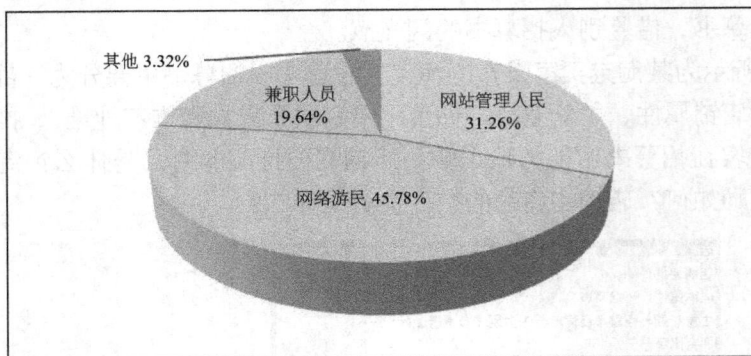

图 3-41　淘宝客的主要分类

因此，卖家在选择淘宝客的时候应有侧重性的选择淘宝客，采用正向激励淘宝客推广商品，在达到设置的标准之后，再向 VIP 淘宝客发展，如表 3-2 所示。

表 3-2　淘宝客的等级

等级	注册时间	上月淘宝客结算收入（X）与月产生淘宝客收入的天数（Y）的关系	特殊权限	通用权限
新用户	不满三个月			
普通	满三个月	$X \leqslant 300$ 元，或 $Y < 15$ 天		除前述特殊权限外的其他权限：单品/店铺自主推广、组建推广等
红心	满三个月	$300 < X \leqslant 1000$ 元，且 $Y \geqslant 15$ 天	淘宝客搜索产品推广、天猫推广跨店结算	
钻石	满三个月	$1000 < X \leqslant 3000$ 元，且 $Y \geqslant 15$ 天		
皇冠	满三个月	$3000 < X \leqslant 1$ 万元，且 $Y \geqslant 15$ 天		
金冠	满三个月	$X > 1$ 万元，且 $Y \geqslant 15$ 天	淘宝客 APL、淘宝客搜索产品推广	

淘宝客已经发展成为整个淘宝生态体系中的重要一环，阿里妈妈系统会根据淘宝客的业绩和健康度对淘宝客进行升降级。因此，淘宝卖家在选择淘宝客的时候可以以新增每月消耗和累计推广时间等指标作为考察的维度，结合淘宝客的等级，选择最优质的淘宝客。

（3）淘宝客的推广效果

比如，某淘宝卖家为店铺的一款连衣裙推广，分别选择了一个红心等级、一个钻石等级和一个皇冠等级的淘宝客。连衣裙的定价为 289 元，设置的佣金为定价的 8%，即佣金为 23.12 元，图 3-42 所示为淘宝卖家统计一周内店铺流量和成交转化率的统计图。

从最近一周店铺的流量变化情况分析可知：店铺的访客数随着浏览量的变化而变化，而店铺的访问深度越高，成交转化率越高。因此，店铺的浏览量是影响成交转换率的因素之一。淘宝客能直接从店铺和单品两个方面提升店铺的流量，当店铺的流量增大时，宝贝的曝光率增加，就能吸引更多的新买家。

为了鼓励淘宝客的销售热情，淘宝卖家也可以设置正向激励的销售规则。当淘宝卖家的佣金设置越高，越多的淘宝客能参与到店铺的推广之中，同时，也能有效地刺激淘宝客的推广热情。

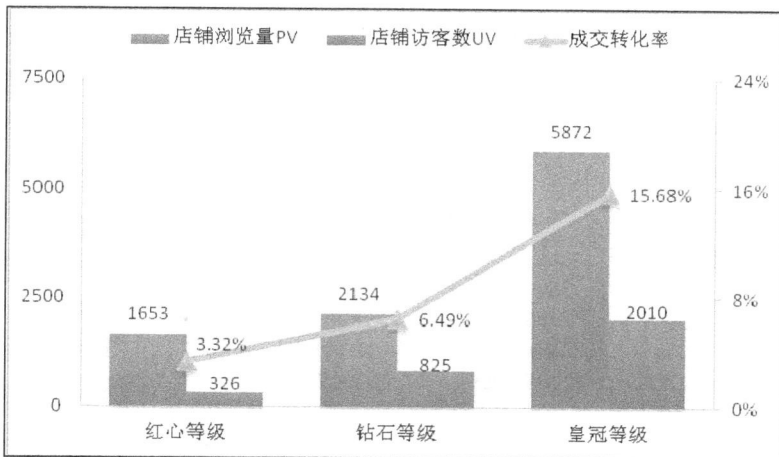

图 3-42　不同等级的淘宝客流量和成交转化率的统计图

3.3.2　直通车的精准流量

当淘宝店铺每天都有相对比较稳定的淘宝客的第三方流量之后，店铺的访客数（UV）已经达到瓶颈，那就需要淘宝直通车为店铺带来更多精准的流量。

1. 淘宝直通车的相关专有名词

淘宝直通车是一种通过点击付费的推广方式。在进行直通车推广之前，应该先了解与直通车相关的专有名词，如表 3-3 所示。

表 3-3　直通车相关的专有名词

名称	简称	含义
展现量	PV	广告被展现的次数
点击量	CLICK	广告被点击的次数
点击率	CTR	点击量/展现量
消耗	REV	直通车点击产生费用
点击单价	PPC	消耗/点击量
竞价排名	P4P	通过竞价进行位置竞争
点击转化率	CLICK-ROI	每一笔成交的点击次数

2. 宝贝关键词的设置

关键词是指淘宝卖家为了推广某一宝贝，为该宝贝设置了相关的关键词，当买家通过搜索，相关的结果中就会出现卖家店铺的宝贝。

比如，某淘宝店铺对一款连衣裙设置 6 个不同的关键词，分别是：修身显瘦、欧美名媛、田园小清新、清纯甜美、优雅淑女和文艺森女。在一天内，淘宝卖家对 6 个不同关键词宝贝的展现量、点击量和点击率分别做了统计，如图 3-43 所示。

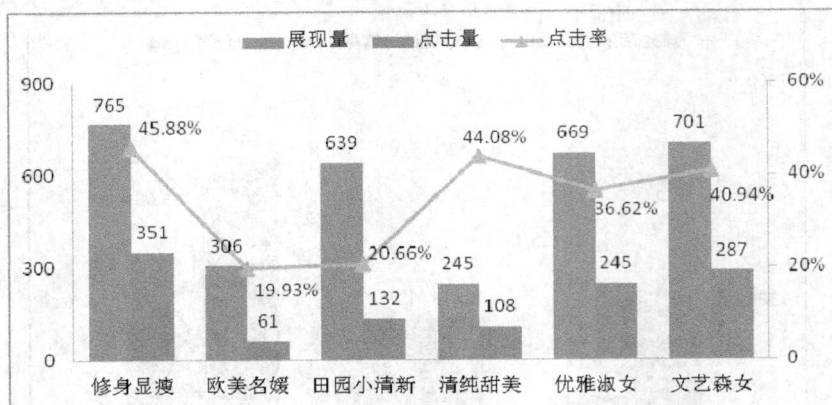

图 3-43　不同关键词的数据对比图

从宝贝关键词的点击率分析：点击率排名前三的关键词分别是修身显瘦、清纯甜美和文艺森女。点击率越高的关键词为店铺带来的流量越多，因此，卖家在设置关键词之前需先对关键词的引流能力做测试，选择点击率较高的关键词作为宝贝的标题。

3．关键词的竞价

在直通车推广中，每件商品可以设置 20 个关键词，而不同商品的关键词最低出价不同。热门的关键词的竞争较激烈，出价肯定高于冷门的关键词。淘宝卖家需要根据自己的实际情况而定，该关键词能为店铺带来多少流量？成交转化率大概是多少？淘宝卖家可以针对每个关键词自由竞价，而扣费方式按照点击次数扣费。

（1）直通车扣费的公式

淘宝直通车的扣费公式是：

实际扣费=下一名出价×下一名质量得分/自己的质量得分+0.01 元

综合排名=质量得分×出价

其中质量得分是衡量设置的关键词与宝贝推广信息和淘宝网用户搜索意向之间的相关性。其计算包括多方面的因素，如基础分、创意效果和相关性，如图 3-44 所示，质量得分为 1~10 的数字，但是质量得分是一个相对值而不是绝对值。在整个扣费公式中，淘宝卖家唯一可以改变的是自己宝贝的质量得分和出价。

例如，甲、乙、丙、丁 4 位淘宝卖家对同一关键词竞价，如表 3-4 所示。根据综合排名=质量得分×出价，甲卖家的综合排名为 9×1.56=14.04，乙卖家的综合排名为 6×2.24=13.44，丙卖家的综合排名为 7×1.98=13.86，丁卖家的综合排名为 10×1.02=10.2，因此，4 位淘宝卖家的综合排名依次是：甲、丙、乙、丁。

根据直通车的扣费公式=下一名出价×下一名质量得分/自己的质量得分+0.01 元，甲卖家的实际扣费=丙卖家的出价×丙卖家质量得分/自己的质量得分+0.01 元，即 7×1.98/9+0.01=1.54 元，甲卖家的实际扣费为 1.54 元。按照公式，分别可以计算出其他 3 位卖家的实际扣费。

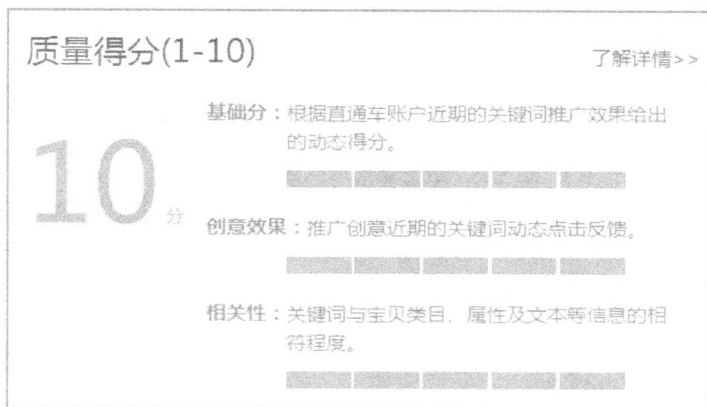

图 3-44　质量得分的构成

表 3-4　关键词竞价的排名和扣费

淘宝卖家	出价/元	质量得分	综合排名	实际扣费/元
甲	1.56	9	1	1.54
乙	2.24	6	3	1.70
丙	1.98	7	2	1.92
丁	1.02	10	4	0.93

根据表 3-4 所示的计算结果可发现：出价最高的乙卖家的综合排名并不是第一，而甲卖家的出价相对较低却排名第一。因此，在淘宝直通车中，关键词的出价并不是决定宝贝排名的唯一因素。而且实际扣费始终小于或等于出价。

（2）质量得分对排名的提升

结合表 3-4，在其他条件保持不变的情况下，乙卖家通过提升质量得分，如表 3-5 所示，甲卖家的综合排名为 9×1.56=14.04，乙卖家的综合排名为 10×2.24=22.4，丙卖家的综合排名为 7×1.98=13.86，丁卖家的综合排名为 10×1.02=10.2，因此，4 位淘宝卖家的综合排名依次是：乙、甲、丁、丙。相应的实际扣费也会改变。

表 3-5　关键词竞价的排名和扣费

淘宝卖家	出价/元	质量得分	综合排名	实际扣费/元
甲	1.56	9	2	1.54
乙	2.24	10	1	1.40
丙	1.98	7	3	1.92
丁	1.02	10	4	0.93

（3）出价对排名的提升

结合表 3-6，在其他条件保持不变的情况下，丁卖家通过改变出价提升排名，如表

3-6 所示，甲卖家的综合排名为 $9 \times 1.56 = 14.04$，乙卖家的综合排名为 $6 \times 2.24 = 13.44$，丙卖家的综合排名为 $7 \times 1.98 = 13.86$，丁卖家的综合排名为 $10 \times 2.5 = 25$，因此，4 位淘宝卖家的综合排名依次是：丁、甲、丙、乙。相应的实际扣费也会改变。

表 3-6　关键词竞价的排名和扣费

淘宝卖家	出价/元	质量得分	综合排名	实际扣费/元
甲	1.56	9	2	1.54
乙	2.24	6	4	1.70
丙	1.98	7	3	1.92
丁	2.5	10	1	1.40

在外界条件保持不变的情况下，可以直接通过改变商品的质量得分和出价来改变商品的排名。但是在实际情况中，淘宝卖家并不能知道竞争对手的质量得分和出价，所以，淘宝卖家不能毫无根据地出价。在出价之前，先进行试探性的"测试"，在大致清楚了竞争对手以后，再对商品的关键词进行竞价。

3.3.3　钻展的品牌推广流量

钻石展位系统会通过兴趣点定位、访客定向和人群定位使流量与广告进行有效的匹配。高效引入流量，进而达到商品高曝光率、店铺高点击率的效果，高效率地提升广告投放的点击率和 ROI（投资回报率）。由于钻展广告位的局限性，适合小家电（淘宝家电热卖）类目的位置比较少，更适合作为品牌传播，钻石展位对于淘品牌或传统品牌的旗舰店较为合适。

某淘宝店铺三月某个时间段在钻石展位投放广告后，淘宝卖家根据店铺每天的数据统计的店铺的浏览量和访客数趋势图，如图 3-45 所示。

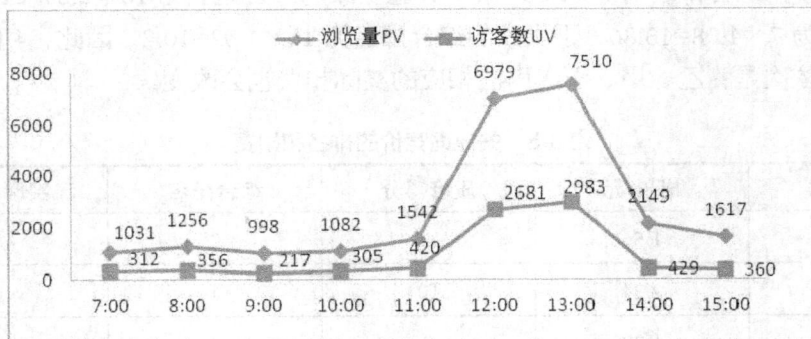

图 3-45　某淘宝店铺 7:00—15:00 的浏览量和访客数

从整体趋势来分析：7:00—11:00 期间，店铺的浏览量和访客数变化不大；11:00 作为分水岭，11:00—13:00 之间店铺的浏览量和访客数急剧上升，在 13:00 的时候，浏览量和访客数均达到最高值，浏览量为 7510，访客数为 2983；从 13:00 开始，浏览量和访客数逐渐呈下降趋势。因此，从店铺浏览量和访客数可以很直观地看出，该淘宝店铺在 11:00 —13:00 之间在钻石展位投放了广告。

1．钻石展位的收费标准

钻石展位是根据流量竞价收费的，计费单位是：CPM（每千次浏览单价），即淘宝卖家投放的广告所在的展位被打开 1000 次所收取的费用。注：千次浏览并不是指 1000 次点击，而是 1000 个 PV。

浏览量到点击的计算公式如下：

$$总预算/前次浏览价×1000=购买总流量$$
$$购买总流量×点击率=点击数$$
$$总预算/点击数=单个点击成本$$

比如：某淘宝卖家的推广总预算是 500 元，竞拍一个点击率为 6% 的广告展位，成交的价格是每千次 8 元。那么，该淘宝卖家能购买到的总流量为 62500（PV），能产生的点击数为 3750 个，单个点击成本为 0.13 元。

2．钻石展位的竞价规则

淘宝卖家在进行钻石展位的竞价之前，需要先了解淘宝官方对钻石展位竞价设置的规则，不能在没有了解清楚规则之前，盲目竞价。

① 淘宝卖家竞拍的是某个广告位在某个时间段的流量使用权。CPM 出价高的卖家的广告投放结束后，下一位的广告才会开始投放；

② 竞价的最小时间单位为小时，每小时内系统会按照卖家出价从高到低顺序投放广告；

③ 每天 15:00 为竞拍结束点，第二天的投放顺序将按照这个时间点的价格排序；

④ 竞拍结算价格，按照该用户下一位的出价加 0.1 元进行结算。

3．钻石展位的竞价流程

（1）提前统计相关数据

比如：A 淘宝卖家决定在 5 月 20 日某个时间段参与钻石展位的推广，那么，A 淘宝卖家在参加钻石展位的定价之前需要提前对相关的数据进行统计，包括计划投放广告的数量、参与竞争的总人数、平均点击成本、每千次的成交价格以及点击率，如表 3-7 所示。

表 3-7　统计钻石展位相关的数据指标

日期	参与竞价总人数/人	人均投放广告数/个	平均点击成本/元	每千次成交价格/元	点击率
5 月 11 日	962	3	0.82	9.69	1.78%
5 月 12 日	869	2	0.98	8.03	1.92%
5 月 13 日	1263	4	1.12	10.44	2.63%
5 月 14 日	1006	5	1.01	9.16	1.88%
5 月 15 日	1011	3	0.99	9.23	1.76%

从表 3-8 中分析可知：参与竞价的人数平均为 1022 人，人均投放广告数为 3 个，平均点击成本为 0.98 元，平均每千次成交价为 9.31 元，且平均点击率为 1.99 元。就现阶段的数据分析，钻石展位的竞价的变化不大，A 淘宝卖家可以提前准备良好的活动创意，参与 5 月 20 日的钻石展位的竞价。

（2）参考当前的竞价情况

淘宝卖家在参加钻石展位竞价之前必须先参考每个展位当前的竞价情况。结合表 3-8 所示范例，在 5 月 19 日，A 淘宝卖家想要竞价 5 月 20 日的钻石展位的焦点展位，就应该先参考当前焦点展位的竞价情况。表 3-8 所示为当前竞价的前 8 名。

表 3-8　当前的竞价情况

竞价排名	竞价金额/元	占用流量比
1	31.6	1.69%
2	30.9	15.78%
3	30.6	0.56%
4	29.9	6.21%
5	29.9	0.94%
6	29.9	0.43%
7	29.1	0.82%
8	28.6	0.90%

从表 3-9 中可以看出：竞价非常激烈，导致竞价的排名变化较大。最值得引起淘宝卖家注意的是，当发现多个卖家的出价相同时，但是其中一个卖家的占用流量比较大，最好是出价高于该卖家。淘宝卖家的出价不宜过高，也不宜过低，在保证能参与竞价的基础上，花最少的钱，买最多的流量。出价排名和占用流量比一直在发生变化，卖家必须在临近 15:00 的时候密切关注其变化。

（3）竞价的结果

淘宝卖家在参与了钻石展位的竞价后，最关注的就是推广的结果。在同样的出价条件下，可能会产生不同的推广效果。比如，B 淘宝卖家也参与钻石展位焦点展位的竞价，且 B 淘宝卖家出价和 A 淘宝卖家相同，都是 10 元，但是最后的推广效果却截然不同，如表 3-9 所示。

表 3-9　出价相同效果不同

参与竞价的卖家	总预算/元	出价/元	展现量	点击率	点击数	单个点击成本
A 卖家	1 000	10	100 000	2%	2 000	0.5
B 卖家	1 000	10	100 000	5%	5 000	0.2

为什么单个点击成本高，但是买到的流量却很少呢？这是很多新手淘宝卖家会陷入

的"误区"，结合表 3-10 所示，因为参与竞价的钻石展位的卖家很多，其中会出现多个淘宝卖家竞价相同的情况，但是相对而言，其中某个淘宝卖家的占用流量比较大，那么，为了能竞价排名更靠前，A 卖家的出价就应该高于占用流量比较大的那位卖家。

4．店铺流量诊断表

淘宝卖家应该制作一个店铺的流量数据诊断报表，报表每天及时统计分析，通过对店铺流量的对比与分析为店铺以后的发展与决策提供数据支持。其实报表的主要数据指标包括浏览量 PV、访问深度、访客数 UV（总客户、新客户、老客户）、首页访问（点击率、跳失率）、宝贝页访问量、单品访客比例、淘宝自主搜索，如图 3-46 所示。

店铺流量诊断表									
日期	浏览量PV	访问深度	访客数UV			首页访问		宝贝页访问量	淘宝自主搜索 单品访问比例
			总客户	新客户	老客户	点击率	跳失率		

图 3-46　店铺流量诊断表

本章小结

通过本章对店铺流量结构的学习，读者可掌握与淘宝店铺流量相关的专业名词，了解店铺流量的 4 大分类——自主访问流量、付费流量、站内流量以及站外流量；在熟悉了店铺的流量来源的基础上，掌握店铺在初期的多种免费的引流渠道，主要包括：淘宝官方活动、软文推广和社交网络平台。淘宝店铺在不同的发展阶段，流量占比不同，当免费渠道不能满足店铺的需求时，需要通过一些付费渠道对店铺进行引流，如淘宝客、直通车以及钻石展位。

课后思考题

新手淘宝卖家小王又遇到问题了，在前面已经解决了店铺宝贝的定价问题，但是，店铺的流量始终很低，小王很迷茫。按理说，店铺的宝贝价位合理，质量上乘，店铺的访客数应该很多。但是最近几周，店铺的流量非常低，而且流量来源的结构单一。小王决定向有经验的人员请教原因。

请结合本章所学的知识，帮助小王分析该淘宝店铺流量低的原因，并告诉他该从哪些渠道进行引流。

第 **4** 章
宝贝成交转化率分析

在电子商务发展趋于成熟的今天，数据化的运营和分析已经渗透到了电子商务的各个环节。很多淘宝卖家在相互交流的时候必定会运用到数据，比如，"你家的日均 PV 是多少？""最近的 UV 有涨幅怎么样？""店里的 ROI 如何？"而在众多数据化参考指标中，淘宝卖家关注度最高的数据莫过于成交转化率，因为商品的成交转化率直接影响着店铺的利润和发展。

而对于中小卖家而言，什么是成交转化率？哪些数据能影响成交转化率呢？又该从哪些方面运用数据化提高成交转化率呢？

- 有效入店率
- 旺旺咨询率转化率
- 静默转化率
- 订单支付率
- 影响成交转化率的因素

本章数据分析中的图表展示

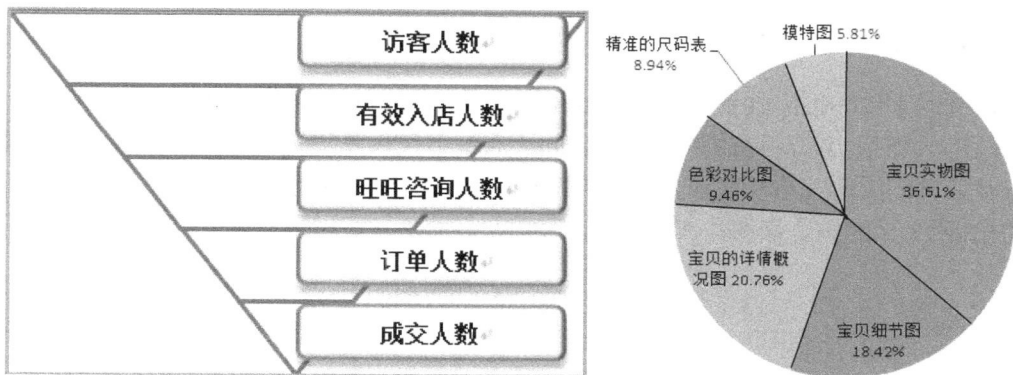

4.1 解读成交转化漏斗模型

成交转化率是指所有访问淘宝店铺并产生购买行为的人数与所有访问店铺的人数的比值。其计算公式为：成交转化率=（有购买行为的客户人数/所有到达店铺的访客人数）×100%。

图 4-1 所示为成交转换率的漏斗模型，淘宝店铺的访客人数经过漏斗的层层"过滤"，最后转化成为成交人数。成交转化率漏斗模型一共分为 5 层，第一层是有效入店率，第二层是旺旺咨询率，第三层是旺旺咨询转化率和静默转化率，第四层是订单支付率，第五层是成交转化率。

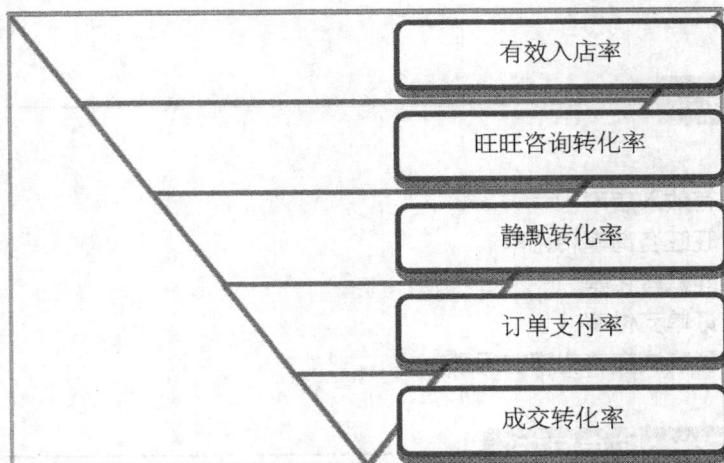

图 4-1　成交转化率的漏斗模型

4.1.1　有效入店率

当店铺的宣传和推广做到一定的程度和效果后，店铺的流量有了明显的增长和改善。可是，让广大新手卖家烦恼的是：买家访问了店铺，仅仅是浏览了店铺就离开，每天在后台统计店铺的流量在不断增加，但是访客数却没有明显的变化。图 4-2 所示为某店铺统计的最近 13 天的浏览量和访客数。

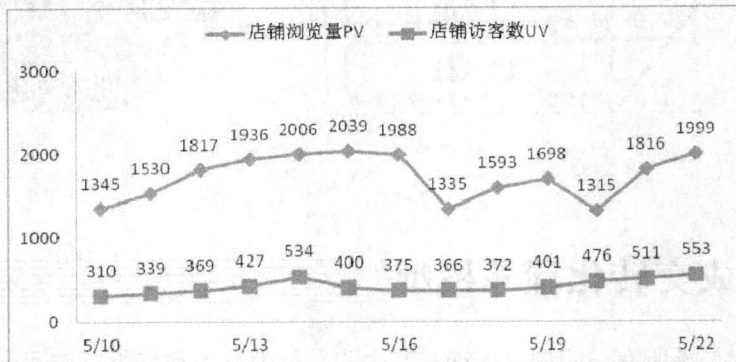

图 4-2　某店铺最近 13 天的流量和销量统计表

从图 4-2 中可以看出，店铺的浏览量较大，但是店铺的访客数却较小，也就是店铺的有效入店率较低。有效入店率是淘宝店铺运营的重要参考指标之一。对于大多数新手卖家来讲，从顾客进入店铺到离开店铺的这个过程，似乎很难掌握着其中的规律。因此，在分析店铺访客数前，卖家应该先掌握与有效入店率相关的公式：

店铺访客数=有效入店人数+跳失人数

有效入店率=有效入店人数/店铺访客数

出店率=出店人次/出店页面浏览量

有效入店人数是指访问店铺的至少两个页面才离开的访客数，其中包括访客到达店铺时，直接点击收藏店铺或者是宝贝、阿里旺旺咨询、加入购物车和立即购买；出店页面是指访客在访问店铺时的最后一个页面。

在掌握了相关的数据指标之后，淘宝卖家可根据淘宝店铺的不同页面访问量对流量进行细分，并且接下来根据页面的流量占比、页面平均停留时间和出店率对店铺做相关的分析。表 4-1 所示为某淘宝店铺的流量分布图。

表 4-1　店铺流量分布表

访问页面	浏览量	访客数	页面平均停留时间/秒	出店人次	出店率
首页	5911	1010	121	2936	49.67%
分类页	2977	705	63	1677	56.33%
宝贝页	6420	1700	135	2111	32.88%
自定义页	2239	801	9	1899	84.81%
搜索页	3516	1114	71	1200	34.13%
其他	1354	103	30	501	37.00%
合计	22417	5433	—	—	—

1．页面的流量占比

不同的页面流量占比不同，店铺的各类页面流量的分布直接反映了店铺的健康状况。图 4-3 所示为该店铺不同页面的流量占比分布图。

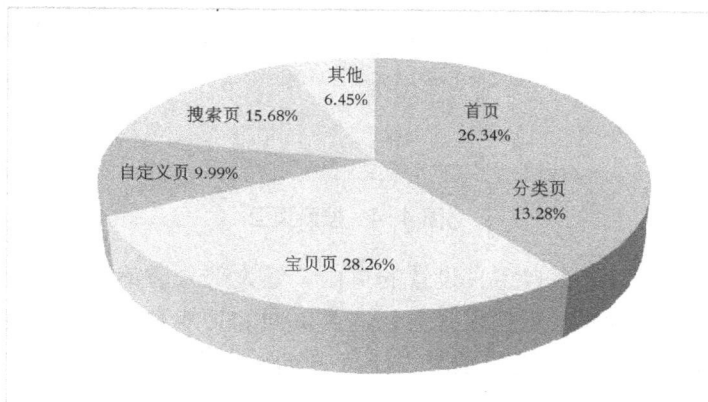

图 4-3　不同页面的流量占比

首页作为整个店铺的门面，首页也是流量的中转站，但是首页的流量占比不宜过高，因为交易主要是在宝贝页完成的。因此，首页的流量占比为 15%左右，而宝贝页的流量至少应占到全店流量的 50%才算健康。该店铺的首页流量占比为 26.34%，宝贝页的流量占比为 28.64%，说明店铺的首页流量占比过高，而宝贝页的流量占比没有达到健康标准，因此，淘宝卖家接下来需要对店铺的首页进行优化，提升宝贝页的流量占比。

分类页作为店铺的宝贝列表导航页，分类页的流量占比应为 20%左右。该店铺的分类页流量占比为 13.28%，说明分类页面设计还存在问题，卖家需深入优化分类页。

搜索页是指买家在淘宝店铺首页的搜索框中输入关键词，最后显示的宝贝页面就是搜索页，如图 4-4 所示。搜索页主要是为了方便买家快速找到自己想买的宝贝，所以搜索页的流量约为全店流量的 10%。该店铺的搜索页的流量占比为 15.68%，搜索页的流量占比也超出了正常范围，如果搜索页的比值过高，说明买家在搜索页面搜索多次也没有找到想要买的宝贝。

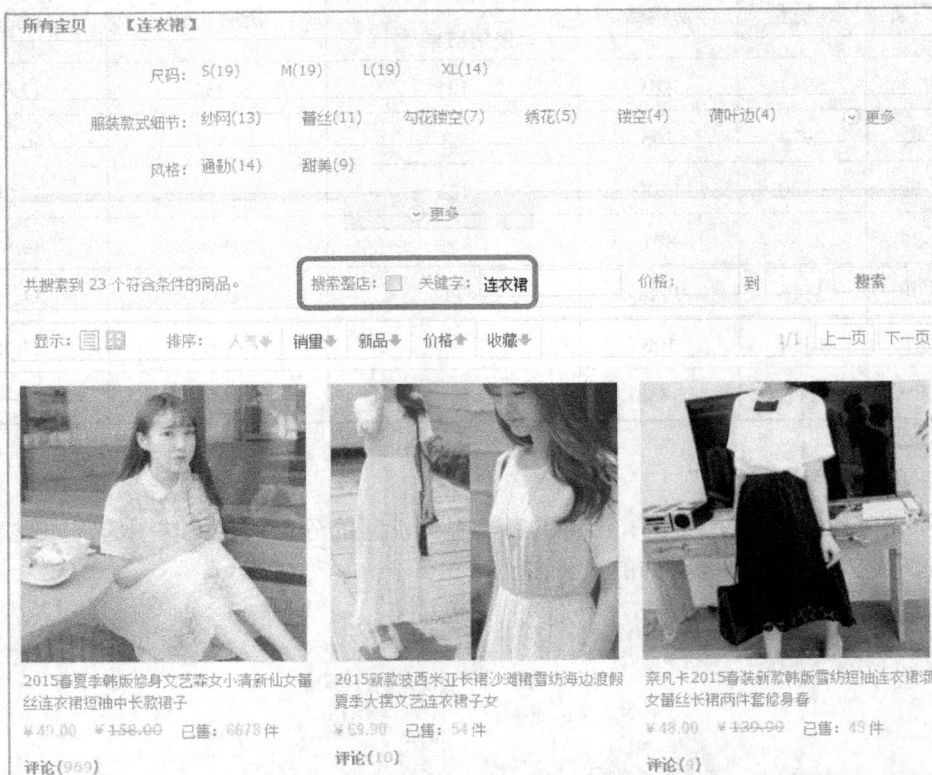

图 4-4 搜索页面

自定义页是指淘宝店铺自定义设置的页面，绝大部分店铺的自定义页面主要是介绍品牌故事、导购服务流程以及售后服务，这类页面的功能有限，流量的占比不大，一般情况为 5%左右；该店铺的自定义流量占比为 9.99%，超出了正常范围，买家可对该页面进行调整，降低其流量占比。

2．页面平均停留时间

页面平均停留时间是指访客浏览某个页面所花费的平均时长。整个页面的停留时间越长，表明页面对访客的黏性越强，页面为访客提供的信息和服务就越多，页面存在的潜在成交访客就越多。但是并非所有的页面的平均停留时间越长越好。图 4-5 所示为该店铺的不同页面的平均停留时间。

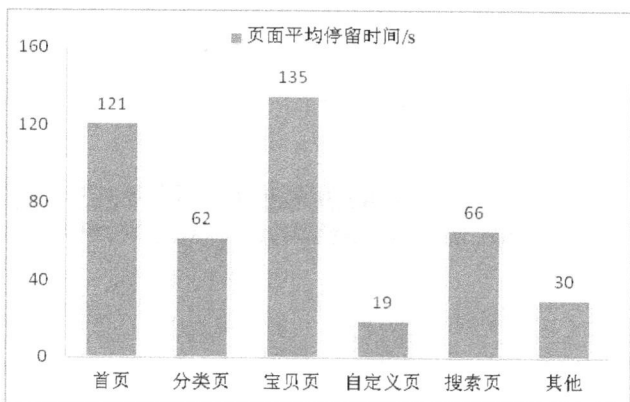

图 4-5　页面平均停留时间

从该店铺的页面平均停留时间来分析，宝贝页和首页的平均停留时间较长；宝贝页的平均停留时间长说明买家对该宝贝感兴趣，愿意花更多的时间去了解该宝贝，因此，宝贝页的平均停留时间越长，潜在的成交转化率越高。

首页的平均停留时间越长，说明买家没有在最短的时间内找到想买的宝贝。该店铺的首页平均停留时间过长，淘宝卖家接下来应该对首页进行整改。首页的设置应该简洁大方，操作性强，当买家在访问首页的时候，能在第一时间内找到想要买的宝贝。

图 4-6 和图 4-7 所示分别为甲、乙两家店铺的主页面装修，相对而言，A 店铺的主页面设计的用户友好度更高，当买家访问店铺的主页面的时候，可以根据分类直接选择感兴趣的板块，在访问店铺的同时也可以咨询客服。而乙店铺的装修偏冷色调，而且店铺的类目的分类不明显，操作性不高。

图 4-6　A 店铺的首页

当买家第一次进入淘宝店铺时，很难在第一时间内对店铺的产品的质量、服务态度以及售后保证等做出判定，但是店铺的主页面的设计却很容易给买家留下深刻的印象。如果买家对店铺的界面的设计有较高的认可度，对页面的排版布局产生了共鸣，那么，在接下来的访问行为中，买家的购买欲望就会逐渐加强。

图 4-7　B 店铺的首页

结合图 4-6 和图 4-7 所示范例，不同的装修风格会直接影响有效入店率，在同一时间段例，甲、乙两家店铺的有效入店率，如图 4-8 所示。从 6:00—12:00 之间，甲店铺的有效入店率始终高于乙店铺。可以很直观地看出：主页面的装修能直接影响有效入店率。因此，淘宝卖家需优化首页的设计和装修，吸引更多的买家入店访问。

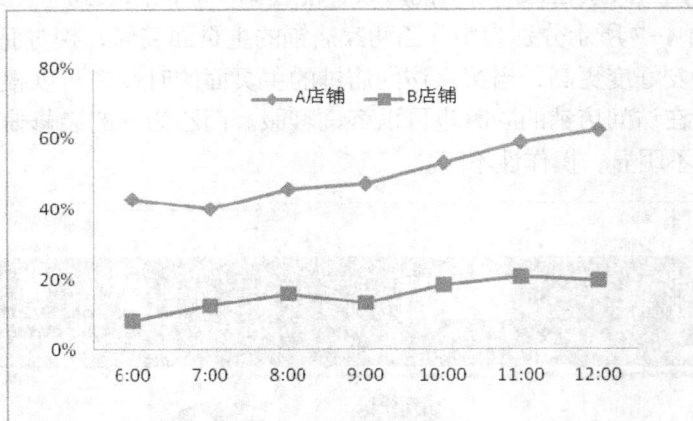

图 4-8　A、B 两家店铺的首页入店率对比图

该店铺的分类页和搜索页的平均停留时间也过长，分类页和搜索页的主要功能是帮助买家在最短时间内找到想买的宝贝，并点击进入单品宝贝页面进行深入的访问，且分类页最好设置刷选的功能，帮助买家选择感兴趣的宝贝。

3．出店率

出店率是指出店人次与某个页面的总浏览量的比值。出店率这一数据指标直接反映了某个页面对访客的吸引力和黏性。某个页面的出店率越高，说明绝大多数的访客是从页面离开的，该页面对访客的吸引力和黏性较差。图 4-9 所示为该店铺各类页面的出店率。

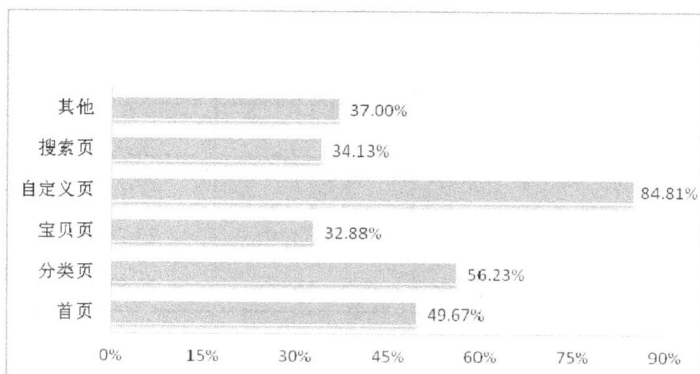

图 4-9　店铺的出店率

根据店铺各类页面的有效出店率分析：首页的出店率为 49.67%，这数据标准属于基本正常；而分类页的出店率却是 56.23%，说明分类页的设计存在较大的问题，导致买家在该页面的出店率非常高；宝贝页和搜索页的出店率都相对较低，说明这两个页面对买家的吸引力较强，买家愿意花费更多的时间对店铺进行深入的访问；而对于自定义页，因为不同店铺的自定义页面的设置和风格不同，卖家需要根据店铺的主体风格设置店铺的自定义页面，对该页面进行改进，尽最大可能为店铺引进流量。

4.1.2　旺旺咨询转化率

该淘宝卖家通过对店铺各类页面的优化后，成功地吸引了大量的新访客入店进行更深层次的访问。当买家在访问过程中产生一些疑问，此时，绝大多数的买家会通过阿里旺旺与客服进行交流，如果客服解决了买家的相关问题，有一部分买家就会选择购买商品。在淘宝网中，绝大多数行业的销售额需要借助阿里旺旺进行导购完成，而不同行业的旺旺咨询转化率不同，如图 4-10 所示。

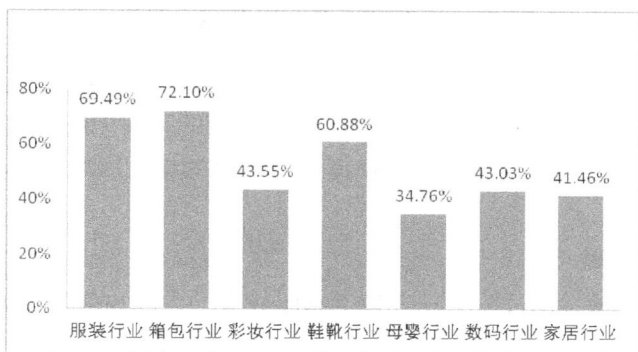

图 4-10　不同行业旺旺咨询转化率

在直接层面上，旺旺咨询转化率会影响整个店铺的销售额，在间接层面上，旺旺咨询转化率将会影响买家对店铺的黏性以及回头率，甚至是整个店铺的品牌建设和持续发展。结合图 4-2 的范例，该淘宝卖家针对店铺的旺旺咨询转化率做了相关的数据统计，如表 4-2 所示，并且根据访问深度和旺旺咨询转化率对店铺进行深入的分析。

表 4-2　店铺的旺旺咨询转化率

日期	浏览量	访客数	访问深度	旺旺咨询率	旺旺咨询转化率
今日（5/23）	2399	610	2.34	36.22%	16.06%
昨日（5/22）	1999	553	1.89	29.13%	13.33%
上周同期（5/15）	2039	400	1.62	25.75%	12.89%
日均值	2142	571	1.75	29.56%	13.78%

1．访问深度

平均访问深度是指访客一次性连续访问淘宝店铺的页面数，即每次会话浏览的页面数量；平均访问深度是指访客平均每次连续访问店铺的页面数。图 4-11 所示为该店铺的访问深度统计图。

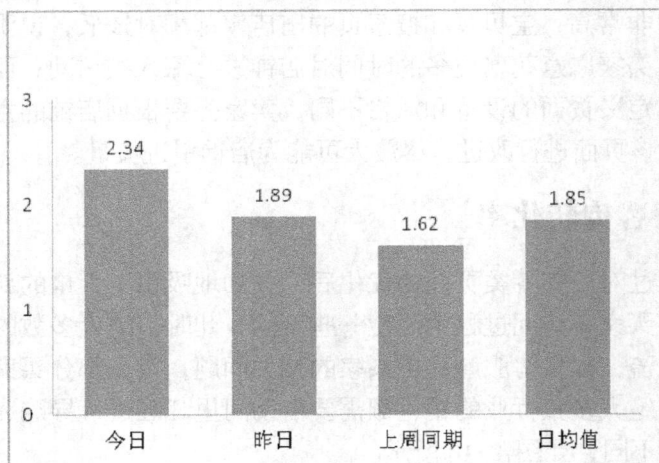

图 4-11　不同日期的访问深度统计图

从店铺不同页面的平均访问深度分析：店铺的访问深度日均值为 1.75，表示大部分买家访问店铺 1～2 个页面就离开了，说明店铺对买家的吸引力不够；卖家应该优化店铺的各个页面，提升买家的访问深度，尽量提升宝贝页的访问深度，因为宝贝的成交主要集中在宝贝页。

2．旺旺咨询转化率

旺旺咨询转化率是指通过阿里旺旺咨询客服成交的人数与咨询总人数的比值，即

$$旺旺咨询率=旺旺咨询人数/访客总数$$

$$旺旺咨询转化率=旺旺咨询成交人数/旺旺咨询总人数$$

图 4-12 所示为该店铺的旺旺咨询率和旺旺咨询转化率的变化图。从图中可以看出：随着访问深度的变化，旺旺咨询率和旺旺咨询转化率随之变化；访问深度的数值越大，旺旺咨询率和旺旺咨询转化率越大。

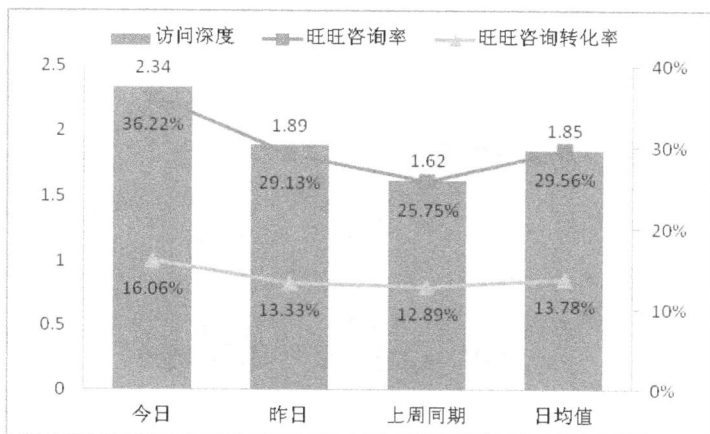

图 4-12 旺旺咨询率和旺旺咨询转化率的变化图

因此，淘宝卖家必须针对不同的页面特性进行有效的优化，并且各类页面的优化应该紧紧围绕买家的购买关注点。当买家的访问深度得到提升的同时，店铺的旺旺咨询率和旺旺咨询转化率也会相应的提高。

4.1.3　静默转化率

淘宝卖家通过对各类页面的优化，流量得到合理的分配，随着访问深度的增加，店铺的成交率也有明显的提升。细心的卖家发现有这样的一类特殊的买家，这类买家对店铺进行深入的访问之后，在没有咨询客服的情况下，直接完成了交易。该淘宝卖家为了透彻研究这一类买家的属性，专门制作了相关的数据统计表格，如表 4-3 所示，且对访客类型、回访客占比、回头客占比以及静默转化率进行了详细的数据分析。

表4-3　店铺访客的类型

访客类型	浏览量	访客数	回访客占比	回头客占比	静默转化率
老顾客	526	301	42.45%	40.13%	60.49%
其他	1033	469	12.13%	7.61%	1.26%
自主访问的新顾客	611	346	20.42%	17.56%	21.34%

1．访客的类型

图 4-13 所示为该店铺的买家类型构成图，从图中可知：老顾客（2 次购买及以上）是该店铺的静默成交访客人数的主力军。因为这类买家已经对店铺非常认可，不管是商品的质量，还是客服的态度以及物流的及时性，这部分买家再次购买的时候通常不会再咨询客服，而直接完成交易。

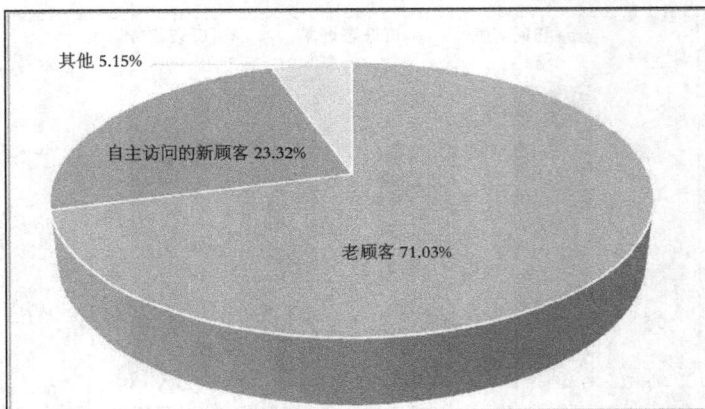

其他 5.15%

自主访问的新顾客 23.32%

老顾客 71.03%

图 4-13 店铺的买家类型构成图

除了"老顾客"数据指标之外,"其他"这一新的数据指标也不容忽视。从图 4-13 可知:其他类型的顾客的静默转化率为 5.15%,其他类型的访客可能包含了由老顾客带来的新顾客,说明店铺的整体实力水平赢得了老顾客的信赖,老顾客把店铺推荐给周围的亲友,直接而有效地提升了店铺的静默转化率。因此,淘宝卖家必须维护好老顾客的关系,这也是为店铺的口碑做免费高效的宣传。

2.回访客占比

回访客是指在 6 天内再次访问店铺或宝贝的访客,一般是以天为时间单位;回访客占比是指在 6 天内再次访问店铺或宝贝的访客与访客总数的比值。回访客占比越高,说明买家对店铺或者是宝贝越感兴趣,购买的欲望越强烈。

该店铺的回访客占比较高的是老顾客和老顾客带来的新顾客,在回访的同时,既增加了店铺的人气,又能提高店铺的潜在成交率。

3.回头客占比

回头客是指曾经在店铺发生过交易,再次在该店铺发生交易的访客;回头客占比是指再次在店铺发生交易的买家与成交总数的比值。回访客占比越高,说明买家对店铺的信任度越高,黏性越强。

4.静默转化率

静默成交访客是指没有通过咨询客服而直接完成下单的访客;静默转化率是指静默成交访客数占访客总数的比例。

$$静默转化率= 静默成交访客数/访客总人数$$

静默转化率主要考察的是店铺的整体水平,包括店铺的装修、宝贝的描述、店铺的 DSR 动态评分等。一般而言,买家没有任何犹豫就直接完成下单的交易,这种情况比较适合在淘宝官方的各种促销活动,类似淘宝"双十一"促销、限时秒杀等。

综上分析,该店铺的静默转化率的"功臣"是老顾客。因此,店铺的静默转化率的维护和提升也就是老顾客关系的维护。同时,淘宝卖家也需要积极开发更多的优质新买家。

4.1.4 订单支付率

经过一系列的改进，淘宝店铺的人气和交易有了质的变化。但是该淘宝卖家偶尔会遇到这样的情况，有一小部分买家在下单之后却迟迟没有付款。该卖家对店铺最近一个月的订单支付相关的数据作整理，如图 4-4 所示，并且按照访客来源对订单的支付率进行了数据化分析。

表 4-4　访客来源对订单支付率的细分

访客来源	浏览量	访客数	订单金额/元	成交金额/元	订单支付率
淘宝宝贝搜索	2569	1299	6398.75	4215.42	65.88%
买家中心	821	736	3156.88	3034.12	96.11%
淘宝活动	4799	2328	7941.39	5879.63	74.04%
淘宝付费推广	3145	1052	2349.11	1464.12	62.32%
淘宝其他页面	1531	527	163.45	56.37	34.49%
站外访问	899	312	80.18	32.46	40.48%

1. 访客来源

该淘宝卖家把店铺的访客来源的比例制成了图表，如图 4-14 所示，从店铺的访客来源细分可知：该店铺的访客占比较高的分别是淘宝活动、淘宝宝贝搜索、淘宝付费推广以及买家中心。店铺的流量的渠道较多，其中包括自主访问流量、站内免费流量、站内付费流量以及站外流量，说明店铺的推广比较成功。尤其是店铺参加淘宝活动，为店铺引进了大量的优质流量。

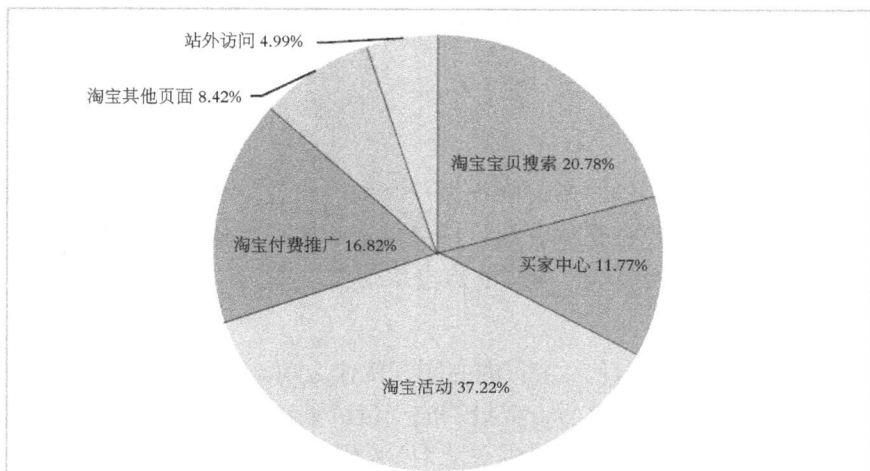

图 4-14　店铺的访客来源细分

2. 订单支付率

结合表 4-4 的分析，访客类型是影响订单支付率的因素之一。如图 4-14 所示，该店铺订单支付率最高的访客类型分别是：买家中心、淘宝活动、淘宝宝贝搜索和淘宝付费推广。

买家中心的访客主要包括：我的交易、我的购物车、已买到的宝贝、我的收藏以及维权管理等。一般而言，通过买家中心访问店铺的访客对宝贝或者是店铺比较感兴趣，购买意向也较强，因此，这类访客的成交转化率和订单支付率也会相对较高。其中也包括一部分再次进店消费的老顾客。

淘宝活动的最大功能是在最短时间内为店铺带来大量的优质流量和较高的成交转化率。许多新手淘宝卖家选择在初期参加大量的活动，积累店铺的人气。该店铺的淘宝活动的访客占比为 37.22%，说明店铺在近期参加的淘宝活动较多，且活动的策划运营能力较强，成功为店铺带来大量的优质买家。

淘宝宝贝搜索是大部分买家在淘宝购物的第一选择。但是店铺的宝贝搜索的访客占比较小，因此，卖家接下来需要针对宝贝搜索进行优化，其中主要包括宝贝的价格、主图以及关键词等。

淘宝付费推广能为店铺带来精准的流量和潜在的优质买家。该店铺的付费推广访客占比为 16.82%，根据图 4-14 所示，付费推广的流量较高，但是访客量较低。因此，买家需要根据店铺具体的付费推广方式采取合理的改进措施，为店铺吸引更多的新访客。

4.2　从搜索到成交顾客看什么

在众多的淘宝店铺中，是什么因素吸引买家的兴趣进而对店铺进行访问？卖家需要站在消费者的角度去思考问题，假如你是消费者，你最希望在主图上展示什么？哪些信息才是最有用的？最后让你下单购买的因素又是什么？

在明白了消费者的关注点之后，再对店铺进行整体的规划与设置，吸引消费者进店访问，让消费者了解商品的材质，看到商品细节和属性，最后消除消费者的疑虑完成交易。

4.2.1　主图与价格

当买家在浏览整个网页的时候，能在第一时间内迅速给买家留下较深印象的是主图和价格。主图能吸引买家点击访问，而价格又是影响宝贝点击率高低的因素之一，当宝贝的价位符合大众买家消费层次，宝贝的点击率就会较高。

1．主图

甲淘宝店铺的同一款单肩包，宝贝的主图在优化之前，只有 11 个人成交，如图 4-15 所示；但是宝贝的主图在优化之后，宝贝的成交量突破 1000 人，如图 4-16 所示。同一款宝贝，仅仅是因为主图不同，为何成交量相差如此之大呢？

很多的新手卖家不重视主图的设计与美化。在价格相同的情况下，主图的美化程度越高，给买家的印象越深，越能吸引买家点击主图进行访问，如表 4-5 所示。

图 4-15 优化前的销量

图 4-16 优化后的销量

表 4-5 优化前后的有效入店率对比

主图	浏览量 PV	访客数 UV	有效入店率	成交转化率
优化前	1679	627	21.45%	9.23%
优化后	3560	1749	45.72%	38.46%

从主图的优化效果分析可知：优化之前，主图只是宝贝的一个正面，而优化之后的主图加入了同款不同样式的宝贝、模特图以及背景图；优化后的主图更能契合宝贝的关键词"春夏新款"，在视觉上，优化后的主图给买家的印象更加深刻。

2．价格

图 4-17 和图 4-18 所示分别为甲、乙两家不同店铺的同一款斜挎包，甲店铺的定价为 88 元，乙店铺的定价为 89 元，尽管只相差 1 元钱，但是两家店铺的销量却相差较大。

图 4-17 甲店铺的定价

图 4-18 乙店铺的定价

不同店铺的同款宝贝，价格对宝贝有直接的影响，如表 4-6 所示。

表 4-6　定价对成交转化率的影响

店铺	定价/元	浏览量 PV	访客数 UV	宝贝页平均停留时间/秒	成交转化率
甲	88	2389	1664	146	33.16%
乙	89	1344	801	78	12.53%

从消费者的"求廉"购买心理来分析：当发现同一款的宝贝时，会不自觉的先比较价格，虽然只相差 1 元钱，但是给买家的心理感受却是：相差好几块钱，选择定价为"88"的宝贝能占便宜。因此，大部分买家优先选择访问价格相对较低的宝贝。

除此之外，定价为 88 元的宝贝会更受大众买家的青睐，因为数字"8"谐音为"发"，有"发财"的寓意；"88"则意味着"双发"。所以，在一定程度上，定价为 88 元的宝贝已经被买家认同和接受。

接下来，买家就会对该宝贝的宝贝页进行访问。买家在浏览宝贝页时会相对认真和仔细，在访问过程中，遇到疑问会主动咨询客服，大大提高了店铺的有效入店率和成交转化率。

4.2.2　效果图与 SKU

当买家在店铺浏览宝贝页的时候，最先关注的是宝贝的效果图和 SKU。效果图是指在宝贝的首页直观展示给买家看的宝贝实物图片；SKU 是指在宝贝的销售属性集合，供买家在下单的时候选择，如颜色分类、尺码以及规格等。如图 4-19 所示，从左到右分别是斜挎包的效果图和 SKU。

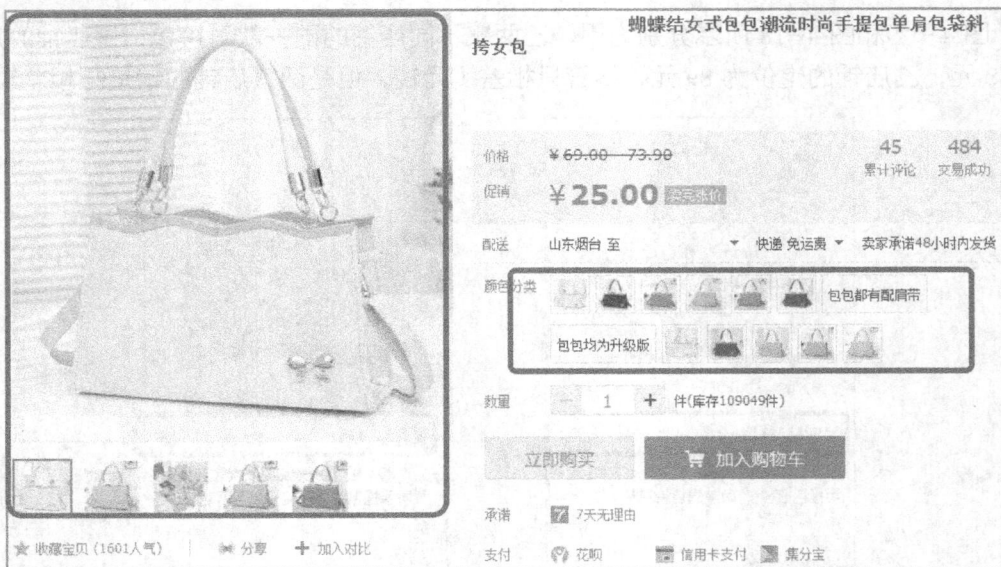

图 4-19　效果图与 SKU

1. 效果图

如图 4-19 所示，该款宝贝的效果图一共展示了 4 个颜色，第三张效果图是卖家赠送的小礼物。为了更好地宣传店铺的宝贝，吸引买家深入访问，淘宝卖家也可以在效果图中加入视频，其具体操作步骤：店铺装修—加入自定义模块—编辑模块—视频插入。

效果图的质量能直接影响到买家对宝贝的深度访问和成交转化率，如表 4-7 所示。买家在访问宝贝页的时候，随着买家的访问深度加深，可能遇到一些问题，会直接向客服咨询。此时，会产生一个对店铺成交转化率至关重要的数据指标——旺旺咨询率。

表 4-7 效果图对成交数量的影响

	浏览量 PV	访客数 UV	旺旺咨询人数	成交数量
效果图	1830	1386	510	68
占全店比例	12.23%	23.41%	39.40%	14.04%

旺旺咨询率是考验客服对产品知识的掌握程度的一项重要指标。淘宝客服如果能在最短时间内解决买家的疑惑和问题，买家在获得了满意的答复之后，通常会对该店铺的整体印象较好，客服人员专业性较强，且服务态度较好。下面是买家与卖家的对话。

买家：请问店家在吗？

客服：亲，欢迎光临雨轩包包 TB 雨轩皮具店，请问有什么能帮到您的呢？

买家：我想咨询一下，这款斜挎包是什么材质？

客服：这款宝贝是 PU 的喔，质量可靠,而且款式很流行的喔 ~O(∩_∩)O~

买家：挎包有多大呀？

客服：大号尺寸：29.5cm 长，20cm 宽，10cm 高；小号尺寸：27cm 长，17cm 宽，9cm 高。亲，您可以根据您自己的实际需求选择宝贝。

那挎包里面的结构呢？

买家

内部结构主要是拉链暗袋、手机袋和夹层拉，能放下 iPad 的喔。亲，您要是喜欢的话，可以拍下喔，我们这款宝贝是现在正在打折呢 (*^__^*)

客服

2．SKU

在淘宝的买家中心，部分 SKU 的属性值可以由买家自定义编辑，部分不可编辑。图 4-20 所示为在宝贝发布页面中"宝贝规格"板块下的 SKU 属性值。

图 4-20　买家可编辑的 SKU 属性值

当买家在访问宝贝页时，首先会看到宝贝的颜色分类和尺码，如图 4-20 所示，多种不同的颜色可供买家选择，在一定程度上能增加买家在宝贝页的停留时间，同时，也会反映出买家对该宝贝的潜在购买欲望。综合图 4-19 所示范例，淘宝卖家对该款斜挎包的买家的访问行为做了数据统计，如图 4-21 所示。

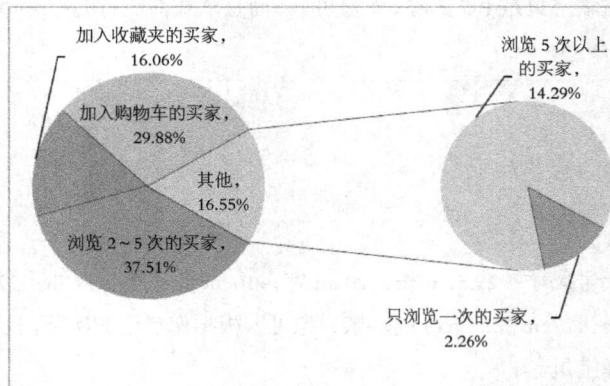

图 4-21　买家的不同访问行为统计

淘宝卖家通过对不同访问行为的分析，可以进一步分析出商品目前的情况。浏览两次及以上的买家占比较大，说明买家对该商品访问深度较高，这部分买家的成交率也会相对较高；加入购物车和收藏夹的买家比较感兴趣，但是出于某种原因没有下单，通过某种方式对商品进行保存，方便下次直接访问该宝贝页面。为何该款宝贝加入收藏夹和购物车的占比较高，但是没有促成下单呢？卖家接下来应该进一步分析宝贝存在的问题，针对具体的问题采取相应的优化措施。

4.2.3 累计评论与成交记录

宝贝的累计评论和成交记录已经成为很大一部分买家下单的重要的参考依据。累计评论是指买家在已经买到或者是使用过宝贝后，对该宝贝的颜色、质量等做出全方位的评价；累计销量是指在店铺商品累计的成交数量。一个淘宝店铺的累计评论决定店铺的好评率，而成交记录则能刺激持续性消费。

1．累计评论

当买家想要了解更多宝贝的信息时，通常会选择访问宝贝的详情页，其中宝贝详情页包括了宝贝详情、累计评论、成交记录以及专享服务。图4-22所示为某商品的累计评论，累积评论也包含店铺的累计信用积分，好评店铺加 1 分，中评店铺不计分，差评店铺扣 1 分。在买家评价后 30 天之内，买家可以删除或者修改对卖家的中评或者是差评。在每个自然月中，相同的买家和卖家之间的信用评价积分不超过 6 分。

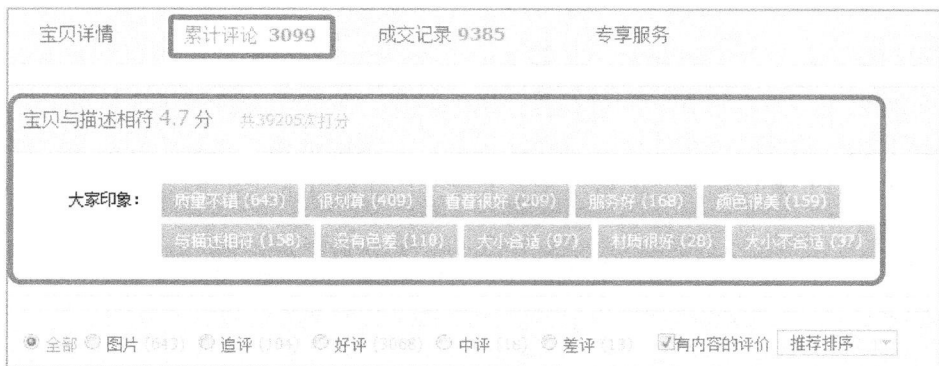

图 4-22　累计评论页面

淘宝卖家不仅要关注点击总量，还应该细分到每一个板块，其中累计评价很容易影响买家的购买欲望，尤其是中评和差评，因此，卖家需要格外关注宝贝的中差评。

2．成交记录

成交记录的作用是记录店铺的成交情况，主要从价格趋势图、款式和型号销量比例图以及买家星级分布图对店铺的成交记录做全方位的分析，如图4-23所示。

（1）价格趋势图

价格趋势图记录了该宝贝在最近 30 天的定价，如图 4-24 所示，该宝贝最高定价为28.9 元，时间段为 2015 年 3 月 29 日—2015 年 4 月 7 日；最低定价为 19.9 元，时间段为 2015年 4 月 8 日—2015 年 4 月 14 日；2015 年 4 月 15 日至 2015 年 4 月 27 日，定价为 23.9 元。

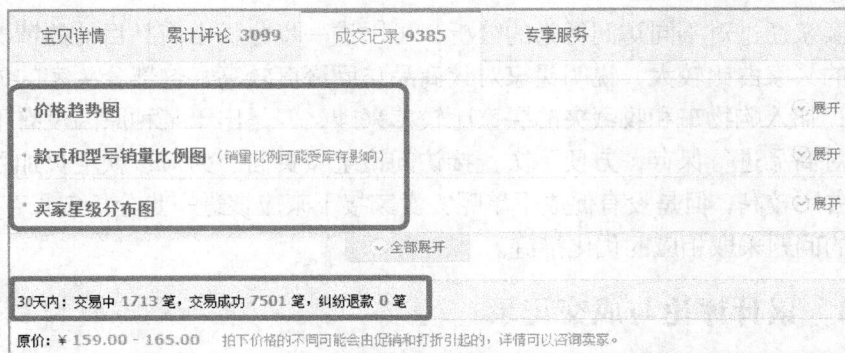

图 4-23 成交记录

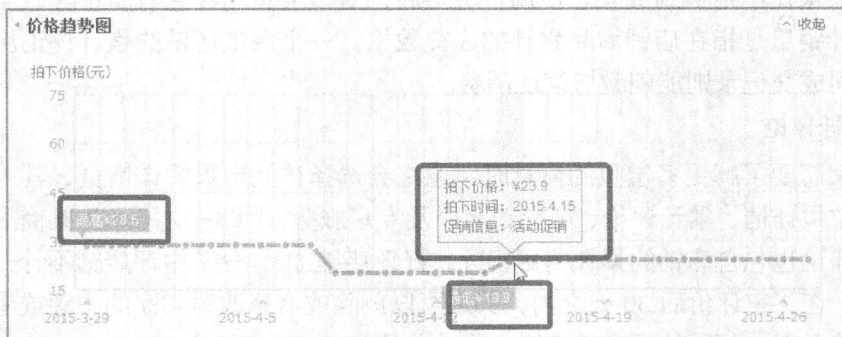

图 4-24 价格趋势图

买家可以直接通过价格趋势图了解该宝贝的价格变化，因此，卖家在调整宝贝价格的时候应该慎重，当买家在访问价格趋势图的时候，说明这一类买家比较细心，对价格比较敏感，如果价格的变化太大，这类买家会产生抵触情绪。尤其是针对店铺的一部分回头客，如果现价和以前购买的价格相差太大，往往会打击回头客的再次消费热情。

（2）款式和型号销量比例图

型号和款式的销量比例是根据最近 30 天内成交的宝贝统计的，如图 4-25 所示，该款宝贝的米白色、神秘黑和酒红色排名前三，说明这 3 种颜色最受买家的欢迎。

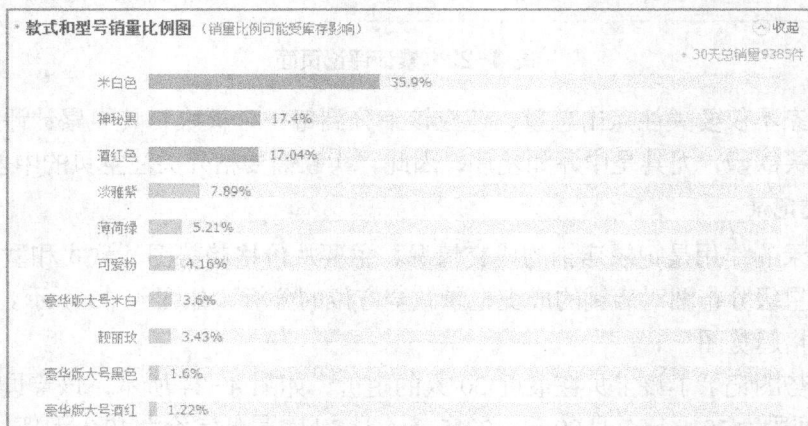

图 4-25 款式和型号销量比例图

4.2.4 细节图与售后保障

细节图是指通过图片的方式，将商品的设计细节、做工细节、材质纹理细节以及辅助材料等细节放大展示，来达到更清楚地介绍商品、美化商品详情页面的目的；售后保障是指淘宝卖家为买家提供的售后服务保障。

1．细节图

细节图的主要作用是突出卖点，让店铺的潜在买家更加详细的了解商品，打消购买前的顾虑，最终完成交易。图 4-26 所示为斜挎包的细节图。

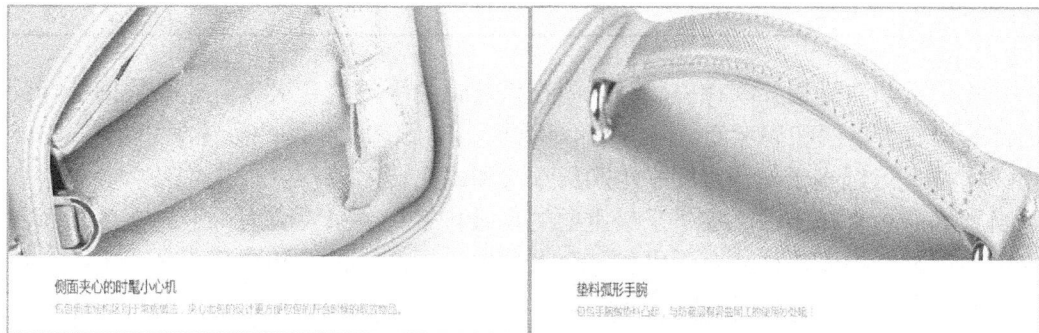

图 4-26 斜挎包的细节图

某淘宝卖家对店铺的各类页面的平均停留时间做了相关的统计，如图 4-27 所示，新顾客在每个页面的平均停留时间均高于老顾客，尤其是宝贝页的平均停留时间。

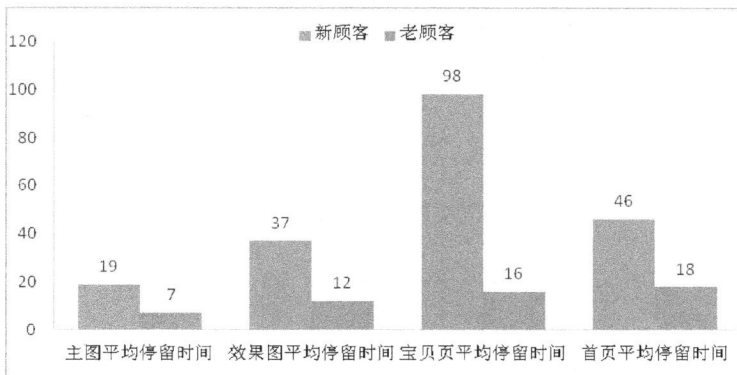

图 4-27 某店铺的各类页面的平均停留时间

一般而言，大部分浏览宝贝页的买家对商品都很感兴趣，但是出于对商品的做工、材质以及质量的疑虑而犹豫不决，通常会反复浏览宝贝页的细节图。如果淘宝卖家在宝贝详情页展示出商品的细节图，买家会感受到淘宝卖家的用心，进而大大减少心里的顾虑，那么，就会极大地提升宝贝的成交转化率。

如果新手淘宝卖家不知道如何设置宝贝的细节图，可以去访问一些销量较火爆的店铺。销量较高的店铺在细节图方面做得比较完美，细节图都经过专业的实拍，拍摄的细节图真实而细腻，把宝贝的各个细节部分全方位展示给买家。

2．售后服务

在市场经济日益竞争激烈的今天，售后服务的优劣能直接影响消费者对店铺各个方面的满意程度，显然，售后服务已经成为保持和维护一个店铺形象的重要指标。表 4-8 所示为某店铺不同类型顾客的成交转化率。

表 4-8　某店铺不同类型顾客的成交转化率

访客类型	浏览量	访客数	平均访问深度	平均购买频次	成交转化率
新顾客	2010	498	2.5	1	23.12%
老顾客	1562	123	1.13	3	52.88%

平均购买频次是指买家在一段时间内在该店铺的平均消费次数。这一数据指标反映了店铺的消费者黏性和满意度。根据表 4-8 所示，老顾客的平均购买频次为 3，成交转化率为 25.88%，远远高于新顾客的平均购买频次和成交转化率。

当顾客成功交易之后，接下来最重要的是维护客户关系。因为对于淘宝店铺而言，开发一个新顾客的成本往往高于维护一个老顾客，因此，保持和提升买家对店铺的黏性和忠诚度是提高购买频次的前提与基础。

随着消费者的维权意识的提升和消费观念的转变，消费者不仅仅是重视商品本身的价值，在同等的商品质量和类似的性能情况下，更倾向于能提供优质服务的店铺。图 4-28 所示为淘宝卖家承诺提供的售后服务。

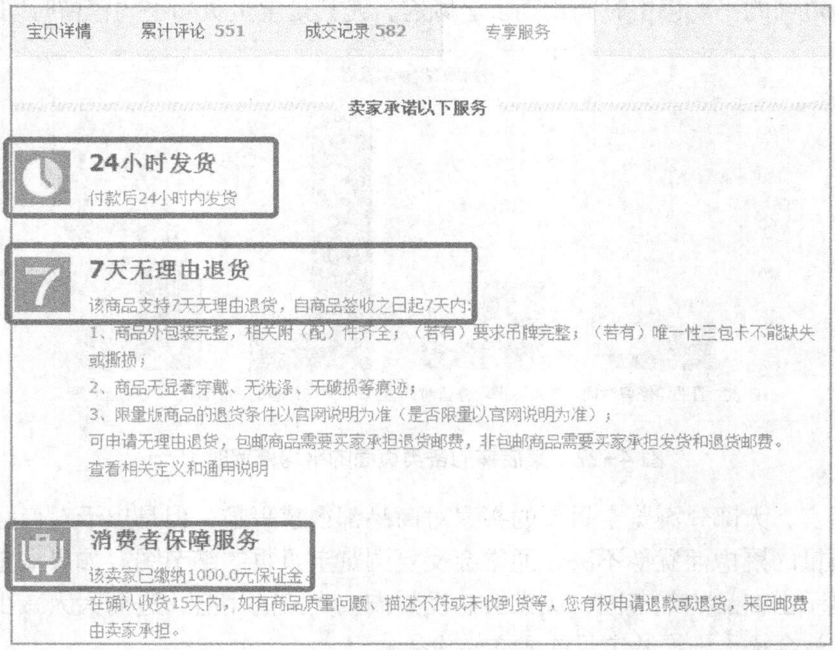

图 4-28　卖家承诺提供的售后服务

4.3 优化影响宝贝成交的因素

影响宝贝成交的因素有很多，以店铺作为切入点，主要是以宝贝的主图、首页、详情页 3 个方面为主。首先，主图通常吸引买家的注意力，增加主图的点击率和流量；首页能加深买家对店铺的印象；通常而言，买家花费较多时间的页面往往是宝贝详情页，买家通过宝贝详情页了解宝贝的材质、尺寸、流行元素以及细节等。接下来将逐步讲解如何优化这 3 个页面，提升店铺的成交转化率。

4.3.1 优化宝贝主图吸引点击

不同买家进入宝贝首页的渠道不同，其中很大一部分买家是直接通过淘宝的搜索栏输入关键词搜索，根据搜索结果进入宝贝首页。表 4-9 所示为某服饰淘宝店铺的搜索关键词报表。

表4-9 某服饰店铺的搜索关键词报表

序号	关键词	到达页浏览量
1	2015 新款	899
2	连衣裙 夏	646
3	甜美	313
4	勾花镂空	246
5	欧美时尚	106
6	连衣裙 长裙	88
7	碎花	41
8	荷叶边	23

在这里，注意区别到达页浏览量与浏览量的区别。到达页浏览量是指某来源给入口带来的浏览量，如买家通过淘宝搜索到达宝贝首页 1 次，那么，该来源的到达页浏览量为 1；而浏览量不仅包括某来源给入口带来的浏览量，还包括给后续页面带来的浏览量，如买家通过淘宝搜索到达宝贝首页 1 次，接下来还访问了同一店铺的其他 4 个页面，那么，该来源的浏览量为 5。

根据表 4-9 可以看出：搜索关键词对到达页浏览量、平均每次访问页数以及有效入店率有一定的影响。因此，卖家首先需要通过优化关键词，提升宝贝主图的到达页浏览量。

例如，现有两家店铺的同款同价位针织衫，A 店铺宝贝的主图直接是衣架挂在挂钩上，没有进行专业的优化，如图 4-29 所示；B 店铺的宝贝主图用了模特，并且经过了专业的优化，如图 4-30 所示。

图 4-29　A 店铺宝贝的主图

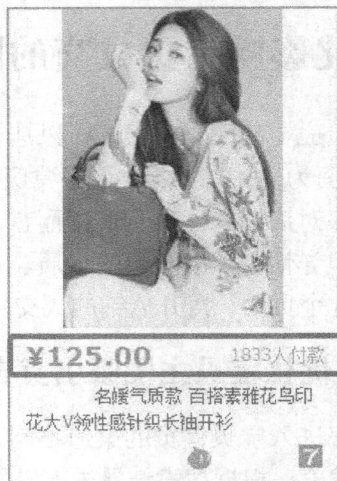

图 4-30　B 店铺宝贝的主图

在同一时间段，A、B 两家店铺的主图点击率如图 4-31 所示。

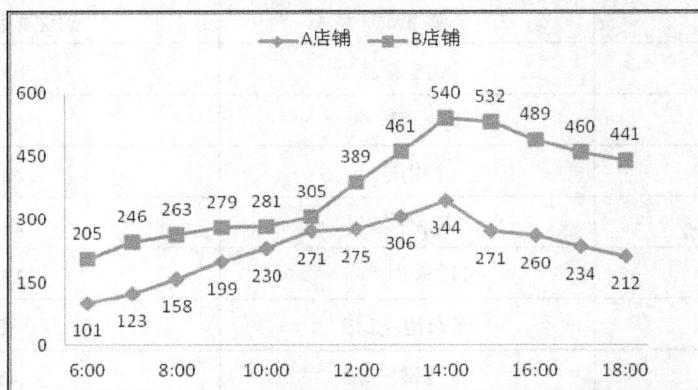

图 4-31　A、B 两家店铺主图点击量对比图

从店铺的销量来分析：主图的功能主要是吸引买家的注意力，增加点击率。在价格相同的基础上，主图的优化程度越高，买家的点击量就越高。当店铺的流量增加时，相应的潜在销量也会上升。因此，淘宝卖家需要在主图上加大优化程度，提升主图的点击率，吸引更多的买家对宝贝首页进行访问。

4.3.2　优化宝贝首页加深印象

当主图吸引买家点击后就进入到宝贝的首页。图 4-32 所示为某款针织衫的首页，买家通过首页可以看到整个店铺导航栏的所有商品分类；同时也可以知道这件宝贝是新款，正在进行限时促销活动，且卖家设置了淘金币抵钱，在一定程度上能刺激潜在的消费者。

宝贝首页是淘宝店铺的核心组成部分，具有承前启后的过渡作用。一方面，承接着从主图而来的流量；另一方面，疏导流量对宝贝详情页进行深层次的访问，或者是访问店铺的其他的宝贝页面。对于新手淘宝卖家而言，应该重视对宝贝首页的设置与优化。

如果不知道该如何设置宝贝的首页，可以参考同行店铺的宝贝首页的设置。表 4-10 所示为该款针织衫最近 30 天从主图到页面详情页的点击率。

图 4-32　宝贝首页

表 4-10　从主图到页面详情页的点击量

	访客数	页面平均停留时间（s）	平均每次访问页面数	跳失率
宝贝首页	1828	23	2.3	52.39%

从相关的数据指标分析可知：宝贝的首页流量较大，但是宝贝首页的停留时间偏长，宝贝首页作为店铺流量的过渡页面，停留时间为 23 秒，平均每次访问页面数为 2.3，说明宝贝首页能够引导买家进行更深层次的访问。

宝贝首页的跳失率是考核一个页面的用户黏性的数据指标。该款针织衫的访客数（UV）为 1828，跳失率为 49.39%，说明约有 957 人在访问了宝贝首页就离开了。宝贝首页作为登录页面，跳失率尽量控制在 50%以下，而宝贝页的跳失率完全取决于首页设计对买家的引导。淘宝卖家要想降低宝贝首页的跳失率，则还需要进一步对首页进行优化。

4.3.3　优化详情页留住买家

买家通过主图对宝贝首页进行了访问，接下来，买家将对宝贝的详情页进行深入访问。通常深入访问宝贝详情页的买家的购买欲望较高，淘宝卖家应该充分抓住这一部分优质的流量，将这部分流量通过引导，最终实现商品的成交转化，因此，卖家应该对宝贝的详情页进行全面的优化，留住这部分买家。

但是卖家在对宝贝详情页优化之前，应该先听听买家的"心声"。某淘宝卖家抽样调查买家对宝贝详情页的意见和看法，如图 4-33 所示。

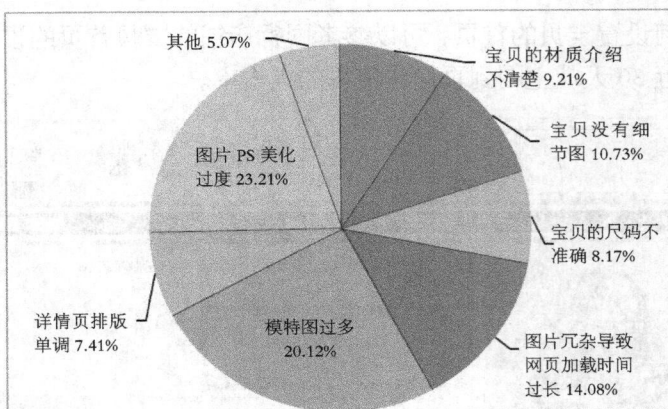

图4-33 买家对宝贝详情页的意见

从图4-33分析可知：买家对宝贝详情页的意见可以分为3类：宝贝的材质介绍、宝贝的尺码以及宝贝的图片；其中对宝贝的图片的意见较为集中，主要是针对图片的PS美化程度、颜色的失真、图片的冗杂、模特图的数量以及细节图的展示。

因此，淘宝卖家在清楚了买家的意见后，同时征集了买家的意愿，在充分了解买家意愿的基础上，再对宝贝的详情页进行设置。图片的种类有很多，最关键是什么样的版式才能吸引买家的兴趣。最优质的宝贝详情页的特点是：在最短时间内为买家提供他们最需要的信息。图4-34所示为买家希望在宝贝页看到的东西。

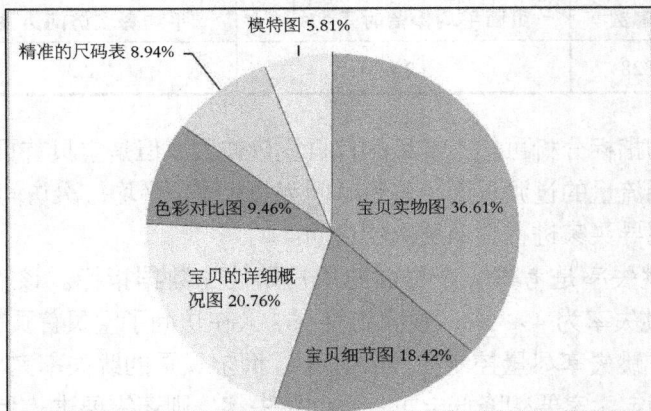

图4-34 买家希望在宝贝详情页看到的东西

（1）实物图的优化

实物图是对宝贝各角度的展示和诠释，让买家对宝贝有全面的了解。淘宝卖家选择挂拍或者是平铺，图片有正面、侧面和反面；文案的描述包括宝贝的厚薄、长度、透气性以及舒适度。

（2）细节图的优化

买家希望在宝贝详情页看到细节图，无非是想了解衣服的材质、细节处的质量以及近距离观看的效果。淘宝卖家可以通过拍摄高清的细节图片给买家呈现出宝贝的真实情况，其中主要是宝贝的面料、拉链、装饰和细纹等细节处。

（3）宝贝详情概况的优化

图4-35所示为该店铺一款风衣的详情概况图，其中主要包括品牌、成分含量、颜色、尺码、流行元素、面料和上市年份等参数。

品牌：:	服装版型：修身	货号：2959
厚薄：常规	风格：通勤	通勤：韩版
款式：开衫	组合形式：单件	衣长：中长款
袖长：长袖	领子：低圆领	袖型：常规
衣门襟：双排扣	图案：纯色	流行元素/工艺：镂空 树脂固色
成分含量：51%(含)-70%(不含)	面料：其他	上市年份/季节：2015年春季
颜色分类：白色 黑色 粉红色 红色 …	尺码：M L XL 2XL 3XL	

图4-35　宝贝详情介绍图

（4）尺码表的优化

尺码表是宝贝型号的说明书。买家在了解了宝贝的型号之后才会有购买的欲望，买家想清楚知道宝贝的尺码吗？哪个型号适合自己？淘宝卖家需要提供测量尺码的方法、宝贝型号说明、模特试穿的身材参数以及已购买买家的尺寸等，如图4-36所示。

单位：cm	衣长	腰围	袖长	袖口	胸围	领围
XS	70	57	22	19	112	62
S	72	59	22	20	114	65
M	74	62	22	21	118	68
L	76	65	22	22	122	71
XL	76	68	22	23	126	74
XXL	76	71	22	24	130	77

图4-36　宝贝尺码图

（5）模特图的优化

模特图是对宝贝的立体的呈现，买家通过模特图很直观地对宝贝有了较深的印象和感官。淘宝卖家提供的模特图应该符合品牌的定位，在宝贝详情页展示的模特图应该是高清的全身图，且从不同角度进行诠释，多色彩系列的宝贝应该以主推为主，如图4-37所示。

图 4-37　宝贝详情页的模特图

本章小结

　　通过本章的学习，读者应掌握成交转化率的漏斗模型，从有效入店率到成交转化率逐步解读买家从入店到成交的全过程。在掌握了理论的基础上，再结合实际情况分析买家的购买心理和行为，从搜索到成交的过程中，买家是根据哪些指标完成最终的交易的。最后，总结出影响成交转化率的因素并进行优化。

课后思考题

　　淘宝卖家小王不断地摸索和学习，店铺的流量有了明显的改善，且店铺的人气有了明显的改善。但是细心的小王发现，店铺有不少的访客在浏览了一个页面就离开了，且宝贝的成交转化率较低。其中有一小部分买家只把宝贝加入了购物车，却没有付款结算。针对于这种情况，小王又没辙了。

　　请结合本章所学的知识，帮助小王分析出现这种状况的原因，并且告诉小王应该从哪些方面去改善和提升宝贝的成交转化率。

第5章
店铺客单价分析

越来越多的买家花大量的人力、物力和财力做大量的引流，参加淘宝的各种活动，最后让店铺成功地获得较高的人气的成交转化率，但是最后核算，却发现店铺的利润并不是特别理想。为什么高销量却不能带来高利润呢？

在流量相同的情况下，客单价的高低直接决定了店铺的销售额。尽管淘宝卖家通过各种渠道和活动提升了店铺的销售量，但是绝大多数买家在店铺只消费过一次，买家的消费金额并不高，店铺的利润自然也不会太高。

因此，如何提升客单价实现店铺的利润最大化是每个淘宝卖家关注的核心问题。

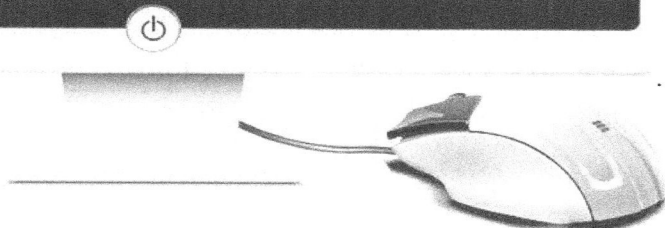

- 客单价的定义及公式
- 爆款提升客单价
- 店铺定位提升客单价
- 店铺类目的广度与深度
- 客户的购买能力

本章数据分析中的图表展示

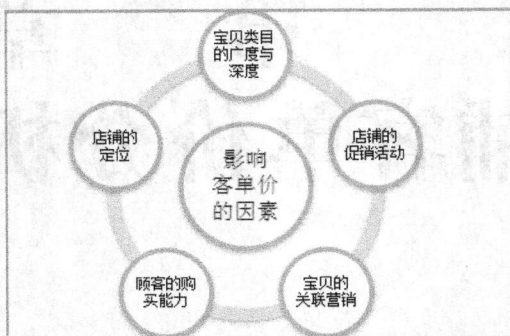

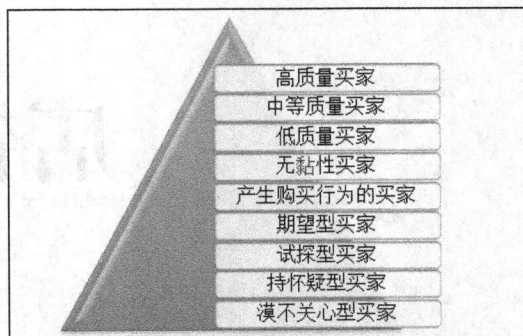

影响客单价的因素

- 宝贝类目的广度与深度
- 店铺的定位
- 店铺的促销活动
- 顾客的购买能力
- 宝贝的关联营销

高质量买家
中等质量买家
低质量买家
无黏性买家
产生购买行为的买家
期望型买家
试探型买家
持怀疑型买家
漠不关心型买家

5.1　认识客单价

在流量相同的情况下，客单价的高低直接决定了店铺的销售额。尽管淘宝卖家通过各种渠道和活动提升了店铺的销售量，但是绝大多数买家在店铺只消费过一次，买家的消费金额并不高，店铺的利润自然也不会太高。

因此，如何提升客单价实现店铺的利润最大化是每个淘宝卖家关注的核心问题。在分析影响客单价的因素之前，淘宝卖家首先需要掌握客单价是什么？它对店铺有什么作用？该从哪些方面去分析？

客单价是每一个用户在一定周期内，平均购买商品的金额，即平均交易金额。　客单价=支付宝成交金额/成交用户数，销售额=购买人数×客单价。因此，客单价是影响店铺盈利的因素之一，在流量相同的前提下，客单价越高，销售额就越高。解析客单价主要是从宝贝类目的广度与深度、店铺的促销活动、宝贝的关联营销、顾客的购买能力以及店铺的定位作深入的分析，如图5-1所示。

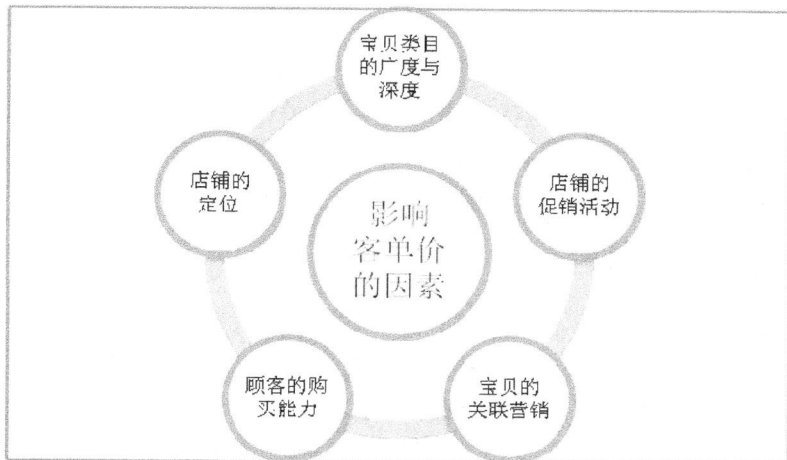

图 5-1　影响客单价的 5 大因素

5.2　利用爆款宝贝提升客单价

爆款宝贝是指店铺里的销量很高，甚至供不应求的商品。爆款属于店铺的促销活动。在如今的网购环境下，爆款宝贝在扮演着"催化剂"的角色，爆款宝贝在最短时间内给店铺带去大量的相当高的流量和成交转化率。在清楚了爆款的好处之后，很多卖家肯定会萌生打造店铺爆款的想法。但是，也会有一部分新手卖家会提出疑问：爆款宝贝究竟该怎么做呢？爆款背后有无可以参考的方法或者是规律呢？

淘宝卖家可以把消费者的购买过程作为打造爆款宝贝的切入点。当消费者在网购时，通常会经过如图 5-2 所示的流程完成一笔交易。

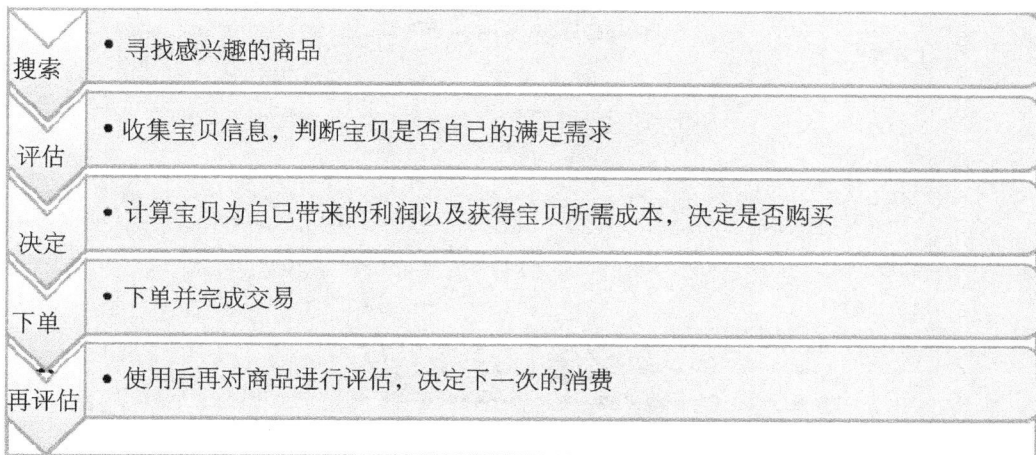

搜索	• 寻找感兴趣的商品
评估	• 收集宝贝信息，判断宝贝是否自己的满足需求
决定	• 计算宝贝为自己带来的利润以及获得宝贝所需成本，决定是否购买
下单	• 下单并完成交易
再评估	• 使用后再对商品进行评估，决定下一次的消费

图 5-2　消费者购物的流程图

淘宝卖家在掌握了消费者的购物流程之后，再来对爆款进行分析。在淘宝网站上，宝贝的展示主要是依靠视频和图片，买家获得了解宝贝的渠道相对较少，因而买家更加倾向于已经购买过该宝贝的第三方意见。当第三方的评价和意见绝大多数是积极的，由于"羊群效应"的影响，渐渐就会促使更多的买家下单成交，进而慢慢形成了爆款，这也是爆款的"雏形"。

尽管爆款的雏形受买家的从众行为的影响，但是也仅仅是一个雏形而已，淘宝卖家要真正的打造店铺的爆款，更多的需要依靠店铺的整体营销策划。那么，淘宝卖家应该怎么样才能最大限度地把流量转化为销量呢？

5.2.1　爆款是流量的重要入口

爆款的具体表现形式就是高流量、高曝光量、高成交转化率。但是爆款从严格意义上来讲分为两种：引流爆款和盈利爆款。引流爆款也叫小爆款，盈利爆款也叫大爆款。从成本上来讲，引流爆款的利润往往比较低。本书着重讲解引流爆款。

爆款让众多卖家关注的原因主要是通过某单件宝贝的热销，拉动店铺的成交额快速增长，甚至影响是一整个季度的销售格局。在成功打造爆款宝贝之后，卖家可以从这个周期中循环获得利益。

一款爆款宝贝能够在一段时间内为店铺带来大量的流量。越来越多的淘宝卖家重视爆款宝贝的打造。一般情况下，大部分的中小卖家的店铺正处于成长期，活动运营策划能力较弱。因此，许多中小卖家通常会借助各种淘宝官方的促销活动打造爆款宝贝。

某淘宝店铺在 5 月 17 日参加"天天特价"活动，成功打造了店铺的爆款宝贝。图 5-3所示为该店铺最近 25 天的流量变化情况。

从店铺的流量变化趋势图可以看出：该店铺在最近 25 天内流量变化很大。5 月 1 日至 5 月 16 日，店铺的流量比较低；5 月 17 日至 5 月 19 日，店铺的流量几乎呈直线上升趋势，5 月 20 日至 5 月 25 日，流量的增加趋于稳态，总体趋势呈平缓上升。预测在未来的 3~5 天内，店铺的流量可能会有所下降。

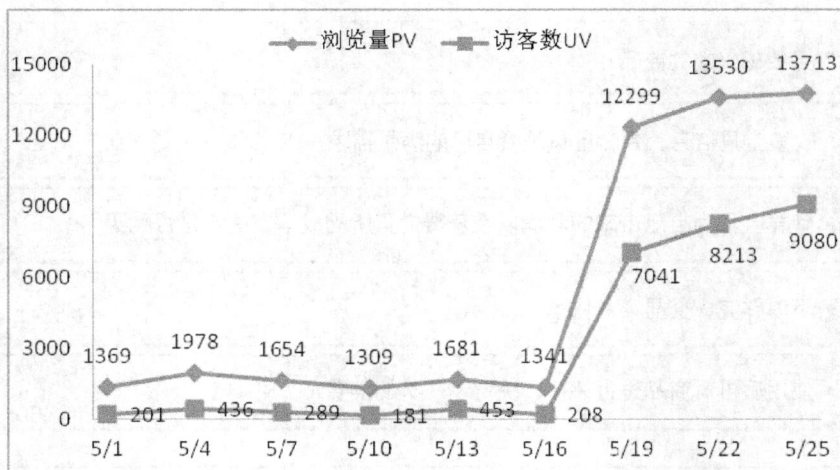

图 5-3　店铺流量变化趋势图

淘宝卖家以时间为维度，把店铺流量相关的数据浏览量（PV）、访客数（UV）、平均访问深度以及访客回头率进行对比分析，如表 5-1 所示。

表 5-1　店铺流量的相关数据表

	浏览量（PV）	访客数（UV）	平均访问深度	访客回头率
今日	16713	10860	2.78	21.85%
昨日	14219	9446	2.71	23.46%
上周同期	8329	6019	1.23	3.44%
同期增长比率	100.66%	80.43%	126.01%	84.25%

从表 5-1 中可知：店铺的爆款宝贝为店铺带来了大量的流量的同时，店铺的平均访问深度和访客回头率也得到了相应的提升。平均访问深度从侧面反映了店铺对买家的黏性，当买家的平均访问深度越高，说明对店铺的其他的商品比较感兴趣。如果淘宝卖家在店铺的关联营销上有一定方法和技巧，可以提升店铺潜在客单价。

5.2.2　爆款的选款

爆款之所以让众多的淘宝卖家关注，最根本原因还是在于店铺如果成功的打造了一款爆款宝贝，这就意味着该款宝贝的持续热销能直接拉动店铺的销售交易额，甚至会影响店铺的在该季度的销售格局。当淘宝卖家在成功地打造爆款宝贝之后，也可以在这个周期中获得更多的利益。

基于爆款宝贝对店铺的影响甚大，越来越多的卖家加入到打造爆款宝贝的热潮中。打造爆款宝贝的第一步就是选款。选款是打造爆款至关重要的一个环节，选对了宝贝就已经成功了一半，如果选择了错误的宝贝，那么，后续的推广和优化都只是徒劳。淘宝卖家应该从以下两个方面来对爆款商品进行选择。

1．根据目前热销的类目选款

新手淘宝卖家在选款之前可以参考淘宝目前的热销类目，因为现阶段热销的款式是经过一段时间沉淀积累起来的。新手淘宝卖家通过淘宝指数的排行榜可以了解到现阶段热销类目的搜索和成交的主趋势，如图 5-4 和图 5-5 所示。

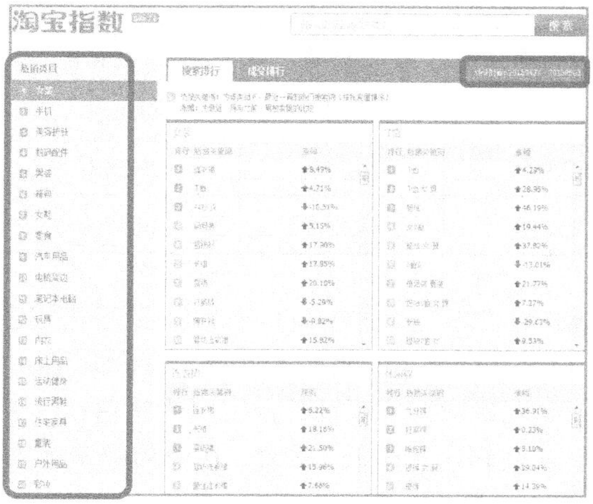

图 5-4　淘宝指数热销类目的搜索排行榜

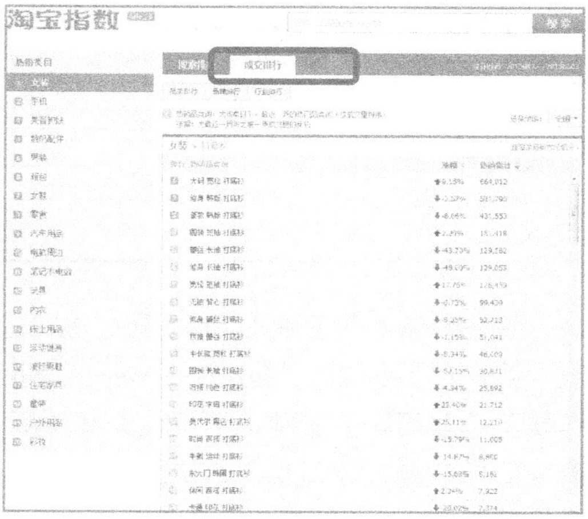

图 5-5　淘宝指数热销类目的成交排行榜

根据热销类目的搜索排行和成交排行大致可以确定在现阶段消费市场的需求是什么，淘宝卖家以消费者的需求为出发点，进而把握好市场的趋势。其次，也可以根据线下的市场调研作为辅助选择，为选款决策提供更多可供选择的依据。

2．根据自身的实际情况选款

选款最重要的是结合自身的实际情况，不同店铺的实际情况不同。爆款的选择主要是从价格、货源以及测款 3 个方面进行。

（1）价格

本书第 2 章已经详细讲解了店铺不同宝贝的定价。一个店铺的宝贝定价主要划分为高、中、低 3 个价位。一般情况下，爆款宝贝主要是选择店铺的中等价位的宝贝。因为新手卖家在初期缺乏活动运营策划的能力和经验，很难对高等价位的宝贝做出合理的把控。然而中等价位宝贝凭借其价格适中、质量较好、款式新颖等优势能够迅速被买家所接受。

新手淘宝卖家在制定价格之前，尽量把该商品的价格制定得略低于同行的同款宝贝的价格。爆款宝贝的主要作用是引入流量来打造小爆款，价格的优势能在第一时间内为店铺带来大量的流量。

（2）货源

爆款代表高销量，淘宝卖家在打造爆款之前应该保证货源的充足，如果在中途出现卖断货的情况，将会严重影响爆款的形成。即使接下来的货源补充再到位，也很难形成爆款的持续高销量。因此，新手卖家在没有足够的经验的情况下，尽量选择大众货源的宝贝作为爆款。

（3）测款

在推广宝贝之前，淘宝卖家应该明确到底推哪款宝贝？哪款宝贝买家更加青睐？在没有充分的调研考察之前，淘宝卖家不要凭借主观判断而随意选款。某淘宝店铺对同等价位的 3 款不同商品进行测款，同时将 3 款宝贝上架，并且记录了 3 款宝贝在最近 30 天的相关数据指标，如表 5-2 所示。

表 5-2　测款数据统计表

商品	浏览量	访客数	点击率	跳失率	成交转化率
A	1491	399	23.44%	58.37%	14.19%
B	1543	671	37.16%	36.31%	29.26%
C	1810	483	31.23%	49.26%	10.13%

综合各项数据指标分析可知： A 商品的点击率过低，表示 A 商品不能再第一时间内吸引买家的注意力；虽然跳失率不能精准表明商品的受欢迎程度，但是基本上可以确定这款宝贝对店铺的影响，如果跳失率过高，可能会直接影响到店铺其他宝贝的销售；且 A 商品的成交转化率过低。C 商品的跳失率较高，成交转化率最低。因此，B 商品应该选择为爆款商品。

5.2.3 爆款的深度优化与推广

淘宝卖家已经确定了店铺的爆款宝贝,并且已经上架一段时间。接下来,深度推广和优化则是打造爆款最重要的一个环节。不同的淘宝店铺主营的类目不同,但是在实际的优化操作中,淘宝卖家往往会根据市场的变化,适当地调整宝贝的标题使之与市场需求达到最佳匹配的状态。这样能够使宝贝在不同的时间段达到最大的引流作用,最终使宝贝成为爆款。接下来就从宝贝标题的关键词优化入手。

1. 筛选类目转化率

一款宝贝要想在市场需求旺季打造成爆款后实现最大化的引入流量的目的,一般而言,宝贝的标题会修改一到两次。因为在市场需求旺季之前,淘宝卖家的数据来源主要是去年的相关数据以及经验,可供选择使用的关键词相对较少。除此之外,关键词汇还会受到社会热门事件、流行趋势等多方面因素的影响。

图 5-6 所示为某主营女装的淘宝店铺统计的宝贝的热门关键词,现将热门关键词的词表按照宝贝热门关键词的搜索人气进行降序排名;然后选中"转化率"一列,对转化率进行"自定义筛选",筛选出转化率为"0"的热门关键词。

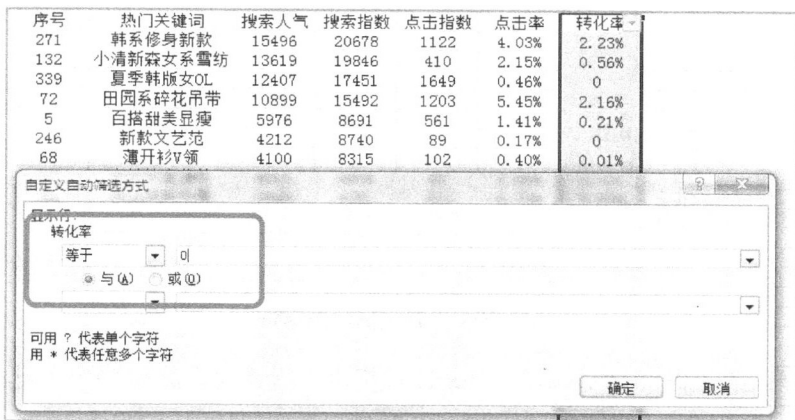

图 5-6　自定义筛选热门关键词的转化率

转化率为"0"的热门关键词,原因在于商品效果与搜索不匹配,所以,这种热门关键词对于店铺没有实质性的作用,并不适合用作爆款宝贝的引流。因此,在设置商品的关键词时,一定要映衬出商品所展示的效果,这样可提升转化率。所以,可以直接把转化率为"0"的热门关键词删除。图 5-7 所示是筛选过后的热门关键词。

序号	热门关键词	搜索人气	搜索指数	点击指数	点击率	转化率
271	韩系修身新款	15496	20678	1122	4.03%	2.23%
132	小清新森女系雪纺	13619	19846	410	2.15%	0.56%
72	田园系碎花吊带	10899	15492	1203	5.45%	2.16%
5	百搭甜美显瘦	5976	8691	561	1.41%	0.21%
68	薄开衫V领	4100	8315	102	0.40%	0.01%
11	宽松外套薄款	4013	6404	61	0.56%	0.03%
34	镂空短款外套	3649	6281	213	0.79%	0.02%
80	蕾丝边条纹雪纺	2327	4015	381	1.03%	0.06%

图 5-7　筛选后的热门关键词

有一部分商品的属性也是热门关键词，但是因为淘宝卖家的品类和市场需求旺季的数量级相差很大，导致关键词在搜索后也没有展现量，如"韩版"、"新款"等关键词。淘宝系统当前默认展示的类目是连衣裙，但是有的淘宝卖家想打造羽绒服的爆款，那么，该款羽绒服的展现量就会非常低。

2．筛选热门关键词

在 Excel 表格中，淘宝卖家可以直接利用筛选器筛选热门关键词。按照图 5-6 所示方法，首先对整理的热门关键词按照搜索人气的降序进行排序，再选中热门关键词一整列，对热门关键词进行筛选，取消勾选明显和宝贝属性词关联不大的热门关键词，如"韩国代购"、"连衣裙"，如图 5-8 所示。

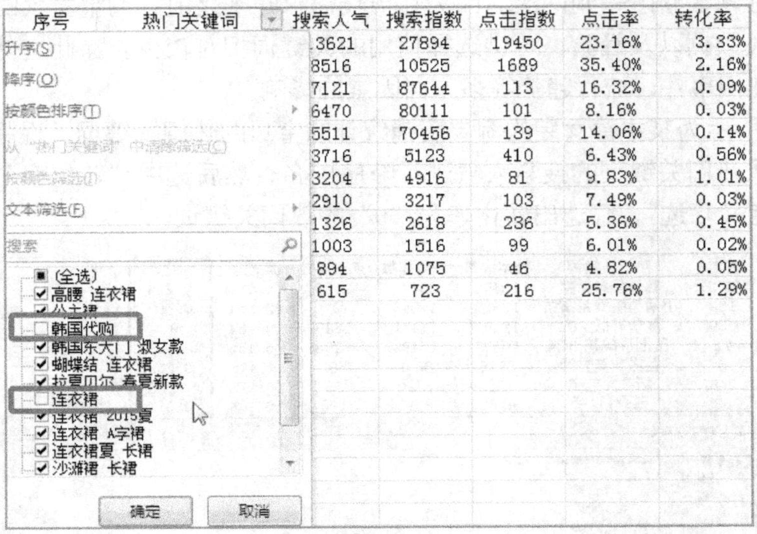

图 5-8　筛选热门关键词

最终筛选结果如图 5-9 所示。在 Excel 表格中一次性可以排除多个关键词，大大减轻了淘宝卖家的工作量。

序号	热门关键词	搜索人气	搜索指数	点击指数	点击率	转化率
2	雪纺裙 修身	13621	27894	19450	23.16%	3.33%
11	连衣裙 2015夏	8516	10525	1689	35.40%	2.16%
35	拉夏贝尔 春夏新款	7121	87644	113	16.32%	0.09%
56	韩国东大门 淑女款	5511	70456	139	14.06%	0.14%
79	连衣裙夏 长裙	3716	5123	410	6.43%	0.56%
112	沙滩裙 长裙	3204	4916	81	9.83%	1.01%
201	蝴蝶结 连衣裙	2910	3217	103	7.49%	0.03%
289	韩版修身 短裙	1326	2618	236	5.36%	0.45%
377	连衣裙 A字裙	1003	1516	99	6.01%	0.02%
412	公主裙	894	1075	46	4.82%	0.05%
501	高腰 连衣裙	615	723	216	25.76%	1.29%

图 5-9　筛选后的热门关键词

在实际的操作中，大多数淘宝卖家会采用三级或者是四级类目词表来选择宝贝的关键词。但是针对于爆款宝贝，新手淘宝卖家可以采用操作方便的二级类目词表。而一级类目词表能反映出近期需求量最大的品类，为后续使用相关的热门关键词提供参考依据。

5.3 利用店铺优势提升客单价

客单价的提升不仅仅是简单的提高商品的销售价格，从客单价的公式分析：

客单价＝支付宝成交金额/成交用户数＝笔单价×人均购买笔数

公式中的笔单价是指每一笔订单的平均消费额度。笔单价＝总成交金额/订单总笔数。例如：某店铺在某天的11～12点，共有10个买家在店铺产生交易行为，成交总额为1000元，其中9个买家都只成交了一笔订单，有1个新手买家不懂怎么加入购物车，共拍下了3件宝贝，分别付了3次款，最后完成交易。

那么，店铺的客单价为：1000/10=100元；笔单价为：1000/（9+3）=83.33元。

客单价是由笔单价和人均购买笔数决定的。商品的定价主要是通过分析买家属性和店铺属性，而人均购买笔数的重点则是在于关联营销。每个店铺销售的商品的市场定位不同，所以，不同的店铺会产生不同的客单价。

每家淘宝店铺都有自己独特的优势，如装修风格、商品包装、推广渠道以及营销方法技巧等。淘宝卖家需要以店铺的实际情况为立足点，巧妙运用店铺的优势提升客单价。

5.3.1 店铺的定位

店铺的定位直接决定了一个店铺所服务的消费市场。店铺的定位主要包括价格的定位和宝贝的定位。

1．价格的定位

科学合理的价格定位能在最大程度上提升店铺的客单价。在淘宝店铺的消费群体已经确定之后，卖家还要考虑怎么样用价格对店铺进行定位。

一家主营服饰的淘宝店铺肯定会有多种款式、不同风格和质量的服装，而对应的价格肯定也会所有不同，那么，店铺可以直接利用价格划分不同消费层级的买家。因此，按照价格定位划分店铺的消费群体，即高端消费层级买家、中端消费层级买家和低端消费层级买家。

例如，一家主营3～12岁童装的服饰店，淘宝卖家巧用价格对店铺的宝贝刽定了战略方案，如图5-10所示。

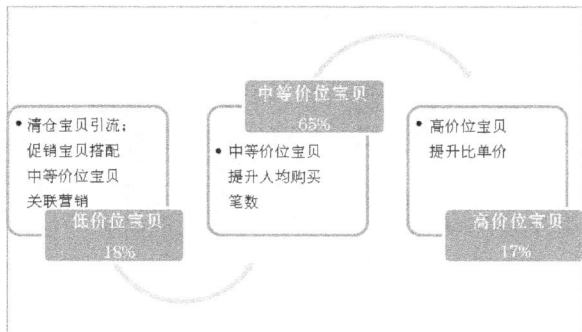

图5-10 低价提升客单价的总体战略方案

　　从店铺的低价提升客单价的战略方案中可以看出：该童装店的低价位的宝贝约为18%，中等价位的宝贝约为65%，高等价位的宝贝约为17%。

　　关联营销是指一个宝贝页同时放了其他的同类、同品牌、可搭配等联性较强的宝贝，由此可以达到增加宝贝的浏览量和提升成交转化率的目的。

　　淘宝卖家直接利用低价位宝贝提升客单价，低价位的连衣裙为19.9元，累计销量为2922件，卖家又在宝贝首页的"掌柜推荐"和"看了又看"对中等价位和高价位的连衣裙进行了关联营销，如图5-11所示。

图 5-11　低价提升客单价的具体战略方案

　　低价位的宝贝主要是清仓宝贝和促销宝贝，清仓宝贝可能是因为款式过时、断码缺码以及尾货等原因需要尽快销售，清仓宝贝凭借低廉的价格能为店铺带来大量的流量；而促销宝贝则是原本属于中等价位或者是高价位的宝贝，卖家采取促销的方式降价吸引买家，并且在降价的同时，卖家把促销宝贝和中等价位的宝贝进行关联营销，尽量把买家的注意力吸引到中等价位的宝贝，提升人均购买笔数；而中等价位的宝贝则又和高价位的宝贝进行关联营销，高价位的宝贝的主要作用就是提升笔单价。

　　看似简单的低价提升客单价的方案，实则是卖家严谨的思维逻辑的成果。卖家直接从低价宝贝作为提升客单价的切入点，逐步把买家的注意力吸引到中等价位和高价位的宝贝上去。环环相扣的营销思路是新手淘宝卖家值得借鉴和学习之处。

2．宝贝的定位

宝贝的定位则是根据宝贝类目的广度与深度对店铺进行定位。在开店之初，淘宝卖家就已经决定自己店铺的主营类目，随着店铺的逐步发展，卖家应该进行更深层次的思考：该如何利用宝贝类目的广度与深度来提升客单价？

（1）宝贝类目的广度

宝贝类目的广度是指淘宝店铺经营的不同商品类目数量的多少。一般而言，店铺类目的广度越广，买家的可选择范围较广，越有利于提升客单价。

例如，A 淘宝店铺主营女装，同时也销售女包和女鞋，如图 5-12 所示。

图 5-12　宝贝类目的广度

当买家在访问 A 店铺时，店铺可供选择的类目较多。如果卖家针对不同类目的商品进行有效的搭配或者是关联营销，能在最大程度上提升人均购买笔数，进而提升店铺的客单价。

（2）宝贝类目的深度

宝贝类目的深度是指淘宝店铺经营同一种商品类目数量的多少。宝贝类目的深度能反映一家店铺的专业程度，类目细分越多，表示店铺越专业，买家越容易精准地找到需要的商品，更能赢得买家对卖家的专业程度的肯定。

例如，B 淘宝店铺主营女装，针对女装又进行专业的细分：短袖 T 恤、中长款衬衫、衬衫、连衣裙、连衣裤/连衣裤、蕾丝/雪纺衫、短裤和防晒衣，如图 5-13 所示。

当买家在访问 B 店铺时，能够快速地根据卖家对宝贝类目的细分找到想购买的宝贝，同一类目的宝贝，高、中、低 3 个价位同时展现，有利于笔单价的提升。

图 5-13　宝贝类目的深度

5.3.2　同类宝贝客单价的提升

淘宝卖家可以通过提高商品的单价和提高人均购买笔数来提升客单价。直接提高商品的单价有一定的作用，但是客单价上升的空间有限。如果单单只依靠提高商品的单价，可能会导致店铺的买家数量减少。在不包邮的情况下，如果店铺的同类宝贝的人均购买笔数由 1 笔增加到 2 笔及以上，店铺的客单价和利润也将会翻倍增加，如表 5-3 所示。

表 5-3　人均购买笔数对客单价和利润的影响

商品名称	笔单价/元	人均购买笔数	客单价/元	商品成本/元	商品利润/元
2015 夏新款 T 恤	89	1	89	57	32
2015 夏新款 T 恤	89	2	178	114	64
2015 夏新款 T 恤	89	＞3	＞267	＞171	＞96

从表 5-3 中可以得知：同类宝贝在笔单价一定的情况下，人均购买笔数越多，宝贝的客单价就越高，同理，宝贝的利润也就越高。因此，如何提高人均购买笔数则成了众多淘宝卖家关注的热点问题。

一般情况下，同类宝贝主要从促销式营销的方式提升客单价，而促销式营销的方式也比较多，如 x 件包邮、第二件折扣等。其核心营销思想就是让买家感受到买得越多优惠越多，刺激买家的购买欲望。

1. x 件包邮

x 件包邮是众多淘宝服饰行业卖家最常用的方法。包邮肯定会涉及成本的问题，但是卖家承诺两件包邮，肯定是希望借增加人均购买笔数来提升客单价。

淘宝卖家要想在 x 件包邮提升客单价,首先得预算出店铺能承受的邮费成本是多少?

店铺能接受的最大的打折力度是多少？ 淘宝卖家在制定 x 件包邮之前需要核算出店铺的最大客单价与买家的接受度的一个平衡点。

例如，某淘宝店铺主营男士衬衫，衬衫的定价为 45 元，商品成本为 23 元，卖家为了提升店铺的客单价，设置满 x 件包邮的促销活动，店铺能承受的邮费成本是 10/单。卖家统计了不同的促销方式与成交转化率，如表 5-4 所示。

表 5-4 x 件包邮的客单价与成交转化率的关系

促销方式	人均购买笔数	客单价/元	成交转化率	总成本/元	利润/元
1 件包邮	1	45	95.16%	33	12
2 件包邮	1	90	68.23%	56	34
3 件包邮	1	135	12.49%	79	56
3 件以上包邮	1	＞180	9.56%	＞102	＞78

从表 5-4 中可以分析出：包邮提升客单价法最重要的考虑到店铺的最大客单价与成交转化率之间的关系。根据店铺的统计数据分析可知：2 件包邮为该店铺的最大客单价与买家接受度的平衡点。除此之外，淘宝卖家还需要考虑邮费成本问题。

从卖家能承受的邮费角度来分析，淘宝卖家能承担的平均邮费是 10 元/单，但是买家来自全国各地，部分偏远地区，如青海、新疆、西藏等地的邮费偏高。卖家在包邮之前需要考虑偏远地区的邮费问题，不能为了提升客单价而盲目包邮促销。

2．第 x 件 x 折

结合表 5-4 范例，该淘宝卖家为了利用多种促销方式提升人均购买笔数，又制定了另外一种促销方式，即第 x 件 x 折，第 1 件原价，客单价为 $45 \times 1 = 45$ 元；第 2 件 8 折，即两件衣服的客单价为 $45 + 45 \times 0.8 = 81$ 元，依此类推，分别求出第三件和第四件衬衫的客单价，如表 5-5 所示。

表 5-5 第 x 件 x 折的客单价与成交转化率的关系

促销方式	人均购买笔数	客单价/元	成交转化率	总成本/元	利润/元
第 1 件原价	1	45	41.25%	23	22
第 2 件 8 折	1	81	82.23%	46	35
第 3 件 7.5 折	1	123.75	18.01%	69	54.75
第 4 件 7 折	1	166.5	6.24%	92	74.5

从表 5-5 中可以分析出：与表 5-4 相比对，从客单价分析，包邮促销稍微高于打折的促销；从成交转化率分析，店铺采取"第 1 件原价"的促销方式的时候，包邮促销成交转化率高于打折促销，店铺采取"第 2 件 8 折"的促销方式的时候，打折促销明显高于包邮促销；从利润分析，店铺采取"第 1 件原价"的促销方式，打折促销高于包邮促销。所以，两种促销方式提升客单价各有千秋。淘宝卖家可以灵活运用不同的促销方式

提升客单价。

同类宝贝提升客单价的途径主要是促销活动提高人均购买笔数。很多店铺容易忽视宝贝效果图与 SKU 的优化，宝贝效果图能刺激买家的购买欲望，而 SKU 能为买家提供多种不同的选择，如图 5-14 所示。通过对宝贝效果图与 SKU 的优化，充分提升买家的人均购买笔数，进而提升客单价。

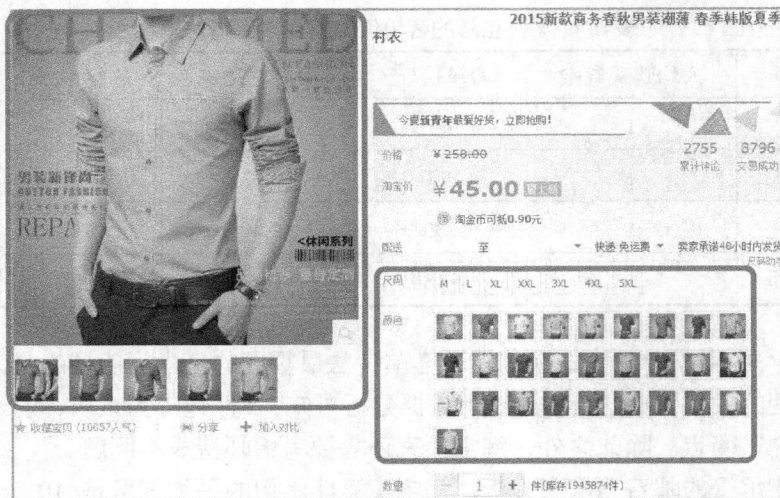

图 5-14　宝贝效果图与 SKU 的优化

5.3.3　不同类宝贝客单价的提升

无论是淘宝客、直通车还是钻石展位，大部分的引流方式都是需要投入大量的资金成本的。但是能让每个访客多浏览一个宝贝，在一个宝贝页多停留一点时间，则是提升潜在的成交转化率和客单价的关键所在。而利用关联营销对宝贝进行精准的营销是每个新手卖家必不可少的营销技能。

在推广费用保持不变的情况下，一家主营女装的淘宝店铺对店铺的一件衬衫和一件短裙进行了数据测试，在 5 月 1 日，卖家先采用"单件营销"的方法，统计了 5 月的客单价变化情况，如图 5-15 所示。

开始测试时间	测试方法	测试宝贝	测试数据					
			时长/天	浏览量PV	访客数UV	人均购买笔数	笔单价/元	客单价
2015年5月1日	单件营销	2015夏新款V领修身衬衫 ¥49.00	1天	397	151	3	49	147
			7天	2312	898	18	49	882
			15天	5670	2044	32	49	1568
			30天	8961	3429	66	49	3234
		2015夏韩版时尚显瘦短裙 ¥29.00	1天	499	245	8	29	232
			7天	1029	681	12	29	348
			15天	2140	800	16	29	464
			30天	3020	1297	22	29	638

图 5-15　单件营销的客单价

在6月1日，卖家改变了营销方法，采用"关联营销"，卖家将衬衫和短裙进行相关性的搭配。图5-16所示为6月的客单价统计表。

开始测试时间	测试方法	测试宝贝	测试数据					
			时长/天	浏览量PV	访客数UV	人均购买笔数	笔单价/元	客单价
			1天	460	213	7	49	343
			7天	2543	1011	22	49	1078
			15天	8973	3620	49	49	2401
2015年6月1日	关联营销	2015夏新款V领修身衬衫	30天	12463	8079	105	49	5145
			1天	788	396	19	29	551
			7天	4513	1440	33	29	957
			15天	7985	3842	61	29	1769
		2015夏韩版时尚显瘦短裙	30天	15311	8813	179	29	5191

图5-16 关联营销的客单价

经过不同影响方法的对比，可以得知：关联营销能提升了宝贝的访问深度，为店铺带来更多的流量，同时宝贝的客单价也得到了提升。关联营销的效果并不像直通车和钻石展位那样立竿见影，关联营销需要按照买家的消费时间来设定。淘宝卖家可以参考淘宝官方公布的"24小时生活数据"，在女装行业，每天早上10点会出现第一波销售高峰，在周二和周三最为明显。所以，在10点后设定的数据会不准确。第一天10点前设置相关数据，一周后再根据客单价调整。

淘宝卖家花费大量的资金成本引进的流量，但是并不能保证每位买家进入一个宝贝页面之后都会产生购买行为，如果买家在该宝贝页面没有看到想要买的，可能就会离开页面，而且很难再次进入同一家店铺。因此，淘宝卖家往往会采取关联营销引导买家进入到他感兴趣的页面，使店铺的跳失率降低到最小，增加成交转化率。

简单而言，关联营销就是在一个宝贝页面里，放置其他的几个相关性较强的宝贝。关联营销主要分为相关型关联营销和互补型关联营销。

1．相关型关联

相关型关联营销是指淘宝卖家根据两种或多种宝贝的相关密切程度进行组合营销。例如，某淘宝店铺主营母婴用品，淘宝卖家在某款婴儿浴盆的宝贝详情页的设置了相关型关联营销，如图5-17所示。

当买家在选购婴儿浴盆的时候，会很自然地访问与婴儿浴盆相关的宝贝，如捏捏叫玩具、婴儿洗脸盆、婴儿小件物品收纳箱、婴儿润肤霜等。买家在访问其他宝贝页面的同时，卖家成功达到为店铺分流的目的，而且又能提高潜在的客单价。因此，淘宝卖家可以在宝贝详情页设置宝贝的相关型搭配推荐。

2．互补型关联

互补型关联营销是指淘宝卖家对功能互补的宝贝进行搭配营销。当两种或者是多种不同的宝贝在功能上互补，会带来意想不到的效果。而在日常生活中，有的宝贝是"天生一对"，如面包+牛奶、牙膏+牙刷+杯子、床单+被套+枕头套+枕芯等。

图 5-17　相关型关联营销

当买家在淘宝首页搜索框中输入"床上用品"时，搜索结果页面会自动显示床上用品三件套或者是四件套，如图 5-18 所示。卖家直接把床单、被套、枕套和枕芯进行互补型营销，能最大限度的提升宝贝的客单价。

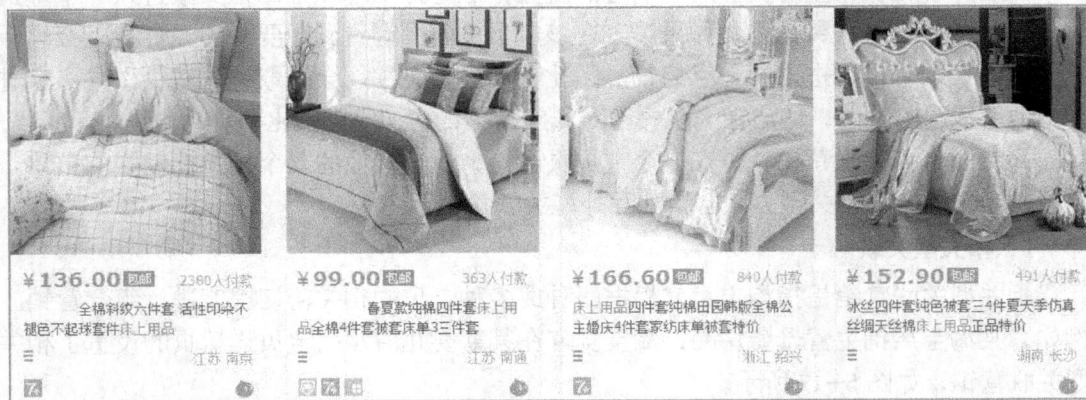

图 5-18　互补型关联营销

在实现了功能互补型营销提升客单价之后，仅仅是一个方案可能会很难让广大的买家接受，因此，淘宝卖家仍然可以根据宝贝的功能和规格进行有机组合搭配，形成多功能多选择的套餐方案。例如、牛奶不仅可以和面包形成互补型营销，还可以和饼干、馒头、糕点等食品互补，甚至可以延伸得到更多组合，最终实现 1+1＞2 的整体效果，如图 5-19 所示。

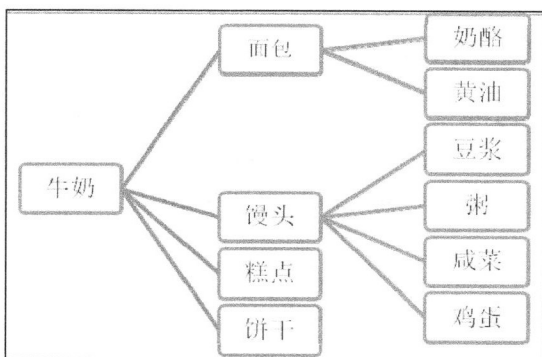

图 5-19　互补型营销的延伸

当宝贝的互补组合搭配越多，买家的选择就越多，就越容易满足不同买家的消费需求，并且刺激买家不断产生新的消费需求。这样的营销方式不仅仅是提升用户体验，对于卖家来说，更是在最大程度上提升店铺的客单价。

5.4　挖掘客户的购买能力

客户价值是管理客户关系的核心。现在越来越多的淘宝卖家开始注重挖掘客户的购买能力，如何设置营销战略和营销工具提升客户的购买能力呢？一般而言，淘宝卖家需要经过精细化分析管理来提高店铺的运营能力，进而达到挖掘客户购买能力的目的，实现客单价的提升。

为了更好地对店铺的买家关系进行维护和管理，淘宝卖家首先应该以交易金额或者是交易次数为维度对买家进行等级的划分，如普通会员、高级会员、VIP 会员、至尊 VIP 会员；针对不同等级的会员制定相应的积分规则与优惠制度。表 5-6 所示为某淘宝店铺设置的会员等级。

表 5-6　店铺会员等级的设置

会员等级	满足条件		升级模式	会员基本优惠和权益
	交易金额或交易次数			
店铺客户	—	—	—	—
普通会员	50	1	自动升级	无折扣
高级会员	200	10	自动升级	8.5 折
VIP 会员	500	25	自动升级	7.5 折
至尊 VIP 会员	1000	40 及以上	自动升级	7 折

淘宝卖家在设置了自己店铺的会员等级后，后台会根据每个买家的交易记录，自动按照设置的规则对买家进行会员的等级划分。因此，卖家就可以有针对性管理不同等级的会员买家，同时，可以设置相应的优惠活动，提高店铺的客单价。

5.4.1　回头客对店铺的贡献

一个淘宝店铺的访客类型能从侧面反映该店铺的推广效果、服务水平以及整体实力。但是并不代表每一个访客对店铺都有价值，如何实现买家的价值最大化是卖家运营店铺的重中之重。某淘宝卖家为了透彻研究不同类型的访客，统计了店铺最近 1 个月的访客类型，如图 5-20 所示。

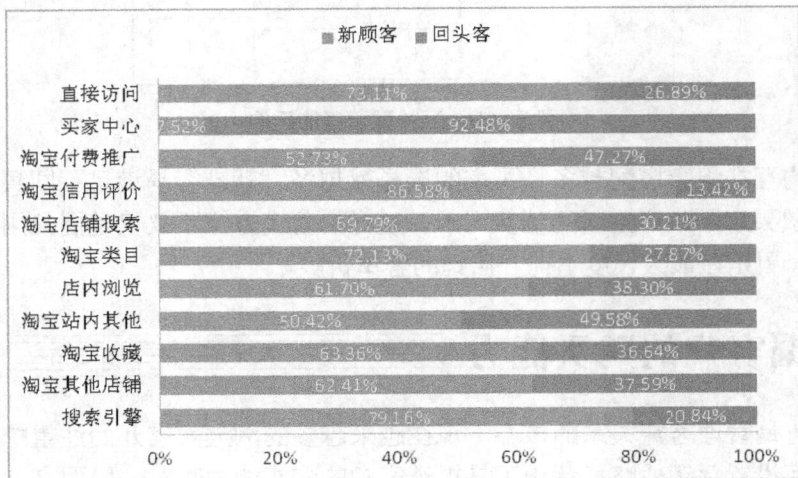

图 5-20　店铺不同渠道的访客类型占比

从店铺的访客来源渠道来分析：该店铺的访客类型主要分为新顾客和回头客，而回头客又分两种，一种是浏览回头客，另一种是成交回头客。 浏览回头客是指前 6 天内访问过店铺当日又来访问的用户。 成交回头客是指买过店铺宝贝的买家再次来店铺购买的顾客。

店铺出现回头客是店铺健康发展的重要表现，回头客的出现表示买家对店铺的信赖。一个店铺最重要的就是客源，尤其是新开的淘宝店铺，在客源较少或者是不稳定的情况下，卖家更应该注重回头客对店铺的贡献。

1．提升客单价

回头客占比是影响店铺客单价的重要指标之一。回头客占比越高，说明买家对宝贝的质量、服务态度以及店铺的整体水平都很满意。因此，回头客具有较高的成交转化率，如果卖家在与买家交流的过程中采用适当的销售技巧，店铺的客单价会有很大的提升空间。如下所示是一买家与客服的对话。

买家　嗨，掌柜的，我又来了。（开门见山，少了很多的客套话。）

亲，可把你盼来了，最近还好吗？（像朋友一样问候买家。）

买家（客服）：还行，这天气说升温就升温了，直接从冬天过渡到夏天。春天都被忽视了。

客服：因为夏天和冬天谈恋爱了。（配合买家，适当的小笑话炒热对话气氛，先不谈交易。）

买家：哈哈……夏天来了，提醒我该购置夏装啦　~\(≧▽≦)/~

客服：亲，那你准备买什么样的夏装呢？　~O(∩_∩)O~

买家：嗯……暂时还没有想好……要不你给点建议？（当买家有需求的时候，能在第一时间想到店铺，说明买家对店铺的各方面都非常满意。）

客服：我们店里刚新上了一款连衣裙，应该很适合你，这个是宝贝的链接*********

买家：我也觉得很好看啊。我就要这款了。

客服：亲，您拍下了给你最优惠的价格。（淘宝卖家针对回头客应该设置相应的优惠。）

买家：嘿嘿……谢谢喔<(*￣▽￣*)/

客服：亲，因为现在正值初夏，一早一晚的温差可能有点大。如果单穿这款连衣裙，可能会有点冷喔。（聪明的客服没有直接给买家推荐其他商品，而是站在买家的立场考虑问题，为接下来销售其他商品埋伏笔。）

买家：对啊，那店里有没有可以搭这款连衣裙的外套呀？

客服：亲，有的，连衣裙的上半身是白色的，为了能搭配得更时尚，我给你推荐店里最时尚的针织衫。这是宝贝的链接*********。

买家：行，那就一件连衣裙+针织衫吧(* ^ – ^ *)

客服：好的，我们会在今天之内给亲发货，欢迎您的下次光临，祝您生活愉快！（淘宝卖家可以再送一下小礼物，如小手链、钥匙环等）

从回头客与客服的对话可以很明显地看出回头客对店铺的贡献，尤其是成交回头客。这类买家的成交转化率较高，退货率和换货率很低。如果客服运用适当的销售技巧，会极大地提升店铺的客单价。

卖家对店铺的不同宝贝作了相关的统计，如图 5-21 所示。根据店铺的不同宝贝的月均客单价分析可知：从整体上来看，除了 T 恤之外，其他宝贝的月均客单价均高于新顾客的月均客单价。因此，该店铺的客单价的提升主要是依赖于回头客。

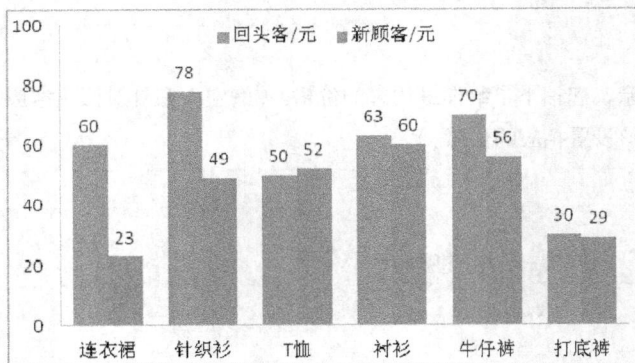

图 5-21　店铺不同宝贝的月均客单价

但是从图 5-21 中仍然可以反映出一些问题，如衬衫和打底裤，回头客的月均客单价和新顾客的月均客单价相差不大，产生这种现象有以下两种可能：

① 店铺的推广效果显著，吸引了一批新顾客；

② 店铺的回头客正在流失。

如果是第 2 种原因，卖家就应该认真分析店铺存在的问题了，如图 5-22 所示，并且找出相对应的措施。

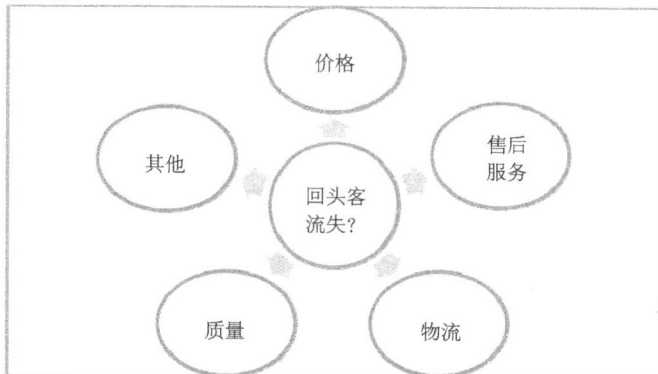

图 5-22　回头客流失问题分析

2．免费宣传

回头客除了能提升店铺的客单价之外，这类买家往往还会给店铺带来新的买家，如他们的亲人、朋友、同学、同事等；同时，回头客的评论对其他买家具有很大的诱导作用，如图 5-23 所示。

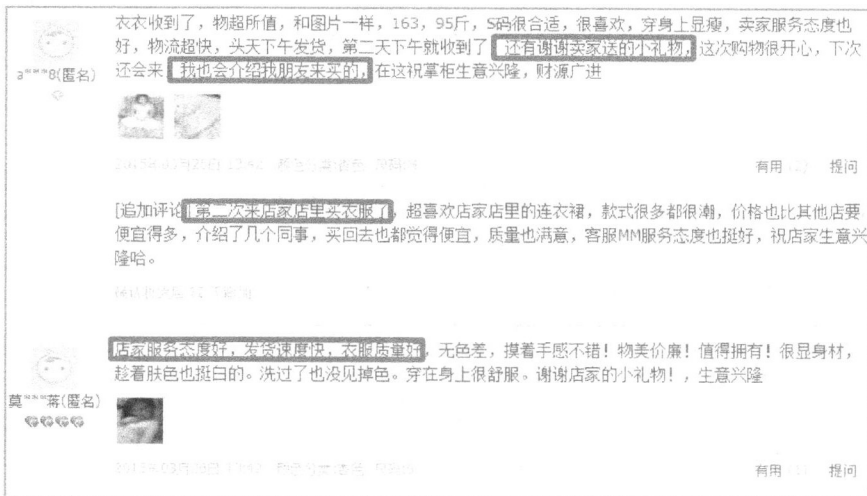

图 5-23　回头客带来的宣传效果

5.4.2　客户关系的维护

在 19 世纪，意大利经济学家巴莱多提出了著名的"二八法则"，他认为在任何一组东西中，最重要的只占据其中的一小部分，约为 20%；虽然剩下的 80% 是多数，却是次要的。同样的道理也应用于淘宝店铺，一个店铺 80% 的利润来自于 20% 的客户，而这 20% 的客户主要就是店铺的老顾客。

因此，客户关系的维护是一个店铺能否实现持续性健康发展的重要命脉。淘宝店铺看似和客户相隔很远，实际上，只要淘宝卖家能有维护客户关系的意识，积极维护和保持与客户之间的联系和友好交往，会影响到整个店铺的客单价以及利润的提升。

维护客户关系的第一步就是区分客户的价值，并非所有来店铺消费的客户都具有价值。如何实现客户价值最大化是每个淘宝卖家运营店铺的重中之重。图5-24所示为客户价值金字塔。

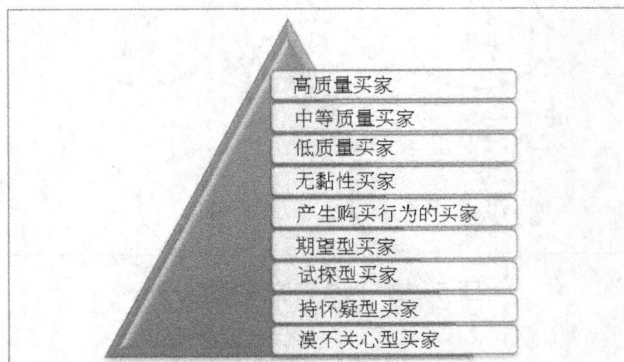

图 5-24　客户价值金字塔

根据"二八法则"来划分客户金字塔，店铺的 80%的利润来自于中等质量的客户和高质量的客户，而剩下的 80%的客户能对店铺带来 20%的利润。所以，淘宝卖家需要对店铺的交易数据进行精准的定位分析，透过数据分析出潜在的客户特性。接下来就讲解具体该怎么区分买家的价值区分。

（1）根据成交量区分客户价值

成交量是指淘宝店铺在某一固定的时间段内具体宝贝的成交数量。店铺的成交量是一种体现供求关系的变量，并且能直接反映出店铺的客单价变化情况。

例如，某主营女鞋的淘宝店铺，最近一段时间内，店铺里的一款定价为 158 元坡跟鞋的客单价呈逐渐下降的趋势。淘宝卖家为了查出原因，在某天随机统计了 5 个买家，并且根据买家的访问深度、店内停留时间等相关数据指标作了统计，如表5-7所示。

表 5-7　不同买家的客单价统计表

买家	访问深度	店内停留时间/秒	客服咨询/秒	成交量/件	单个顾客贡献的价值/元
A	3.16	146	62	2	316
B	2.75	153	60	1	158
C	1.26	70	0	0	0
D	4.03	208	89	0	0
E	2.58	138	75	1	158

根据表5-7可以很直观地看出：按照客单价的多少划分，可以把5个买家分成3类，

A为高质量买家，B和E为中等质量买家，C为低质量买家。

A买家的日均客单价最高，毋庸置疑，A买家的客户价值在5个买家中是最高的。

买家B和E的客单价相同，淘宝卖家主要是根据买家对店铺产生的人力资源成本的消耗来评定客户价值的。B买家的访问深度和店内停留时间均高于E买家，唯独客服咨询时间低于E买家，说明B买家先对宝贝的相关情况先进行了解在咨询客服。相对而言，B买家为店铺节约了一定的人力资源成本。如果是在"双十一"大型的促销活动中，客服的工作量非常之大，B买家的客户价值就会很明显。所以，B买家的客户价值略高于E买家。

C、D买家的客单价也均为0，C买家没有消耗店铺产生人力资源成本，而D买家在深入访问店铺的情况下，又对店铺的人力资源成本产生了大量的消耗。但是两者的客单价都为0，就能说C买家的客户价值一定高于D买家吗？答案是不一定。C买家访问了一个页面就离开，说明对店铺不感兴趣；而D买家对店铺进行了深入的有效访问，说明D买家才是店铺潜在的客户，D买家的流失说明宝贝在某方面还存在一定的问题。淘宝卖家需要对相应的问题进行优化，抓住这一部分潜在的买家才是提升客单价的关键。

（2）利润率

客户价值是管理客户关系的核心内容。如何找出店铺最具有价值的客户，并且利用数据对成本与收益进行有效的评估对淘宝卖家至关重要。淘宝普遍的大卖家认为："开发一个新客户，不如维护一个老客户"。因为老客户能为店铺创造的商业价值远远高于新客户，且维护老客户的成本低于开发新客户的成本。所以，卖家千万不能忽视店铺的老顾客，还要善于维护和挖掘老客户的价值，根据买家已经购买的物品进行回访和跟踪，实现二次营销以及多次营销。

某主营服饰的淘宝店铺按照成交时间和成交数量对不同宝贝的盈利情况进行了统计，卖家为了进一步统计羽绒服和T恤的盈利情况，直接利用Excel表格的筛选功能对两款宝贝的盈利情况进行分析，如图5-25所示。

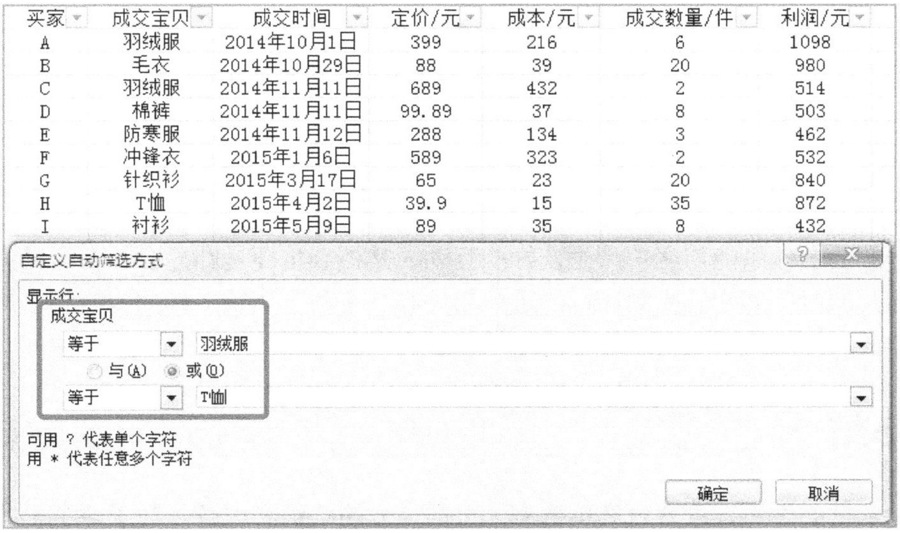

买家	成交宝贝	成交时间	定价/元	成本/元	成交数量/件	利润/元
A	羽绒服	2014年10月1日	399	216	6	1098
B	毛衣	2014年10月29日	88	39	20	980
C	羽绒服	2014年11月11日	689	432	2	514
D	棉裤	2014年11月11日	99.89	37	8	503
E	防寒服	2014年11月12日	288	134	3	462
F	冲锋衣	2015年1月6日	589	323	2	532
G	针织衫	2015年3月17日	65	23	20	840
H	T恤	2015年4月2日	39.9	15	35	872
I	衬衫	2015年5月9日	89	35	8	432

自定义自动筛选方式

显示行

成交宝贝

等于　▼　羽绒服

与(A)　或(O)

等于　▼　T恤

可用 ? 代表单个字符
用 * 代表任意多个字符

确定　　取消

图5-25　不同宝贝的筛选方法

筛选结果显示出共有 A、C、H 3 位买家，如图 5-26 所示。

A	B	C	D	E	F	G
买家	成交宝贝	成交时间	定价/元	成本/元	成交数量/件	利润/元
A	羽绒服	2014年10月1日	399	216	6	1098
C	羽绒服	2014年11月11日	689	432	2	514
H	T恤	2015年4月2日	39.9	15	35	872

图 5-26　筛选结果

根据成交时间分析，A、C 买家是在 2014 年冬季购买的羽绒服，H 买家是在 2015 年春夏购买的 T 恤。客户关系必须在特定时间进行维护，其中 A、C 买家需要在近期内进行回访。回访也应该讲究战略战术，一般回访是新品上架、店铺促销、店铺活动、节假日等时间段，鼓励消费过的买家参与。

根据利润分析，A 买家为店铺创造的利润最大，其次是 H 买家，A 买家购买 6 件定价为 399 元的羽绒服，H 买家购买了 35 件定价为 39.9 元的 T 恤，而 C 买家购买 2 件定价为 689 元的羽绒服；再结合购买的数量分析，可大致判断 A 买家和 H 买家所购买的物品可能并非自己使用，可能是服饰经营商，而 C 买家可能是自己使用。

因此，根据大致的分析结果可以划分出客户的价值，A 买家和 H 买家是店铺的高质量客户，C 买家属于店铺的高消费层级买家，C 买家更注重宝贝的品质。因此，淘宝卖家需要针对不同的买家提供相应的服务，同时，注重维系其关系，保持客户与店铺之间的黏度，培养店铺品牌的忠诚度，进而形成长期的合作关系。

当确定了客户的属性和维度之后，既可以直接通过短信、电子邮件等方式进行二次营销。同时，店铺应该设置有完善的会员体系，如图 5-27 所示。

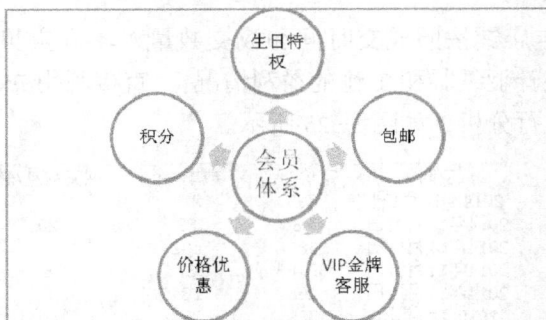

图 5-27　会员体系

良好的会员体系能与客户产生友好的互动，其核心主要是凸显会员在店铺的优惠与特权，让高质量的客户感受到店铺的重视与关心，有利于店铺口碑的传播和培养忠诚的客户群体。

本章小结

通过本章的学习，读者对客单价有了全面充分的认识和理解。在了解了影响客单价的因素的后，又学习了淘宝卖家如何利用爆款宝贝提升店铺的客单价。不同的店铺有不同的定位，如何利用店铺的定位提升客单价？同类宝贝利用促销活动提升客单价，而不同类宝贝则利用关联营销提升客单价。最后，客户关系的维护是提升客单价的重要途径之一。首先认识到客户关系对店铺发展的重要性，再按照客户价值高低对其进行维护。

课后思考题

　　苦心人天不负，淘宝卖家小王的店铺的生意逐渐走上了正轨。同时，小王也会虚心向有经验的淘宝卖家请教，除此之外，自己也会在淘宝论坛、淘宝帮派等平台分享开网店以来的心路历程。小王认为，这是一个数据化的时代，只有研究透彻数据背后隐藏的趋势，才能逐渐从众多竞争对手中脱颖而出。

　　小王最近学习了淘宝大学的"客单价"相关培训课程，学习了如何根据自己的实际情况利用不同的方法提升店铺的客单价。但是，小王还是对客户关系的维护这个问题比较困惑，因为小王的店铺的老顾客较少，大部分的顾客只在店里消费一次。所以，小王不知道该怎么区分新老顾客，对维护新老顾客的关系更是无从下手。

　　请结合本章所学的知识，分析小王店铺目前存在的问题，找到存在这种问题的原因，运用数据化报表的形式协助小王解决问题。

第 6 章
淘宝 SEO 优化

随着越来越多的人加入到淘宝开店创业的大军中，淘宝店铺的数量急剧增长，所导致的结果就是大量同样的商品一同涌现。在淘宝搜索框中输入某个商品的关键词时，几十页上百页的搜索页面呈现在眼前，但是买家一般只浏览前几页的商品，后面几十页的商品直接被忽略。那么，新手卖家该如何从众多的卖家中脱颖而出呢？

淘宝 SEO 能帮助广大的新手卖家解决这个问题，淘宝 SEO 的作用就是提升宝贝的排名，让买家能搜索到店铺的宝贝，提升潜在的成交转化率。

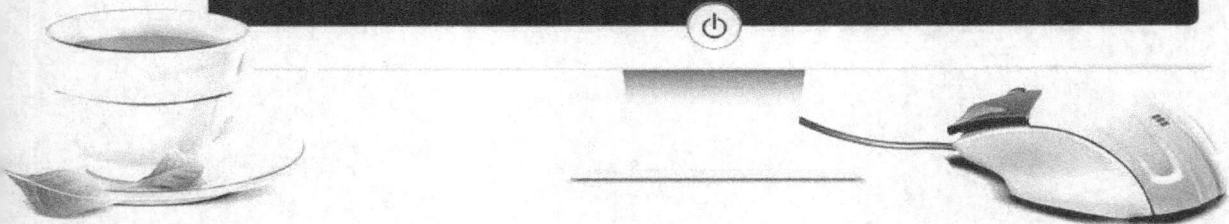

本章数据分析中的图表展示

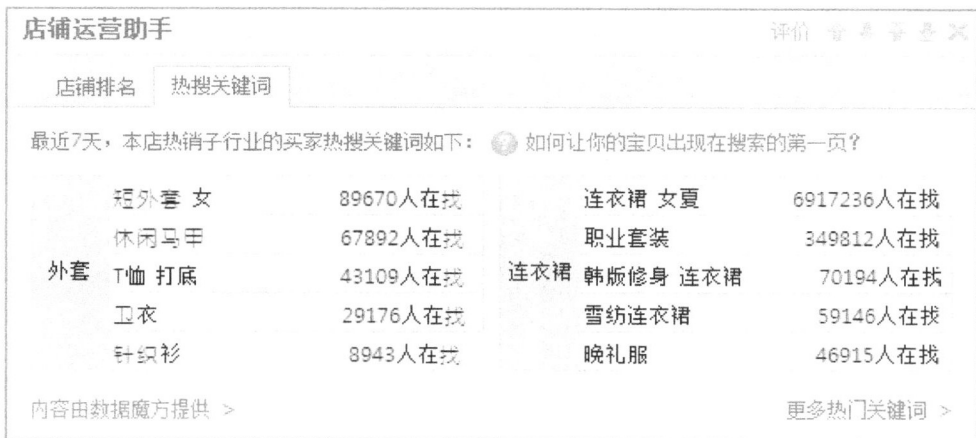

6.1　淘宝 SEO 的解读

搜索引擎优化（Search Engine Optimization，SEO），它是指通过改进网站搜索引擎的关键词自然排名来获取更多的流量，进而达到网站建设和销售的目的。很多的新手卖家在看到淘宝搜索引擎时，可能会认为淘宝搜索引擎和百度、谷歌、搜狗属于同一类型的搜索引擎。其实不然，淘宝搜索引擎只是其中的一个分支，它用于提升店铺的排名；并且淘宝搜索引擎属于商品库存搜索引擎，也就是说必须有库存的商品才能被买家搜索到。

淘宝 SEO 通过使用淘宝搜索规则排名，使店铺的宝贝在搜索页面中的排名更靠前，宝贝获得更多的流量。

6.1.1 淘宝 SEO 优化的定义

淘宝 SEO 是指淘宝卖家通过研究淘宝排名的规则，对宝贝的标题、类目以及上下架时间进行优化，来获得较多的流量和较好的排名，即淘宝搜索优化。

从广义上来讲，淘宝 SEO 是指除了淘宝搜索引擎优化外，还包括类目优化、搜索优化和淘宝活动优化等，也被称作淘宝站内免费流量开发，即在最大的程度上获取淘宝站内的免费流量。

6.1.2 影响宝贝排名的因素

买家通过淘宝搜索栏中输入需要购买的商品，通过搜索结果有选择性地点击查看部分宝贝。但是一部分新手淘宝卖家很纳闷，为何同行的宝贝显示在了搜索结果页面，但是自己的宝贝排名非常靠后，有的宝贝甚至没有出现？那么，影响宝贝排名的因素到底有哪些呢？图 6-1 所示为影响宝贝排名的 5 大主要因素。

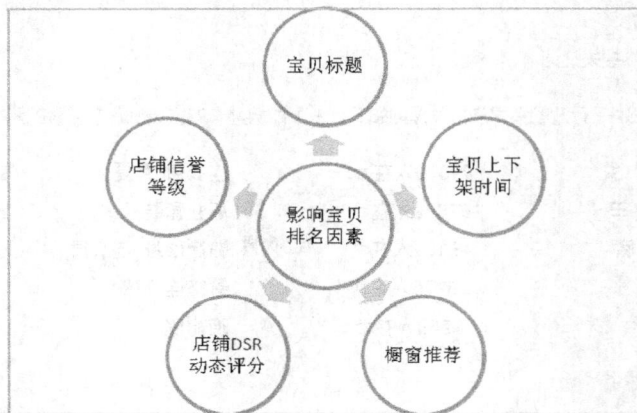

图 6-1　影响宝贝排名的 5 大因素

1．宝贝标题

淘宝卖家应该清醒地意识到：淘宝 SEO 优化的核心是精准匹配。凡是参与排名的宝贝必须含有和买家搜索一致的关键词，否则宝贝不会出现在搜索结果页面中。因此，宝贝标题的关键词是影响搜索排名的第一要素。

2．宝贝上下架时间

在设置宝贝的上下架时间之前，需要了解淘宝官方对商品排名的规则，其中宝贝的上下架时间是影响宝贝排名的一个很重要的参数。当买家在搜索一款宝贝时，即将下架的宝贝排名会相对靠前，更容易被买家搜索到。所以，科学合理的上下架时间能够为店铺带来更多的免费流量。

3．橱窗推荐

橱窗推荐是指卖家把店铺最优质、最具核心竞争力的宝贝设置成橱窗宝贝，宝贝就可以优先展示在搜索列表或搜索结果中。

4. 店铺 DSR 动态评分

店铺 DSR 动态评分是自然搜索权重的影响因素之一。店铺 DSR 动态评分是指在完成交易后，买家对宝贝与描述相符、卖家的服务态度、卖家发货的速度、物流公司的服务4项指标进行评分。高于同行均值的 DSR 动态评分更能获得买家的信任，提高潜在的成交转化率，如图 6-2 所示；相反，则容易引起买家对店铺的宝贝质量、物流速度、服务水平等多方面的质疑，导致客源流失，如图 6-3 所示。关于店铺的 DSR 动态评分会在后续章节进行详细讲解。

图 6-2　较高的 DSR 动态评分

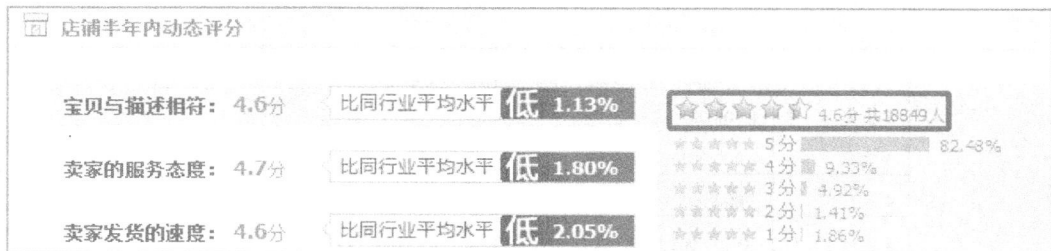

图 6-3　较低的 DSR 动态评分

5. 店铺信誉等级

店铺信誉对宝贝的排名也是有影响的。淘宝买家在淘宝网使用支付宝成功完成交易后，就可以对交易对象作一次信用评价。评价分为 3 种：好评、中评、差评；具体的评分规则是：好评店铺信用等级加一分，中评不加分也不减分，差评信用等级减一分。图 6-4 所示为店铺的信誉等级图，淘宝信誉不仅代表着整个店铺的诚信度，还能影响店铺和宝贝排名。"淘宝开店，信用现行"被众多淘宝卖家视为店铺运营的核心，由此可见，淘宝卖家都很注重店铺的信誉。

综上所述，影响宝贝的排名因素可以按照时间段来进行划分，宝贝的标题、宝贝上下架时间、橱窗推荐归为一类，卖家可以在短时间内通过不断地改进和优化，提升宝贝的排名；店铺 DSR 动态评分和店铺信誉又归为另一类，卖家只有狠抓日常运营细节，经过长期的优化才能提升宝贝的排名。店铺 DSR 动态评分和店铺信誉在后续章节详解。

店铺等级	所积分数	等级图标
1 星	1~10	♥
2 星	11~40	♥ ♥
3 星	41~90	♥ ♥ ♥
4 星	91~150	♥ ♥ ♥ ♥
5 星	151~250	♥ ♥ ♥ ♥ ♥
1 钻	251~500	◆
2 钻	501~1 000	◆ ◆
3 钻	1 001~2 000	◆ ◆ ◆
4 钻	2 001~5 000	◆ ◆ ◆ ◆
5 钻	5 001~10 000	◆ ◆ ◆ ◆ ◆
1 皇冠	10 001~20 000	♛ （蓝色）
2 皇冠	2 0001~50 000	♛ ♛ （蓝色）
3 皇冠	50 001~100 000	♛ ♛ ♛ （蓝色）
4 皇冠	1 00 001~2 00 000	♛ ♛ ♛ ♛ （蓝色）
5 皇冠	200 001~500 000	♛ ♛ ♛ ♛ ♛ （蓝色）
1 金冠	500 001~1 000 000	♛ （金色）
2 金冠	1 000 001~2 000 000	♛ ♛ （金色）
3 金冠	2 000 001~5 000 000	♛ ♛ ♛ （金色）
4 金冠	5 000 001~10 000 000	♛ ♛ ♛ ♛ （金色）
5 金冠	10 000 001 以上	♛ ♛ ♛ ♛ ♛ （金色）

图 6-4　店铺的信誉等级图

6.2　宝贝标题的优化

宝贝的标题相当于宝贝的"门户"，会直接影响宝贝的流量和排名。优质的宝贝标题能使宝贝的排名更靠前，被买家搜索到的几率更高，相应的，宝贝的访问量和成交转化率也会得到提升。

如何对宝贝标题进行优化？这是很多卖家都在努力探索的问题。认识事物都有关键点和次要点，而淘宝 SEO 的关键点在于精准匹配。淘宝卖家在设置宝贝标题之前先洞悉买家的喜好，在确保宝贝的类目相符的情况下，根据买家的喜好来设置宝贝的标题，使买家更容易搜索到宝贝。

6.2.1　认识标题的关键词

宝贝标题的核心点就是关键词。买家通过搜索宝贝的关键词，并且有选择性地查看、购买相关的宝贝。所以，关键词的质量直接决定了宝贝的访问量。

按照淘宝 SEO 的优化程度，标题的关键词主要分为 3 类：顶级关键词、二级关键词和长尾关键词。

1．顶级关键词

顶级关键词主要是指淘宝搜索的大范围的类目词，顶级关键词也叫一级关键词。例如，女装、男装、鞋靴、箱包、户外运动等类目的顶级关键词如图 6-5 所示。这类关键词的搜索量非常大，买家很容易搜索到相关的宝贝，但是顶级关键词的竞争非常大，新手卖家很难通过顶级关键词获得较多的流量。

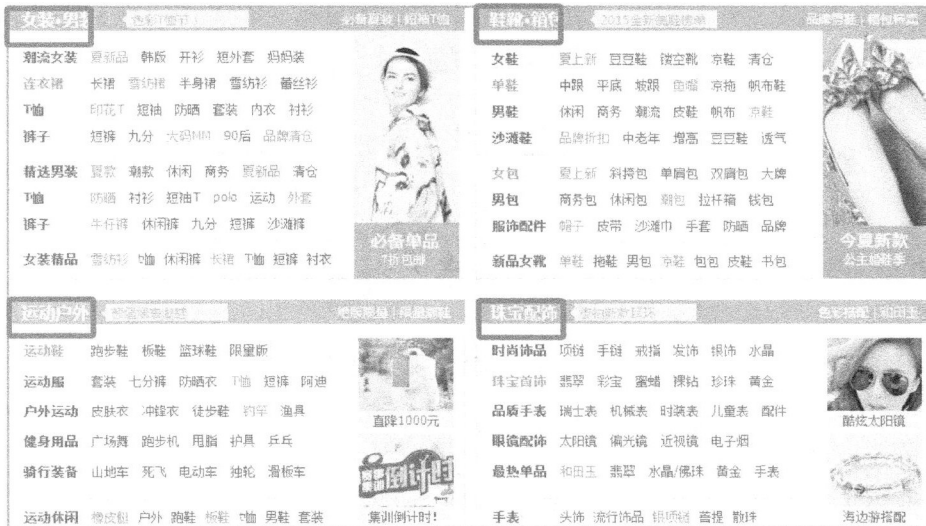

图 6-5　顶级关键词

2．二级关键词

二级关键词是指能直接体现宝贝的特性的关键词。二级关键词主要由 2～5 个关键字构成的词组，如韩版连衣裙、商务男装、苹果手机等，如图 6-6 所示。二级关键词的搜索量也比较大，新手应尽量避免直接和大卖家在二级关键词的竞争。除此之外，在淘宝搜索页中的其他位置也会显示比较热门的二级关键词，如搜索框下端的热门关键词。

图 6-6　二级关键词

3．长尾关键词

长尾关键词是指非核心关键词且为店铺带来搜索流量的关键词，由 3 个或者是多个关键词组成。长尾关键词主要通过品牌关键词、行业关键词以及通用关键词进行组合，如图 6-7 所示。

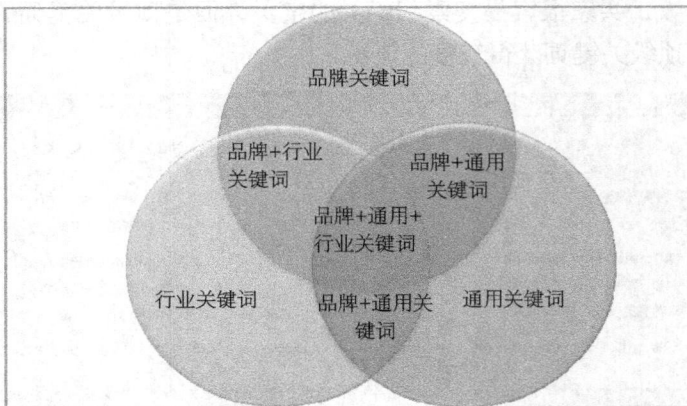

图 6-7　长尾关键词的组成

长尾关键词具有可延伸性、针对性强和范围广的特点。这类关键词的搜索量不大，竞争力度也相对较弱，但是长尾关键词为宝贝带来的流量却非常大。例如，2015 新款韩版简约宽松 T 恤包邮、女包 2015 春夏潮流欧美时尚单件蝴蝶结挎包包邮等。图 6-8 所示的某款婴儿床的标题就是多个长尾关键词组合成的标题。新手卖家可以采用这类关键词制定宝贝的标题。

图 6-8　长尾关键词

综上所述，淘宝卖家应该根据不同的发展时期使用关键词，在店铺的发展初期，由于各方面无法和大型卖家抗衡，宝贝的标题关键词最好采用长尾关键词；在店铺的高速发展期，店铺的人气、销量和信誉有了一定的累计，卖家可以采用长尾关键词+二级关键词；而在店铺的成熟发展期，卖家则可以采用长尾关键词+二级关键词+核心关键词。

6.2.2 宝贝标题的制定

淘宝卖家该怎么样让自己的宝贝在淘宝站内的搜索排名靠前？怎么样才能让店铺的宝贝在同类的商品中排名靠前？怎么样让买家更容易搜索到店铺的宝贝？这些问题都归结于宝贝标题的制定。宝贝标题的制定对于提升店铺的成交额有着至关重要的作用，下面先了解关于宝贝标题的基本规定。

（1）宝贝标题字数的限制

宝贝标题的字数限制在30个汉字（60个字符）以内，其中空格算作一个字节。标题的设置能突出宝贝的卖点，让买家在第一时间能知晓宝贝的特点。为了保证宝贝能在最大程度上被买家搜索到，建议卖家尽量把宝贝的标题设置成30字。

（2）宝贝标题切忌堆砌

宝贝标题堆砌是指淘宝卖家为了提高宝贝的流量，同时将多个不同属性的关键词设置为宝贝的标题。例如，"游泳圈、浴帽、泳衣、救生衣"这类宝贝标题中就出现了多个不同属性的宝贝，这种标题会被淘宝官方判定为堆砌而扣分。

（3）宝贝标题切忌滥用关键词

滥用关键词是指淘宝卖家为了使上架的宝贝能引起买家的注意，或者是让买家能搜索到店铺已经上架的宝贝，而故意在宝贝的标题中滥用与上架的宝贝无关的关键词，致使买家无法准确搜索到需要的宝贝。例如，"正品专柜真维斯男潮裤·雅戈尔·二匹狼春夏休闲裤包邮"，这种宝贝标题会被淘宝官方判定为滥用关键词而降权。

除此之外，不允许在商品标题中恶意添加对赠品、奖品的描述，否则属于乱用关键词。卖家可以将相关促销内容添加到宝贝描述中。但是参加淘宝活动有另行规定的除外。在清楚掌握宝贝标题不能触犯的"雷区"之后，再针对宝贝的标题进行有效的制定。

例如，A淘宝店铺主营箱包，店铺的"镇店之宝"是行李箱。最近店铺新上一款学生拉杆书包，但是卖家关于宝贝的标题的制定犯了愁。因为店铺是第一次出售这类宝贝，卖家为了谨慎起见，先对这类宝贝的标题进行研究。

宝贝标题相当于是宝贝的门面，优质的宝贝标题能为宝贝带来大量的流量和较高的成交转化率，新手淘宝卖家可以根据标题制定的四大原理来制定宝贝标题，如图6-9所示。

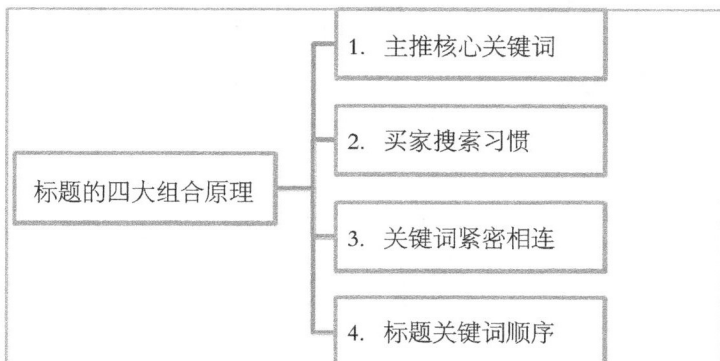

图6-9 标题的四大组合键词

根据标题的四大组合原理，同时结合宝贝的属性，确定宝贝的核心关键词、二级关键词和长尾关键词。主推核心关键词，然后利用长尾关键词引流量，最后结合二级关键词组成完整的宝贝标题。众多新手卖家需要注意的是，在制定宝贝标题的同时注意关键词的前后排列顺序，可适当地按照买家的搜索习惯来设置标题；此外，标题的关键词还可以进行拆分。

1．淘宝搜索框

首先，在淘宝搜索框中输入关键词"拉杆书包"，搜索框会自动匹配最近搜索量较大的关键词，如图 6-10 所示。

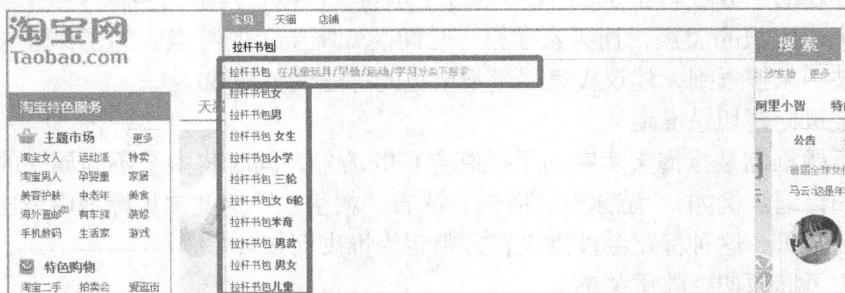

图 6-10 搜索框自动匹配关键词

搜索框自动匹配的关键词主要是按照年龄段、性别、功能进行细分。仔细观察不难发现：搜索量较大的热门关键词主要是性别和年龄。因此，该宝贝的关键词中需要含有"年级"、"男女"等关键词。例如，拉杆书包小学生 3～6 年级。

此外，值得引起卖家注意的是：淘宝下拉框中提示"拉杆书包"的分类为：儿童玩具/早教/运动/学习。因为这类宝贝的特殊性，属性不同于店铺其他的箱包，所以，不要把宝贝的类目混淆了。

2．参考同行卖家

A 卖家根据搜索框匹配的热门搜索词初步确定了宝贝的标题关键词，接下来，A 卖家又对同行的卖家设置的标题进行了研究，如图 6-11 所示。

图 6-11 同行卖家制定的宝贝标题

A 卖家对图 6-11 所示的宝贝标题进行了拆分整理如下。

（1）韩版儿童三轮拉杆书包　男童小学生女童　1-3-4-6 年级　可爬楼梯　防水　大 5

（2）拉杆书包小学生　芭比女童 3-6 年级　4 公主　儿童减负　手拉式　拖拉带轮子 5

（3）迪士尼米奇儿童拉杆书包　小学生书包　男女童 1-3-6 年级　减负双肩背包

（4）包邮儿童拉杆书包　1-3-6 年级　爬楼梯三轮　男女小学生　可拆卸　送防雨罩

（5）拉杆书包女小学生　1-2-3-4-6　双肩包　儿童两轮六轮　可拆卸书包　卡通

（6）包邮儿童拉杆书包　男女中小学生　1-3-4-6 年级　减负书包　可拆卸闪光轮

（7）升级版 KT　正品儿童拉杆书包　男女小学生书包　中学生书包　闪光轮书包

（8）中学生拉杆书包　带轮背包　男女　拖拉六轮　双肩包　小学生 3—6　减负　爬楼梯

A 卖家根据同行卖家制定的宝贝标题分析可知：宝贝标题都包含了属性关键词，如使用群体、年龄、年级等，因此，得出宝贝标题的制定规律：核心关键词+属性关键词+辅助功能。结合淘宝搜索框自动匹配的关键词，再根据同行卖家制定的宝贝标题，可大致确定宝贝的标题。例如，迪斯尼公主学生拉杆书包 1—6 年级手拉书包 4 轮减负爬楼梯。

3．关键词的优化

A 卖家在确定了宝贝的标题后，将宝贝上架试运营销售，在此期间，A 卖家随时关注该宝贝的相关数据变化，并且作了相关的统计，如表 6-1 所示。

表 6-1　不同关键词的数据指标

关键词	搜索人气	搜索指数	占比	点击指数	点击率	转化率
拉杆书包	19723	36401	32.79%	23645	36.77%	3.76%
拉杆书包 学生	13407	22493	16.21%	12723	60.18%	7.49%
迪斯尼公主	8921	11785	8.73%	7016	19.29%	0.69%
手拉书包	6546	9641	6.09%	4372	31.72%	1.32%
1—6 年级	4013	7628	4.43%	3379	21.36%	0.45%
爬楼梯	3679	5056	2.93%	2687	9.46%	0.31%
减负书包	2643	4322	1.65%	1541	36.41%	1.14%
4 轮	1589	2379	0.89%	912	8.37%	0.22%

根据关键词的相关数据指标来分析："拉杆书包""拉杆书包 学生"这两个关键词的各项数据指标综合排名都较高，因此，"拉杆书包"和"拉杆书包 学生"依旧作为核心关键词；其次"手拉书包""减负书包"的点击率和转化率也相对较高，所以，"手拉书包"和"减负书包"作为二级关键词；最后，"迪斯尼公主""1—6 年级""爬楼梯"作为长尾关键词增加宝贝的流量。

6.2.3　关键词词库的建立

宝贝关键词库的建立和完善程度直接决定了店铺宝贝标题的完整性和优质性，因此，淘宝卖家需重视关键词库的建立和完善，尤其是针对新开的淘宝店铺，在店铺的成长初期先做好每一细小的工作，为店铺中期的高速发展做铺垫。

完善关键词的途径就是通过不同的渠道来获得关键词，为制定宝贝标题提供多方面的数据指导。接下来为淘宝卖家讲解搜集关键词的几种常用渠道。

1．TOP20W 关键词

TOP20W 关键词是淘宝直通车免费为广大淘宝卖家提供的关键词表，其中包括女装、女鞋、男装、男鞋以及其他类目的关键词，并且每个关键词可以查看相应的一级类目、二级类目和三级类目，如图 6-12 所示。

关键词	一级类目	二级类目	三级类目
连衣裙	女装/女士精品	连衣裙	
大码女装	女装/女士精品	大码女装	
t恤	女装/女士精品	T恤	
雪纺衫	女装/女士精品	蕾丝衫/雪纺衫	
套装	女装/女士精品	套装/学生校服/工作制服	时尚套装
女衬衫	女装/女士精品	衬衫	
妈妈装	女装/女士精品	中老年女装	
长裙	女装/女士精品	连衣裙	
连衣裙夏	女装/女士精品	连衣裙	
女连衣裙	女装/女士精品	连衣裙	
连衣裙 夏季	女装/女士精品	连衣裙	
女装连衣裙	女装/女士精品	连衣裙	
半身裙	女装/女士精品	半身裙	
女t恤	女装/女士精品	T恤	
短裤	女装/女士精品	裤子	休闲裤
套装	女装/女士精品	套装/学生校服/工作制服	休闲运动套装
雪纺连衣裙	女装/女士精品	连衣裙	
连衣裙 夏 长裙	女装/女士精品	连衣裙	
旗袍	女装/女士精品	婚纱/旗袍/礼服	旗袍
打底裤	女装/女士精品	裤子	打底裤
开衫	女装/女士精品	毛针织衫	
防晒衣	女装/女士精品	短外套	
女装雪纺衫	女装/女士精品	蕾丝衫/雪纺衫	
女装	女装/女士精品	连衣裙	
衬衫	女装/女士精品	衬衫	
女装两件套	女装/女士精品	套装/学生校服/工作制服	时尚套装
女装夏装	女装/女士精品	套装/学生校服/工作制服	时尚套装
婚纱	女装/女士精品	婚纱/旗袍/礼服	婚纱
大码女装夏	女装/女士精品	大码女装	
雪纺连衣裙	女装/女士精品	连衣裙	

首页　女装　女鞋　男装　男鞋　其他类目1　其他类目2 ... ⊕

图 6-12　TOP20W 关键词

2．淘宝网排行榜

淘宝排行榜是指淘宝官方根据不同行业的搜索指数、成交指数以及品牌分布而对商品进行综合排名。图 6-13 所示为淘宝网排行榜的首页。

在首页可以看到今日关注上升榜和一周关注热门榜两个榜单。榜单根据搜索指数和升降位次排列了前 10 名的热门关键词，淘宝卖家可以直接采用榜单提供的热门关键词，如果需要更多的关键词，可以直接点击完整榜单进行查看。

例如，某主营化妆品的淘宝卖家想要查询自己所在的行业的搜索榜和品牌榜的具体情况。图 6-14 所示为化妆品行业的搜索热门排行榜的前 10 名，包括化妆品、眼霜、参天、雅诗兰黛、眼膜等；图 6-15 所示为化妆品行业品牌排行榜的前 10 名，包括雅诗兰黛、完美、娇兰、兰蔻等关键词。

收集关键词的目的是为了更好地为宝贝标题服务，但是淘宝卖家在收集关键词的同时应该注意：很多商品已经形成"品牌效应"，化妆品行业尤其明显。卖家不能为了"蹭流量"而刻意将大品牌的关键词设置为自己宝贝的标题，这种行为会被淘宝当作"滥用关键词"而降权。

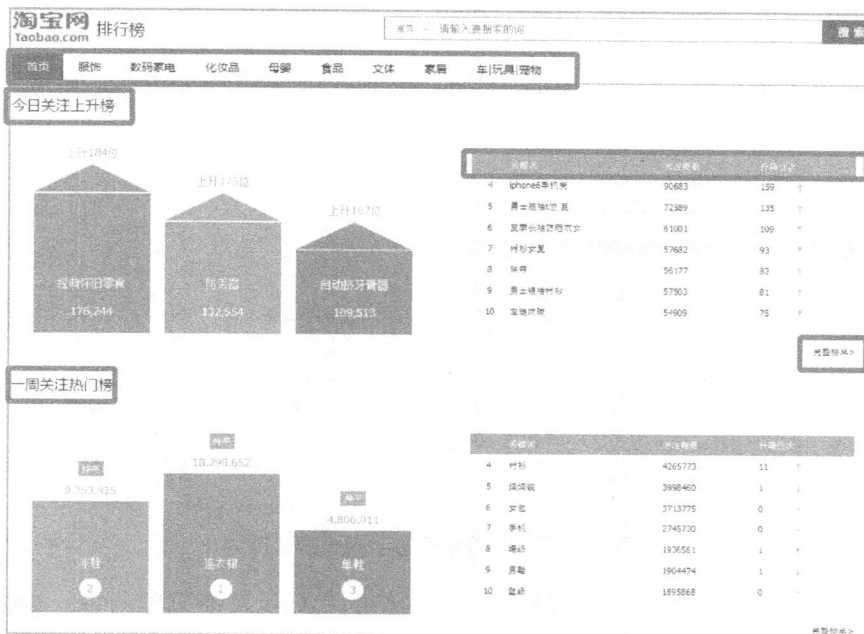

图 6-13　淘宝网排行榜的首页

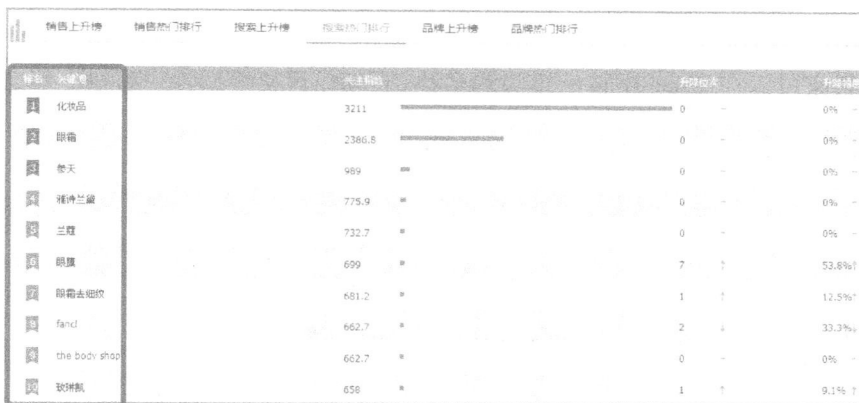

图 6-14　化妆品行业的搜索热门排行

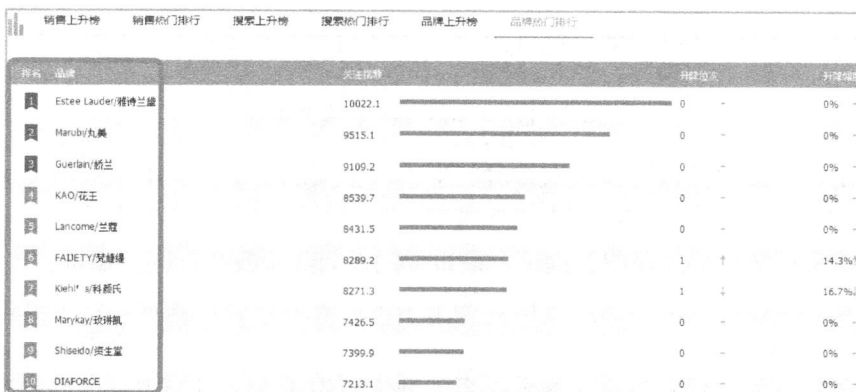

图 6-15　化妆品行业的品牌热门排行

3．店铺运营助手

店铺运营助手也能为淘宝卖家提供热搜关键词，从买家中心进入，点击店铺运营助手，如图 6-16 所示。

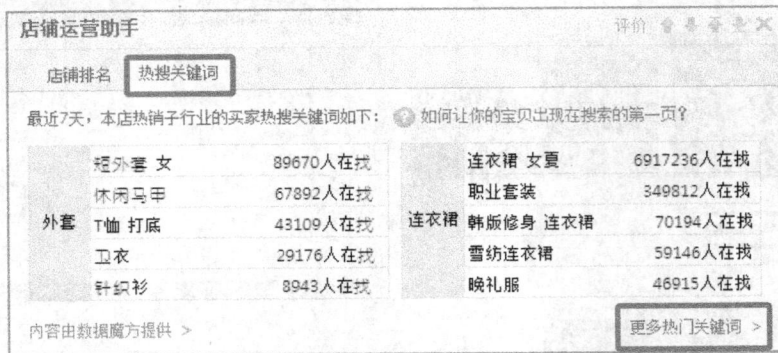

图 6-16　店铺运营助手的热搜关键词

店铺运营助理提供的热搜关键词是根据店铺的实际运营情况显示的，能够更加精准地为淘宝卖家分析店铺宝贝的搜索情况。除此之外，卖家也可以点击查看"更多热门关键词"。

4．Excel 表格组合

淘宝卖家可以在 Excel 中按照宝贝的名称、品牌、风格等属性进行排列组合。图 6-17 所示为衬衣的组合关键词。

图 6-17　Excel 表格收集关键词

综上所述，淘宝卖家可以采取多种渠道获取宝贝的关键词，不同的渠道能完善卖家的关键词库；同时，关键词的搜索热度越高，宝贝被搜索到的几率也就越高。因此，淘宝卖家不管采取哪种渠道获取关键词，最重要的是只收集最热门的关键词。

当关键词收集到一定数量的时候，淘宝卖家需要对这些关键词进行筛选，将最优质的关键词设置为宝贝的标题，那么，淘宝卖家该怎么确定众多关键词中最优质的关键词呢？最简单可行的方法就是：在淘宝首页的搜索框中输入宝贝的类目，搜索框自动匹配的关键词就是最优质的关键词。

6.3 宝贝上下架时间的优化

淘宝卖家都在争夺流量这块"大蛋糕",不管是付费流量还是免费流量。在付费流量的成本逐渐增高的情况下,很多的中小淘宝卖家失去了和大型卖家竞争的优势,因此,中小淘宝卖家只能争夺站内免费的流量,而搜索流量占据了很大的比例。众所周知,在淘宝的搜索排名中,宝贝的上下架时间是搜索规则中的重要因素之一。

淘宝卖家一定要在掌握了淘宝规则的前提下对宝贝进行优化,当买家在淘宝框搜索的时候,同款的宝贝只展示4个,同一卖家的宝贝只展示2个。如果淘宝卖家能合理地优化宝贝的上下架时间,可以让自己店铺的宝贝的排名更靠前,从内功踏踏实实做起,在节约流量成本的同时也能提升搜索权重。

6.3.1 宝贝上下架的周期

宝贝的上下架周期是指从发布宝贝的时间到宝贝下架的时间,简而言之就是宝贝的上下架时间的统称。

宝贝的上下架周期为1周,每15分钟刷新一次。例如,某淘宝卖家将店铺的宝贝在5月19日上午10点30分上架,那么,宝贝的下架时间为5月26日上午10点30分。值得卖家注意的是:宝贝不是真的被下架,而是一个周期结束后又会以1周开始另一个新的周期,只是时间的改变,宝贝的状态保持不变。

在其他因素保持不变或者是影响不大的情况下,宝贝越接近下架时间,宝贝的排名越靠前,越容易被买家搜索到,淘宝根据宝贝上架的黄金法则来确定宝贝的上下架周期,如图6-18所示。

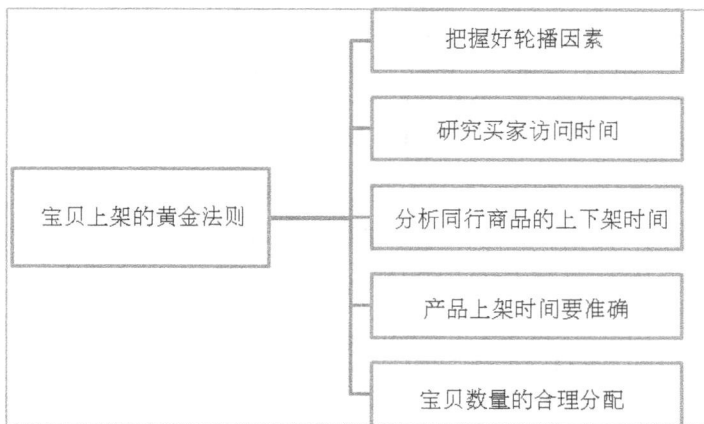

图6-18 宝贝上架的黄金法则

建议淘宝新手卖家不要一天之内把店铺全部的宝贝都上架,因为流量只有在1周后才会有变化和提升,其他的时间流量就相对较少。淘宝卖家可以把流量平均分布到7天,确保在1周过后,每天都有上下架的宝贝。淘宝新手卖家合理地安排宝贝的上下架时间,即使是新品也可能有机会排到首页。

6.3.2　宝贝最佳上下架时间的设置

淘宝卖家该如何确定宝贝的最佳上架时间呢？建议淘宝卖家通过两条主线去解决问题，第一条主线是测试宝贝的销售高峰期，确定宝贝在什么时间上架；第二条主线是测试宝贝销售高峰期的时间段，确定宝贝具体在哪个时间段上架。

1. 宝贝上架时间的优化

店铺流量分配不均和流量浪费是众多中小卖家面临的基础性难题。本小节将为广大卖家讲解宝贝上架时间对流量获取和分配的重要性，指导中小卖家优化上架时间，有效提高自然搜索流量。

例如，某主营母婴用品的淘宝店铺准备新上一款两件套亲子装，淘宝卖家为了确定最佳的上架时间，先对该款宝贝的上架时间进行了测试，测试期间内的统一定价为 189 元。

（1）以天为维度

淘宝卖家把宝贝在一周内分别上架，统计了宝贝的相关数据指标，如图 6-19 所示。宝贝在不同时间的综合数据如表 6-2 所示。

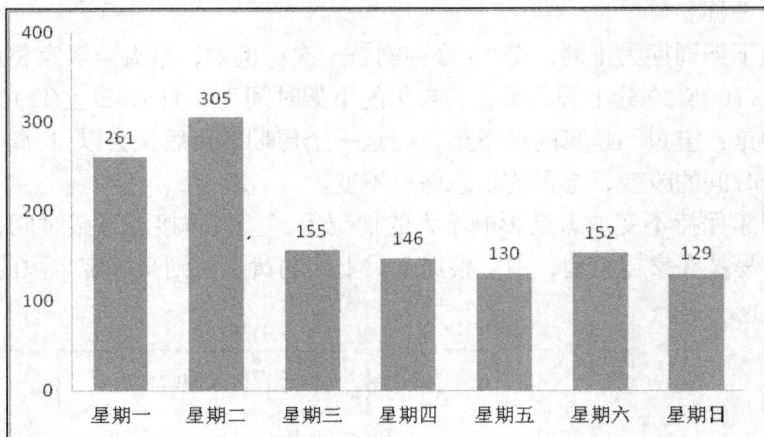

图 6-19　宝贝在不同时间的销量

结合图 6-19 和表 6-2 可以看出，在测试的一周内，星期一和星期二的销量最好，星期三到星期日的销量相差不大，星期三到星期日的平均销量为 142 件。其中高质宝贝数是指宝贝的库存量，卖家必须设置高质宝贝数，买家才能拍下宝贝。

表 6-2　宝贝在不同时间的综合数据

上架时间	销量/件	定价/元	销售额/元	高质宝贝数/件
星期一	261	189	49329	890
星期二	305	189	57645	763
星期三	155	189	29295	469
星期四	146	189	27594	527

上架时间	销量/件	定价/元	销售额/元	高质宝贝数/件
星期五	130	189	24570	602
星期六	152	189	28728	499
星期日	129	189	24381	394

（2）以时间段为维度

经过上一阶段的数据测试，店铺宝贝的上架时间初步确定为星期一或者是星期二。该卖家又在思考，一天有 24 小时，究竟在哪个具体的时间点上架最利于销售呢？卖家决定在星期二对宝贝的上架时间段进行测试。

宝贝在不同时间段的销量如图 6-20 所示，宝贝在不同时间段的综合数据如表 6-3 所示。

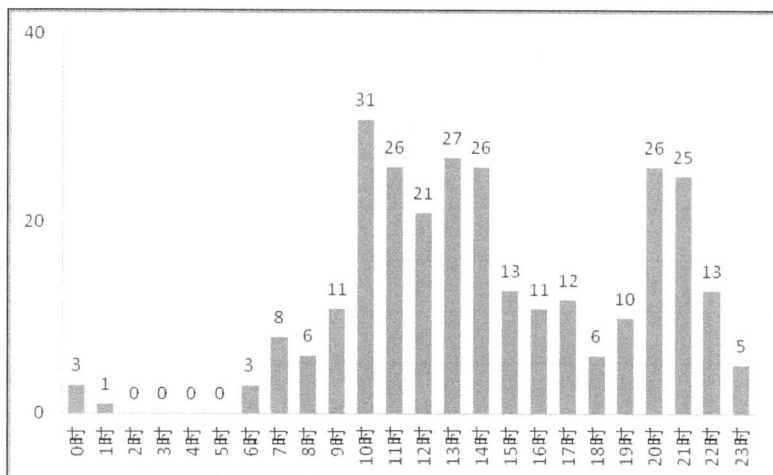

图 6-20　宝贝在不同时间段的销量

表 6-3　宝贝在不同时间段的综合数据

上架时间段	销量/件	定价/元	销售额/元	高质宝贝数/件
0 时	3	189	567	106
1 时	1	189	189	132
2 时	0	189	0	12
3 时	0	189	0	15
4 时	0	189	0	13
5 时	0	189	0	14
6 时	3	189	567	143
7 时	8	189	1 512	641
8 时	6	189	1 134	899

上架时间段	销量/件	定价/元	销售额/元	高质宝贝数/件
9时	11	189	2 079	1 023
10时	31	189	5 859	1 560
11时	26	189	4 914	1 399
12时	21	189	3 969	1 246
13时	27	189	5 103	1 542
14时	26	189	4 914	1 520
15时	13	189	2 457	1 196
16时	11	189	2 079	1 003
17时	12	189	2 268	1 230
18时	6	189	1 134	849
19时	10	189	1 890	973
20时	26	189	4 914	1 420
21时	25	189	4 725	1 355
22时	13	189	2 457	1 312
23时	5	189	945	741

结合图 6-20 和表 6-3 可以看出：在测试期间的 24 小时内，上午的 10 点至下午 14 点、晚上 20 点至 21 点，这两个时间段是销售最好的时间段。再细分到时间点，上午十点出现了销售的第一次高峰，下午 13 点出现第二次销售高峰，晚上 20 点为第三次销售高峰。

因此，淘宝卖家可以把宝贝的上架时间设置为星期一或者是星期二，具体的时间段为早上 10 点、下午 13 点、晚上 20 点，充分利用宝贝的上下架时间为宝贝争取更多的免费优质流量。

2．宝贝的最佳下架时间

关于即将下架的宝贝，卖家如何利用搜索功能为宝贝获取更多的优质流量呢？淘宝卖家可以对即将下架的宝贝设置橱窗推荐，橱窗推荐是一种常用的推广工具，能够使店铺宝贝的排名更加靠前，买家搜索到宝贝的几率更大。橱窗推荐通常是结合宝贝的上下架时间设置的，橱窗推荐的宝贝最好是即将下架的宝贝，通常而言，距离下架时间为 1 天左右。

结合图 6-20 范例，该淘宝卖家把这款亲子装在 2015 年 5 月 18 日（星期一）上午 10 点上架，于 2015 年 5 月 25 日（星期一）上午 10 点下架；淘宝卖家将上架时间调到当天下午 13 点，于 2015 年 6 月 1 日（星期一）下午 13 点下架。淘宝卖家连续统计了最近两周该款亲子装的成交量，如图 6-21 所示。

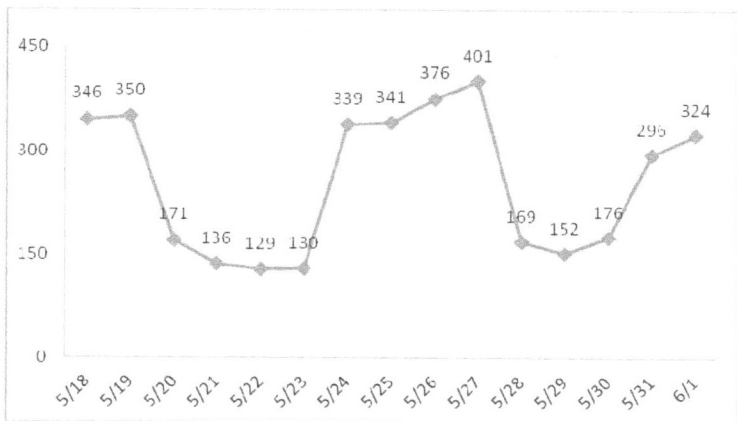

图 6-21　宝贝在两周的成交量走势图

　　根据该款亲子装连续两周的成交走势图可以看出：宝贝刚上架的销量和下架的销量较高，同时，聪明的卖家根据之前测试结果，将宝贝的上架时间定在星期一，所以，该款宝贝在同一周内，可以享受 3 次的销售高峰期，分别是：刚上架时的销售高峰、即将下架的销售高峰以及当天下午上架的第二次销售高峰。

　　所以，选择最佳的上下架时间能够为店铺的宝贝带来更多的免费流量。但是不同的店铺其实际情况不同，卖家需要注意以下几点。

　　① 主力消费群体的定位：学生、上班族、自由职业者、家庭主妇等不同的消费群体的消费高峰期以及时间段是不同的；

　　② 在宝贝成交的黄金时段：尽量保证 15 分钟刷新一次，30 分钟上新一款宝贝，确保店铺的宝贝的上新时间不断层，同一个宝贝能多次享受销售高峰期带来的流量；

　　③ 宝贝接近下架时间设置橱窗推荐：下架时间必须为流量高峰期，宝贝下架后取消橱窗推荐并且立即上架。

本章小结

　　通过本章的学习，读者能够清晰地认识到淘宝 SEO 的含义以及影响因素。淘宝 SEO 主要是通过优化宝贝标题使买家能快速搜索到店铺的宝贝，进而提升宝贝的成交转化率。在此基础之上，进一步学习了宝贝关键词以及关键词词库。最后，优化宝贝的上下架时间提升宝贝的排名，同时，对于即将下架的宝贝需要设置橱窗推荐。

课后思考题

　　小王在淘宝开店创业这条路上，从最初的"青涩懵懂青年"到现在的"数据分析达人"，这一路走来，他学习了关于淘宝店铺运营的知识，在向前辈借鉴经的同时，也不断摸索和学习，通过数据分析并解决问题。

最近小王在学习淘宝 SEO 的相关知识，在此期间他掌握了很多的关键词，而这些关键词分别是通过不同的渠道获得的，但是在众多的关键词里面，如何判断哪些关键词才是最优质的？该怎么取舍？

请根据本章所学的知识，结合小王目前存在的问题，运用数据化报表帮他分析并解决。

第 7 章
全面深入解读 DSR
动态评分

在淘宝的宝贝排名中，搜索权重已经开始向店铺 DSR 动态评分倾斜，店铺的 DSR 动态评分成为影响宝贝排名的重要因素之一，淘宝官方此举主要是引导淘宝店铺完成从数量到质量逐步过渡。除此之外，店铺 DSR 动态评分也是店铺参加淘宝官方各种活动的基本要求之一。

DSR 动态评分是衡量一个店铺健康与否的参数之一，它能够很直观地让卖家意识到店铺目前存在的问题，并及时进行整改。店铺的 DSR 动态评分最理想的状态就是一直保持飘红，即高于同行水平，其中任意一项变绿都值得卖家引起警惕。

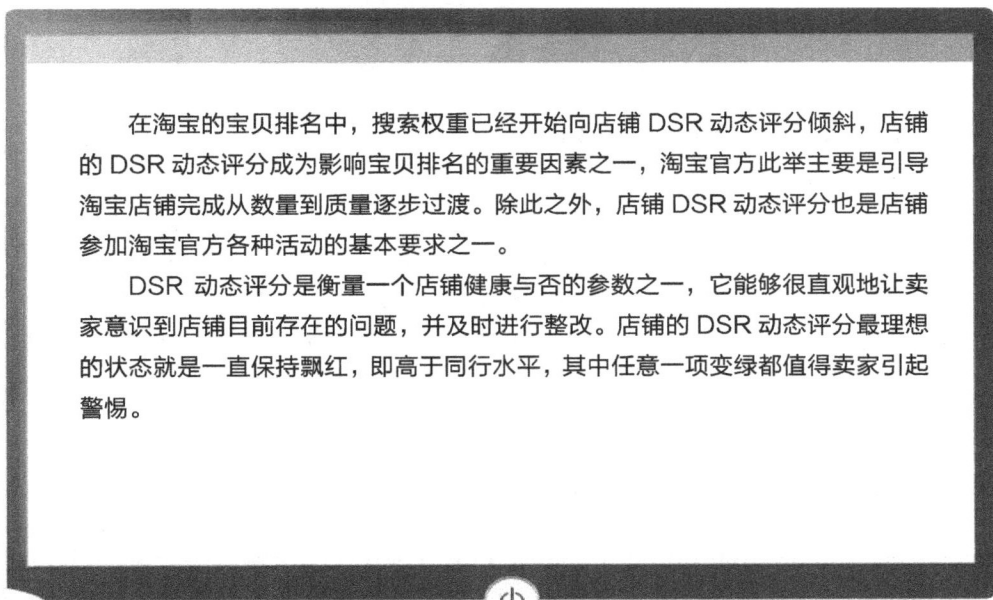

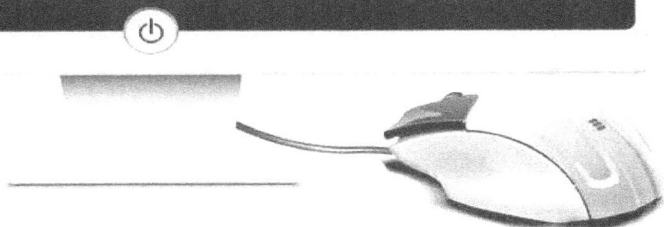

- DSR 动态评分的定义
- DSR 动态评分的重要性
- DSR 动态评分的计算公式
- 预期 DSR 动态评分的计算
- 提升 DSR 动态评分的方法

本章数据分析中的图表展示

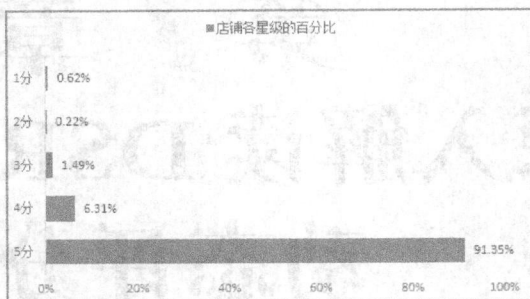

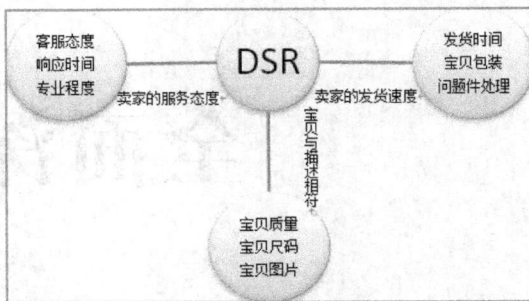

7.1 全面认识 DSR 动态评分

随着店铺 DSR 在自然搜索权重的不断提升，店铺 DSR 动态评分是影响宝贝的搜索权重的因素之一，同时也是淘宝各类官方活动的基本要求之一。店铺 DSR 动态平平不仅代表着整个店铺的形象和综合实力，更是诚信度与服务质量的体现。

广大的淘宝卖家需全面充分地了解 DSR 动态评分的重要性。细节决定成败，如今的买家对商品各方面的细节要求都很高，因此，淘宝卖家更应该注重店铺日常运营的每个细小环节。

7.1.1 DSR 动态评分的含义

DSR（Detail Seller Rating）动态评分是指买家在淘宝网通过支付宝成功完成交易后，买家对本次交易的卖家进入以下 4 项评论：宝贝描述相符、卖家的服务态度、卖家的发货速度以及物流公司的服务态度，如图 7-1 所示。

图 7-1　店铺动态评价

7.1.2　DSR 动态评分对店铺的影响

淘宝官方对店铺实行 DSR 考核主要是为了对买家点店铺的购物体验和对宝贝的满意程度进行数据化统计分析。

店铺 DSR 动态评分作为衡量店铺的整体水平的数据指标之一，并且评分的高低直接影响宝贝的搜索排名，进而影响店铺的流量和成交转化率。那么，作为淘宝卖家应该从哪些方面去解读 DSR 动态评分对店铺的影响呢？

店铺 DSR 动态评分对店铺主要有 3 方面的影响：宝贝排名、宝贝成交转化率以及参加官方活动的资格。

1．影响宝贝排名

店铺 DSR 动态评分会直接影响宝贝的排名，店铺的综合评分较高，宝贝的排名相对比较靠前，买家更容易搜索到宝贝。

例如，在淘宝搜索框中输入"衬衫"，全淘宝共有 842.15 万件宝贝，如图 7-2 所示，但是淘宝每一个搜索结果页面只能展示 48 件宝贝（不包括搜索结果页面最右端和最低端的直通车展位），淘宝系统会过滤一部分作弊的宝贝，最终只在 100 页内展示相关的宝贝。

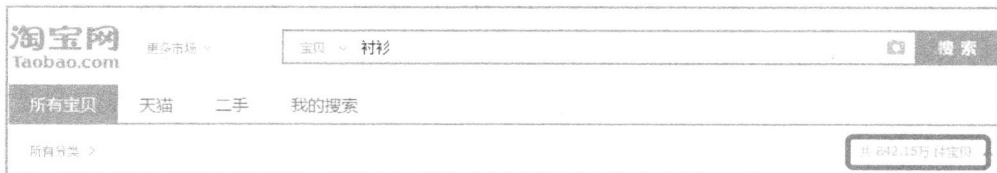

图 7-2　全淘宝网衬衫的数量

其中浏览页数和成交转化率有很紧密的联系，根据消费者的购物心理，大多数情况下只浏览前 10 页的搜索结果页，超过第 10 页的宝贝的浏览量很低。因此，淘宝卖家应该尽量提升店铺的 DSR 动态评分，保证宝贝的排名比较靠前。

2．影响宝贝成交转率

高于同行的 DSR 动态评分能在最快的时间内获得买家的信赖，无形地提升了买家对店铺的第一印象，相反，低于同行水平的 DSR 动态评分很容易降低买家对店铺的好感，直接导致店铺客源的流失。

同款宝贝在价格相同的情况下，店铺 DSR 动态评分更高的店铺，宝贝的成交转化率越高。例如，A、B 两家淘宝店铺的同款衬衫，如图 7-3 和图 7-4 所示，A 店铺的 DSR 动态评分均高于 B 店铺，A 店铺的成交转化量也高于 B 店铺。

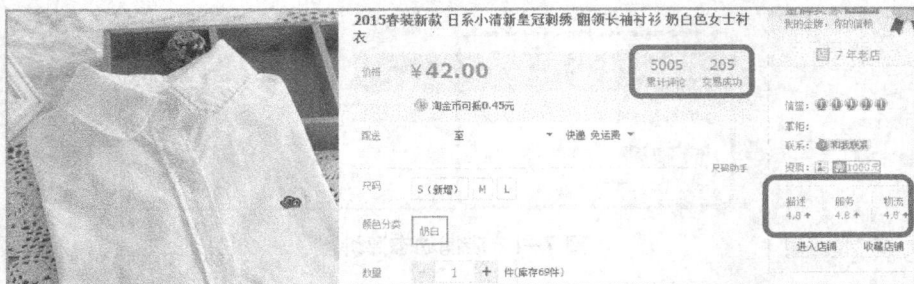

图 7-3　A 店铺 DSR 动态评分与成交量

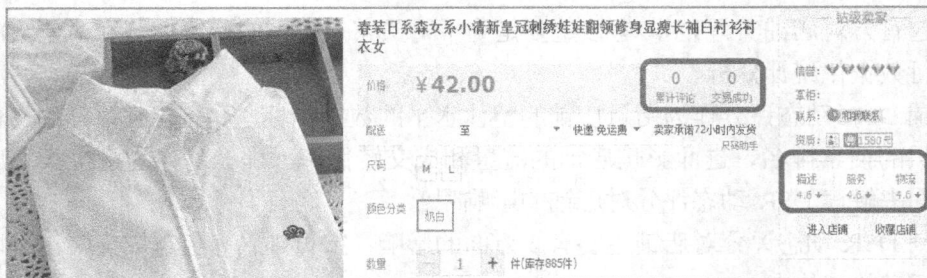

图 7-4　B 店铺 DSR 动态评分与成交量

淘宝买家在选购宝贝的时候，通常都会关注店铺 DSR 动态评分。当遇到同一款宝贝时，首先比较的是店铺 DSR 动态评分，最先选择评分较高的商品，所以，DSE 评分高于同行的店铺在宝贝的成交转化率方面具有一定的优势。

当一个店铺的 DSR 评分长期处于飘绿状态，即使在同等多的流量的情况下，店铺的成交转化率也会较低，宝贝的排名也会相对靠后，宝贝获得的流量就更少了，很容易形成恶性循环。因此，当店铺的 DSR 评分出现飘绿的情况，卖家一定要及时处理。

3．影响参加官方活动的资格

淘宝卖家参与淘宝官方活动、大型促销活动、U 站活动等活动时，最基本的要求就是对店铺 DSR 动态评分的考核。淘宝官方的各类活动能在最短的时间内提升店铺的曝光率和成交转化率。如果店铺的 DSR 分值太低，就会直接失去报名的资格。

表 7-1 所示为各类活动对店铺的 DSR 分值的最低要求。

表 7-1　淘宝官方各类活动对店铺 DSR 动态评分的要求

活动名称	DSR 动态评分要求
淘宝团购—聚划算	≥4.6
钱庄—淘金币	
天天特价	
免费试用	
清仓	
一元起拍	
夜抢购	
手机淘宝	

7.2　DSR 动态评分的计算公式

DSR 动态平均分是众多淘宝卖家格外关注的指标。有的淘宝卖家很困惑，为什么最近店铺没有评分，但是店铺 DSR 动态评分却在发生变化呢？为什么因为一个买家的评分较低，整个店铺 DSR 评分急剧下降呢？

如果淘宝卖家在掌握了店铺 DSR 动态评分计算公式的基础上，这些问题就会迎刃而解，并且能从根本上解决店铺 DSR 动态评分偏低的问题。

7.2.1　解析 DSR 动态评分计算公式

DSR 动态评分成为卖家极其关注的数据指标之一，如果店铺的评分过低，直接影响店铺参加淘宝官方活动的报名资格，并且全店的宝贝会被搜索降权，还会间接影响买家的购买意愿。下面就为淘宝卖家分析和解读淘宝有关 DSR 动态评分的规则和计算方法。

1．淘宝 DSR 动态评分规则

① 当淘宝店铺的 DSR 动态评分小于 4.4 分时，所有的宝贝都会降权搜索。

② 同一买家一月最多进行 3 次动态评分，超过 3 次不计分。

③ 同一单号的商品，不论数量的多少，只记为 1 次动态评分。

④ DSR 动态评分在买卖双方互评后，至少半小时才会显示。

许多的新手淘宝卖家很疑惑，最近店铺并没有评分，但是店铺的 DSR 动态评分为什么仍然在发生变化？因为每项 DSR 动态评分取自店铺连续 6 个月内所有买家给予评分为什么的算术平均值，并且系统每天计算近 6 个月之内的动态数据。

2．DSR 动态评分计算公式

影响店铺 DSR 动态评分的因素有很多，如店铺好评率、信誉点、宝贝好评率等，接下来将分析与之相关的数据指标。

① 宝贝好评率是指宝贝的好评人数与总评价人数的比值，其计算公式为：宝贝好评率=好评人数/总评价人数。图 7-5 所示为某宝贝的累计评论，共有 1 551 次打分，其中好评数为 600，因此，该宝贝的好评率约为 38.68%。

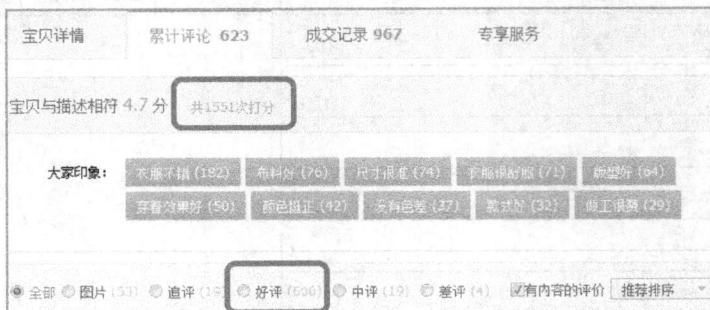

图 7-5　宝贝好评率

② 店铺信誉是指买家在交易成功后对卖家的信誉进行评价，好评卖家+1 分信誉，中评不加也不减，差评卖家−1 分信誉。若 14 天内（以支付宝系统显示的交易创建的时间计算）相同买家卖家之间就同一商品，有多笔支付宝交易，则多个好评只计 1 分，多个差评只记−1 分。

③ DSR 动态评分是由宝贝与描述相符、卖家的服务态度以及卖家的发货速度 3 部分构成的，三部分的分值是公开独立的，在自然月中，相同买家和卖家之间的评价分不超过 6 分（以支付宝系统显示的交易创建的时间计算），超出计分范围的评价则不计分。而店铺具体的 DSR 动态评分是多少，其计算公式如下：

公式 1：DSR 动态评分=总分数/评分总人数

公式 2：总分数=$5A+4B+3C+2D+E$（其中 A～E 为各星级评分人数）

公式 3：总人数=$A+B+C+D+E$

公式 4：DSR 动态评分=$(5A+4B+3B+2D+E)/(A+B+C+D+E)$

例如，某淘宝店铺主营女装，其中一款休闲 T 恤的各星级评分的百分比如图 7-6 所示，参与评分的总人数为 4 024 人。

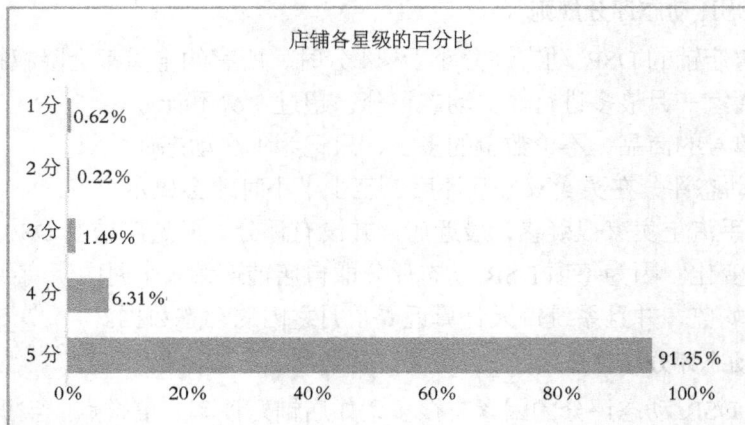

图 7-6　店铺各星级百分比

根据图 7-6 和公式 2 可计算出宝贝的总分数：

$5 \times 91.35\% \times 4024 + 4 \times 6.31\% \times 4024 + 3 \times 1.49\% \times 4024 + 3 \times 1.49\% \times 4024 + 2 \times 0.22\% \times 4024 + 1 \times 0.62\% \times 4024 = 19617.8048$

再结合公式 1 可计算出店铺的 DSR 动态评分：

$19617.8048 \div 4024 = 4.8752$

因此，该店铺目前的 DSR 动态评分为 4.8752。

卖家为了对这批断码的 T 恤进行清仓，采取"买 2 件包邮"的促销方式。表 7-2 所示为 A、B、C、D4 位买家的成交数量以及 DSR 评分。

表 7-2　买家的成交数量以及 DSR 评分

买家	成交数量	店铺信誉点	买家评价分数
A	2	−1	2
B	1	0	4
C	8	1	4
D	2	1	5

根据 4 位买家的成交数量以及 DSR 评分可知：由于 4 位买家都是同一笔订单，因此，不论宝贝数量的多少，只有 6 个评论会计分；而店铺的信誉点维持不变；4 位买家的 DSR 动态评分是不同的。

已知店铺目前的 DSR 动态评分为 4.8752，评价人数为 4 024 人，且 A、B、C4 位买家按照成交先后顺序排序。表 7-3 所示为买家评价后的总分数与 DSR 动态评分变化。

表 7-3　买家评价后的总分 DSR 动态评分

买家	评价后的总分	评价后的总人数	评价后的 DSR 动态评分	变化趋势
A	19 619.8048	4 025	4.8745	下降
B	19 623.8048	4 026	4.8742	下降
C	19 627.8048	4 027	4.8740	下降
D	19 632.8048	4 028	4.8741	小幅回升

根据计算结果可知，买家的评分直接影响了店铺 DSR 动态评分的变化。假设目前评分为 W，评价人数为 X，买家的评分为 Y，评价后的得分为 Z，则：

目前总分数为：$W \times X$

买家评价后的总分数为：$W \times X + Y = Z \times (X + 1)$

故：$Z - W = (Y - Z)/X$，其中 $Z - W$ 表示评分的动态增长，若想要店铺的评分＞0，则必须 $Y - Z > 0$，一旦当买家的评分小于目前的评分，店铺的 DSR 必定呈下降趋势。因此，当买家评分为 2 分时，至少需要 3 个 4 分以及以上的评分才能达到之前的水平。

关于 DSR 动态评分的计算公式最关键之处在于理解相关参数的变化，在公式中，参与评分总人数、各星级人数占比都是已知量，故很容易求解。

在最近几年中，淘宝官方越来越倾向于消费者，不断提升消费者的购物体验。所以,DSR 作为衡量店铺整体水平的指标之一，并且在自然搜索中的权重逐步提升。淘宝卖家在重视店铺 DSR 动态评分的同时，也需要掌握一些提升店铺 DSR 动态评分的方法和技巧。

7.2.2 预期 DSR 动态评分的计算

通常而言，每个淘宝卖家对店铺 DSR 动态评分都有相关的预期值，一旦当店铺 DSR 动态评分出现"飘绿"的情况，目前的店铺 DSR 动态评分值就会严重不达标。此时，淘宝卖家就应该引起高度重视了，并且将宝贝与描述相符、卖家的服务态度以及卖家发货速度 3 项数据分开深入分析。

1．宝贝与描述相符

图 7-7 所示为某主营男装的淘宝店铺的宝贝与描述相符的评分图，该店铺的宝贝与描述相符低于同行业平均水平 1.03%，目前得分为 4.6 分，共有 2 172 人评分。

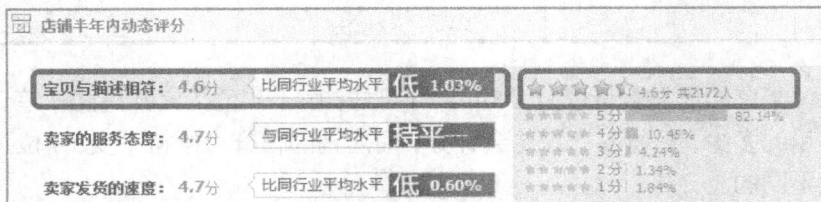

图 7-7　宝贝与描述相符评分图

店铺的宝贝与描述相符评分的提高主要是全面提升店铺全 5 分评分，如图 7-8 所示，已知宝贝与描述相符 DSR 分值为 4.697，并且比同行业平均水平低 1.03%，可以计算出同行业评分为：

$$4.697÷（1-1.03\%）=4.746$$

预期店铺的预期 5 分评分人数为 100 人时，店铺预期 DSR 评分为：

$$（100×5+2\ 272×82.92\%×5+2\ 272×9.95\%×4+2\ 272×4.04\%×3+2\ 272×$$
$$1.32\%×3+2\ 272×1.76\%）/（100+2\ 172）=4.722$$

在外部条件保持不变的情况下，当店铺的预期 5 分评价人数为 100 人时，店铺 DSR 动态评分与同行业相比：

$$（4.722-4.746）/4.746=-0.51\%$$

所以，当店铺的预期 5 分评价人数为 100 人时，店铺 DSR 动态评分仍然比同行业评分低 0.51%，宝贝与描述相符仍然处于"飘绿"的状态。

DSR目前分值	与同行业平均水平相比	同行业评分	评分人数	5分	4分	3分	2分	1分	预期5分评分人数	店铺预期DSR评分	预期DSR评分与同行业对比
				82.92%	9.95%	4.04%	1.32%	1.76%	100	4.722	-0.51%
4.697	-1.03%	4.746	2172	83.64%	9.52%	3.88%	1.26%	1.67%	200	4.734	-0.26%
				84.39%	9.09%	3.70%	1.20%	1.61%	313	4.746	0.00%

图 7-8　预期 5 分评分人数与店铺预期 DSR 评分变化

同理可计算出当店铺预期 5 分评价人数为 200 时，店铺预期 DSR 评分为：

$$（200×5+2372×83.64\%×5+2372×9.52\%×4+2372×3.88\%×3+2372×1.26\%×3+2372×1.67\%）/（220+2172）=4.733$$

店铺 DSR 动态评分与同行业相比：

$$（4.725-4.746）/4.746=-0.44\%$$

此时，店铺的宝贝与描述相符已经逐渐在上升，当预期 5 分评分人数为 313 人时，此时宝贝与描述相符为：

$$（313×5+2485×84.49\%×5+2485×9.02\%×4+2485×3.68\%×3+2485×1.20\%×3+2485×1.60\%）/（313+2172）=4.746$$

店铺 DSR 动态评分与同行业相比：

$$（4.746-4.746）/4.746=0.00\%$$

当店铺的预期 5 分评价人数为 313 人时，宝贝与描述相符和同行平均水平持平。因此，当店铺 5 分评分人数大于 313 人时，宝贝与描述相符就会高于同行业平均水平，并且是宝贝与描述相符评分"由绿变红"的转折点。

2．卖家的服务态度

图 7-9 所示为该店铺卖家服务态度评分图，该店铺的卖家的服务态度与同行业持平，目前得分为 4.7 分，共有 1 952 人评分。

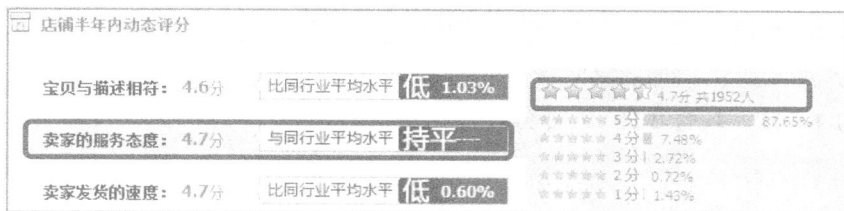

图 7-9　卖家的服务态度评分图

"卖家的服务态度与同行平均水平持平"并不意味着该项指标就完全不用进行数据化分析，如果出现某位买家对卖家的服务态度的评分为 1 分，那该项数据指标还会是和同行业平均水平持平吗？

参照计算宝贝与描述相符的方法，计算买家的低评分对卖家的服务态度的影响。如图 7-10 所示，该店铺的卖家服务态度目前分值为 4.792 分，那么，同行平均水平亡是 4.792 分，一旦有一位买家对该项指标的评分偏低，会直接导致店铺卖家的服务态度变化。

假设第 1 位买家的评分为 1 分，店铺实际 DSR 评为：

$$（1 953×87.60\%×5+1 953×7.48\%×4+1 953×2.71\%×3+1 953×0.72\%×2+1 953×1.43\%+1）/（1+1 952）=4.788$$

店铺 DSR 与同行业对比情况：

$$（4.788-4.792）/4.792=-0.09\%$$

DSR目前分值	与同行业平均水平相比	同行业评分	评分人数	5分	4分	3分	2分	1分	买家评分	店铺实际DSR评分	店铺DSR评分与同行业对比
4.792	0.00%	4.792	1953	87.60%	7.48%	2.71%	0.72%	1.48%	1	4.788	-0.09%
			1954	87.56%	7.47%	2.76%	0.72%	1.48%	3	4.786	-0.12%
			1955	87.51%	7.52%	2.76%	0.72%	1.48%	4	4.784	-0.16%
			1956	87.47%	7.51%	2.76%	0.72%	1.53%	1	4.780	-0.24%

图 7-10　买家评分与店铺 DSR 评分变化

因此，店铺 DSR 动态评分与同行业持平也是相当"危险"的，如果当出现低评分的情况，该项数据指标就会出现"飘绿"的现象。一旦持续出现低评分，那么，该项数据指标就会呈直线下跌趋势。

如图 7-10 所示，第 4 位买家的评分为 4，店铺的 DSR 评分为：

$$（1\,956×87.47\%×5+1\,956×7.51\%×4+1\,956×2.76\%×3+1\,956×0.72\%×2+$$
$$1\,956×1.53\%+1）/（4+1\,952）=4.780$$

店铺 DSR 与同行业对比情况：

$$（4.780-4.792）/4.792=-0.24\%$$

此时，在其他条件保持不变的情况下，店铺仅仅是出现了 4 个低评分，店铺实际 DSR 评分已经低于同行业 0.24%。因此，淘宝卖家必须重视与同等行业持平的数据指标。

由此可见，低评分对店铺 DSR 评分是影响是巨大的，一旦出现低评分，卖家需要及时想办法进行挽救。

3．卖家发货速度

图 7-11 所示为该店铺卖家发货速度的评分，该店铺卖家发货速度低于同行业 0.60%，目前得分为 4.7 分，共有 2 163 人评分。

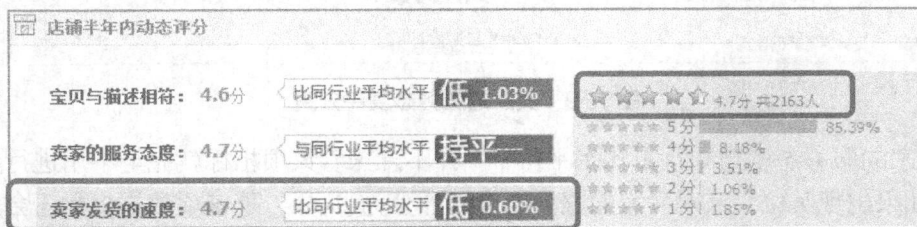

图 7-11　卖家的发货速度评分图

如图 7-12 所示，参照宝贝与描述相符的方法，计算出卖家发货速度的同行平均水平：

$$4.742/（1-0.60\%）=4.771$$

当店铺的预期 5 分评分人数为 10 人时，店铺预期 DSR 评分为：

$$（10×5+2\,173×85.57\%×5+2\,173×8.06\%×4+2\,173×3.48\%×3+2\,173×$$
$$1.05\%×3+2\,173×1.83\%）/（10+2\,163）=4.747$$

DSR目前分值	与同行业平均水平相比	同行业评分	评分人数	5分	4分	3分	2分	1分	预期5分评分人数	店铺预期DSR评分	预期DSR评分与同行业对比
4.742	-0.60%	4.771	2163	85.57%	8.06%	3.48%	1.05%	1.83%	20	4.747	-0.50%
				86.08%	7.78%	3.35%	1.01%	1.77%	100	4.764	-0.14%
				86.38%	7.60%	3.28%	0.99%	1.72%	150	4.774	0.06%

图 7-12　预期 5 分评分人数与店铺预期 DSR 评分变化

在外部条件保持不变的情况下，当店铺的预期 5 分评价人数为 100 人时，店铺 DSR 动态评分与同行业相比：

$$（4.747－4.771）/4.771=－0.50\%$$

所以，当店铺的预期 5 分评价人数为 10 人时，店铺 DSR 动态评分仍然比同行业评分低 0.50%，宝贝与描述相符仍然处于"飘绿"的状态。店铺仍然需要不断提升 5 分评分数量。

假设店铺的预期 5 分评分人数为 150 人时，店铺预期 DSR 评分为：

$$（150×5+2\ 313×86.28\%×5+2\ 313×7.60\%×4+2\ 313×3.29\%×3+2\ 313×$$
$$0.99\%×3+2\ 313×1.72\%）/（150+2\ 163）=4.774$$

在外部条件保持不变的情况下，当店铺的预期 5 分评价人数为 100 人时，店铺 DSR 动态评分与同行业相比：

$$（4.774－4.771）/4.771=0.6\%$$

所以，当店铺的预期 5 分评价人数为 100 人时，店铺 DSR 动态评分比同行业评分高 0.6%，此时，卖家发货的速度已经"由绿转红"，呈现健康状态。

综上所示，根据 3 项指标目前分值、同行业平均水平、预期分值等相关参数进行统计整理，如表 7-4 所示。

表 7-4 各项数据综合对比

DSR 指标	目前分值	同行业平均水平	预期分值	预期 5 分评价人数
宝贝与描述相符	4.697	4.746	4.8	315
卖家的服务态度	4.792	4.792	4.8	2
卖家的发货速度	4.742	4.771	4.8	150

因此，淘宝卖家要想全面提升店铺 DSR 评分，至少需要 315 次连续 5 分评分。其中任意一项数据指标出现"飘绿"的现象都必须立即采取相应的措施进行改进。

7.3 提升店铺 DSR 动态评分的方法

很多的淘宝卖家都很关心提升店铺 DSR 动态评分的方法，而提升 DSR 动态评分最根本的就是提升买家的用户体验，让买家能感受到买卖双方之间不仅仅是交易的关系，更是情感的维系。DSR 动态评分作为店铺最基本的"内功"之一，但是它并不等同于客单价、成交转化率等运营"内功"。那么，DSR 动态评分的提升具体包含了哪些方面呢？该怎么根据其特性来提升呢？图 7-13 所示为店铺 DSR 的组成图。

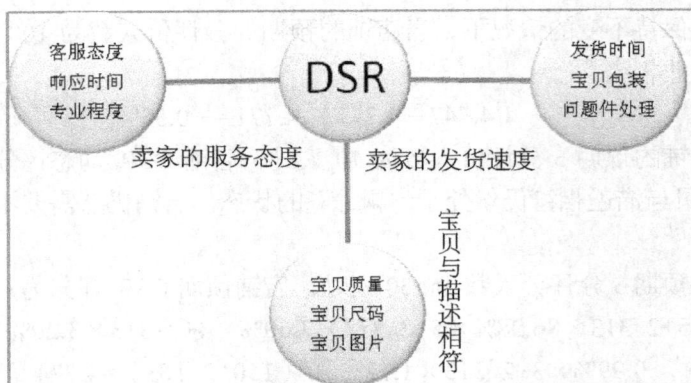

图 7-13　店铺 DSR 评分组成图

7.3.1　宝贝与描述相符的提升

宝贝与描述相符的主要构成如图7-14所示,当宝贝与描述相符评分出现异常的时候,一般而言,主要是从宝贝质量、宝贝尺码以及宝贝图片三方面着手去寻找原因并改进。

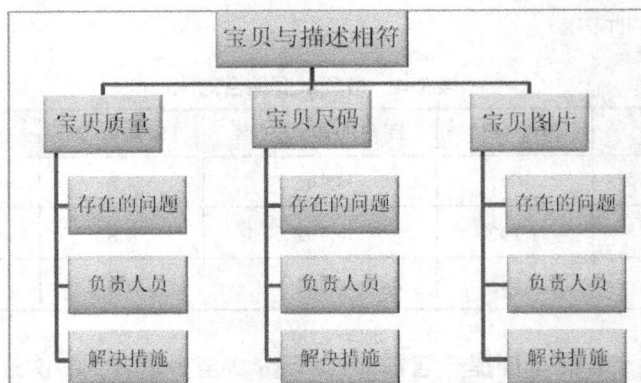

图 7-14　宝贝与描述相符的层次分析图

1．宝贝质量

宝贝质量直接决定了店铺在淘宝市场上的立足点,优质的商品能获得广大卖家的好评,为店铺的后续发展奠定了坚实的基础。反之,劣质的商品极容易伤害买家的购买意愿,并且淘宝官方对伪劣商品也是严惩不贷。

图 7-15 所示为某主营箱包的淘宝店铺的一款斜挎包的评价,宝贝的累计评论中的大家印象中主要分为橙色和灰色,橙色代表好评,灰色代表较低评分,其中灰色有 287 个评论说宝贝的做工较差。

根据消费者的购买心理和行为研究发现:消费者在下单决定购买某件商品之前,如果这部分消费者对宝贝各方面性能的了解不甚清楚,他们往往会听取已经购买过该商品的消费者的意见。当宝贝评价出现"做工较差"等影响宝贝成交转化率的评价时,淘宝卖家应该在第一时间联系买家,询问买家对宝贝哪个部分的做工不满意,并且和买家斟酌协商修改评论。

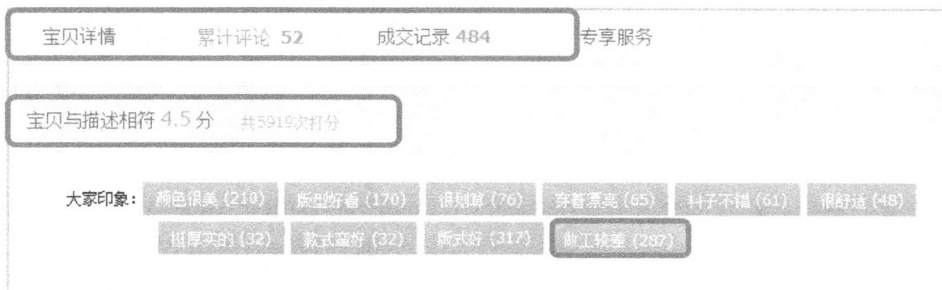

图 7-15 质量影响宝贝与描述相符的评分

宝贝的质量是属于店铺采购人员负责的事宜。采购者在采购商品的时候，务必要严把质量关，在宝贝的选款、材质、做工等方面严格甄选，确保店铺的宝贝质量上乘，能获得绝大部分买家的信赖。

2．宝贝的尺码

宝贝尺码的功能主要是为买家提供参考尺寸。图 7-16 所示为某款斜挎包的一部分评论，很多买家都反映挎包太小。

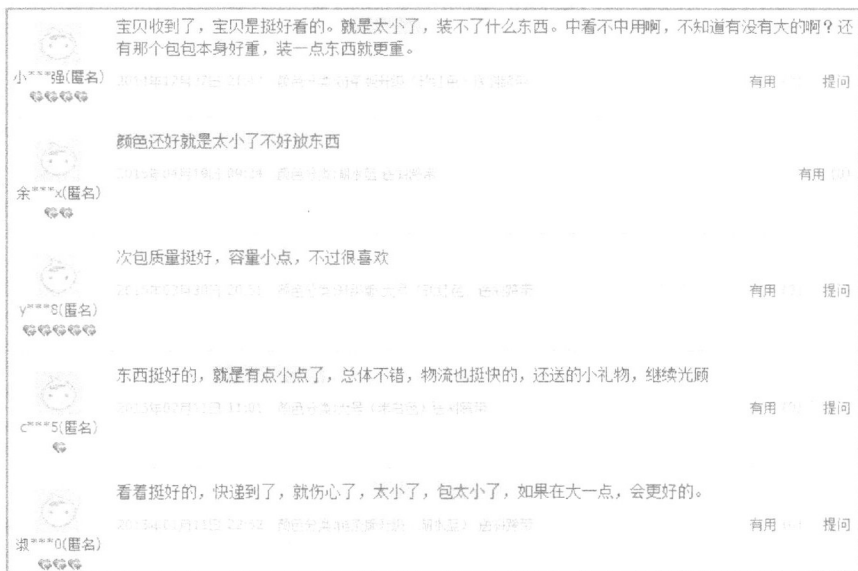

图 7-16 尺码影响宝贝与描述相符的评分

这属于典型的因为尺码问题造成的低评分。因为这部分买家没有结合宝贝的尺码图，完全按照自己的想象，收到宝贝时才发现尺码偏小，所以，这部分买家对宝贝描述与相符的评分往往会很低，进而影响宝贝与描述相符的整体评分。

宝贝的尺寸表是运营组负责，应该在宝贝详情页专门设置宝贝的尺寸。宝贝尺码表应该结合宝贝实物图进行全方位的展示。图 7-17 所示为某款斜挎包宝贝尺码图，同时也可在尺码图中附上这样一句话：因测量方法和工具有异，可能会存在 1～3 厘米的误差。

品 牌	
名 称	Miss Love香水系列 — 邂逅香榭丽
用 途	手提、斜挎
颜 色	赫本粉、梦露黑、凯莉杏
面 料	PU面料
内里材质	涤纶
产品重量	0.7KG
内部结构	包内1个证件袋、1个拉链暗袋
外部结构	无
尺 寸	上宽20CM、下宽21CM、包高18CM、底厚13CM、柄高3CM、可调节肩带95~116CM

图 7-17　斜挎包的宝贝尺码表

3．宝贝的图片

消费者网购下单的依据之一是通过宝贝的图片和文字描述。优质的宝贝图片能吸引买家的注意，极大地提升店铺的成交转化率。一般而言，当买家想象中的宝贝和图片展示中的宝贝应该是一模一样的，收到宝贝才发现实物和图片相差太大，这种极大的心理落差也就是店铺差评和低评分的来源。图 7-18 所示为某款连衣裙的一部分差评截图。

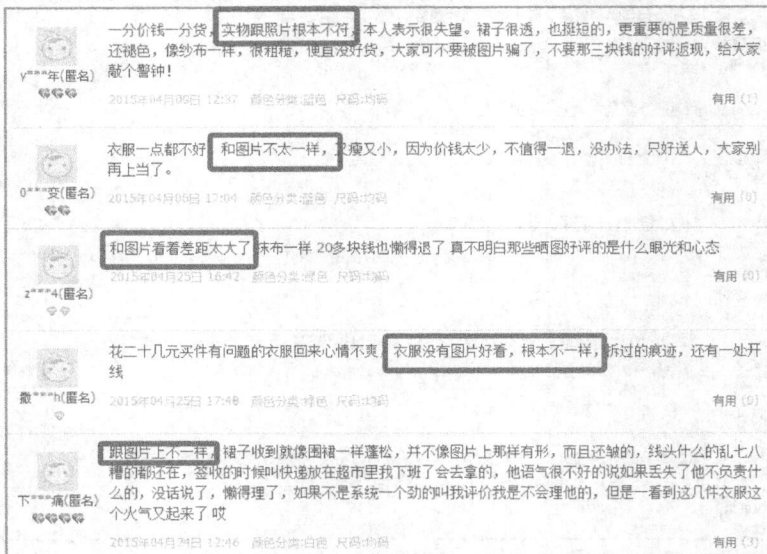

图 7-18　图片对宝贝与描述相符的影响

宝贝图片的设置与优化是美工组负责。美工组在设置图片的时候切忌 PS 过度；同时，在宝贝详情页设置相关的色差对比图，并且说明：该宝贝上传均为实物拍摄图，可能因为电脑显示器的分辨率不同会存在一点色差。

7.3.2　卖家的服务态度的提升

在上百万的淘宝店铺中，新手淘宝卖家该如何提升店铺的整体服务质量呢？当今的消费者越来越注重消费的"软环境"，其中"软环境"中较重要的一个因素就是服务态度。

卖家的服务态度对一个店铺的发展具有长远的影响。良好的服务态度不但可以直接提升店铺的成交转化率，还能提升店铺的口碑。淘宝卖家可以从客服态度、响应时间以及专业程度3个方面提升卖家服务态度 DSR 评分，如图7-19所示。关于客服以及客服相关的知识点会在后续章节详细讲解。

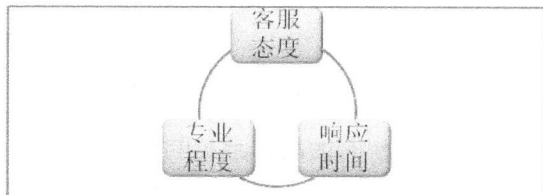

图7-19　卖家服务态度 DSR 评分的影响因素

买家在消费的过程中完全能够感受到一个店铺的服务态度的好坏。当买家在咨询客服的时候，客服的态度热情程度、阿里旺旺的响应时间以及解答问题的专业程度都是衡量店铺的服务态度的参考标准。

如果客服态度较恶劣，会直接吓跑买家，直接失去客户；如果阿里旺旺的响应时间过长，买家已经离开店铺，也会失去潜在的客户；如果解答买家的问题的时候不够专业，不能取得买家的信任，同样会失去客户。因此，这三者是提升卖家的服务态度 DSR 评分最基本的因素，相辅相成，缺一不可。

7.3.3　卖家的发货速度的提升

关于卖家发货速度这一数据指标，很多的淘宝卖家认为这是物流公司的问题，并不属于店铺关注的。如果淘宝卖家有这种想法，说明卖家对这一数据指标的认识还不够深入。影响卖家的发货速度除了物流公司之外，还包括发货的截止时间、宝贝的包装以及问题件的处理，如图7-20所示。

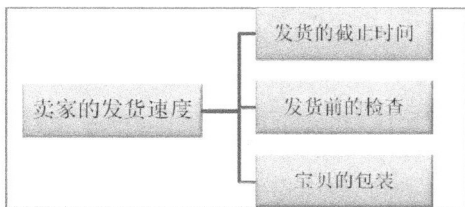

图7-20　卖家发货速度 DSR 评分的提升

1．发货的截止时间

发货截止时间是指从买家拍下宝贝到卖家发货的时间。简而言之，发货截止时间也就是最迟发货时间。

在正常情况下，店铺的发货截止时间设置在24小时内。在当天发货截止时间前，店铺的所有订单必须全部完成审核并发出。针对大多数中小卖家而言，店铺的运营能力还有待提高，淘宝卖家可以直接告知买家店里不接急单。图7-21所示为某主营面食的淘宝店铺的公告。

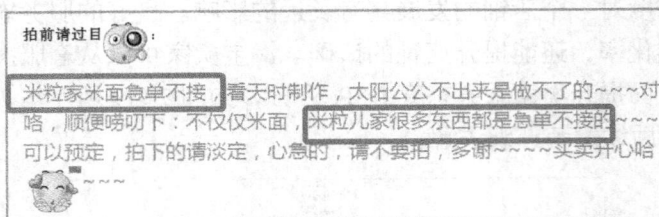

图 7-21　店铺公告不接急单

　　如果店铺参加淘宝官方各种大型的活动，宝贝的成交量较高，有的宝贝甚至会出现卖断货的情况，客服应该及时用阿里旺旺、短信、电话等方式告知买家。如果买家愿意等待，客服则注意安抚买家的情绪，并且在发货之前通知买家；如果买家不愿意等待，为了避免买家给店铺 DSR 的低评分，客服应该协助买家完成退款相关的后续工作。

2．发货前的检查

　　当买家在拍下宝贝之后，店铺仓库就应该进行发货前的检查，确保买家在收到的宝贝没有质量问题。图 7-22 所示为一款热卖的牛仔背带连衣裙的部分差评截图。

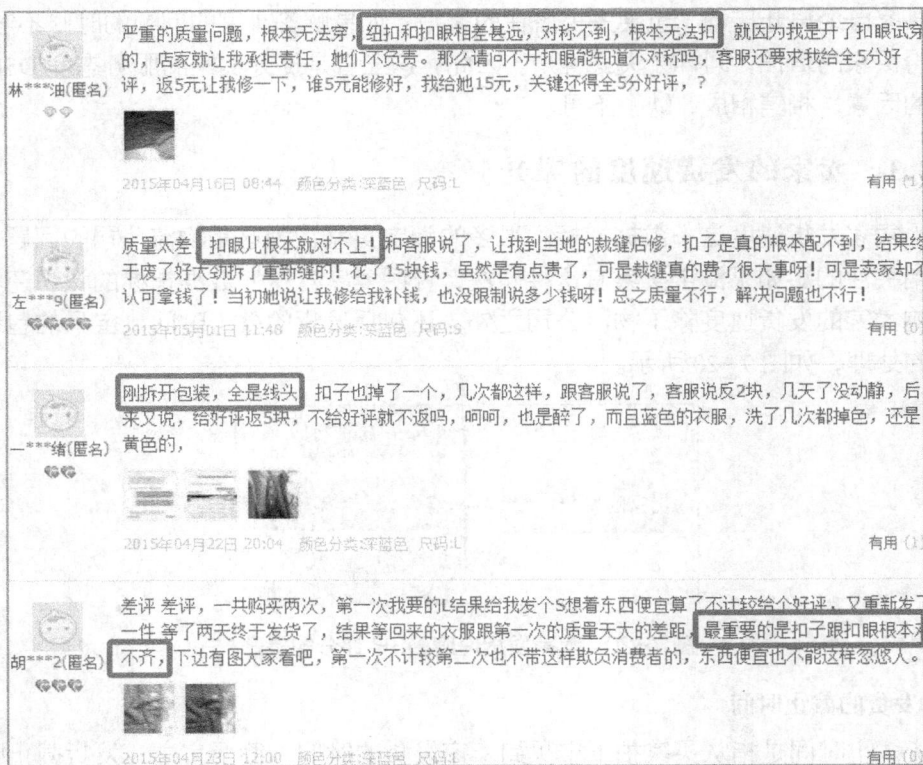

图 7-22　部分差评截图

　　因为连衣裙的扣眼对不上，大多数的买家直接给店铺差评。仓库在发货之前应仔细检查，一旦发现问题宝贝，立即作相关的登记和处理，如表 7-5 所示。

表 7-5　问题件登记表

时间	名称	货号	批次	问题描述	解决方案
2015/4/20	韩版宽松背带牛仔裙	KT782	3	扣眼对不上	返回生产线
2015/4/20	韩版宽松背带牛仔裙	S189	3	扣眼没有剪开	返回生产线
2015/4/23	韩版宽松背带牛仔裙	A130	2	背带上没有纽扣	仓库组配备纽扣
2015/4/25	韩版宽松背带牛仔裙	A794	2	纽扣脱落	返回生产线

3．宝贝的包装

大多数买家在签收完快递之后都是兴致勃勃地拆开包裹，享受网购带来的快感和满足。试想一下，当买家拆开包裹的时候，第一种情况是衣服被包裹在一个破旧的塑料袋中；第二种情况是衣服装在一个干净整洁的服饰专用包装袋中，并且有卖家赠送的小礼物。这两种不同的包装方法会产生两种截然不同的评分。

宝贝的包装能在第一时间给买家留下极深的印象。优质的包装能给买家留下良好的印象，买家能感受到淘宝卖家的用心，相应地，也会提高买家对店铺 DSR 动态评分。图 7-23 所示为某主营女装的淘宝店铺的宝贝包装盒。

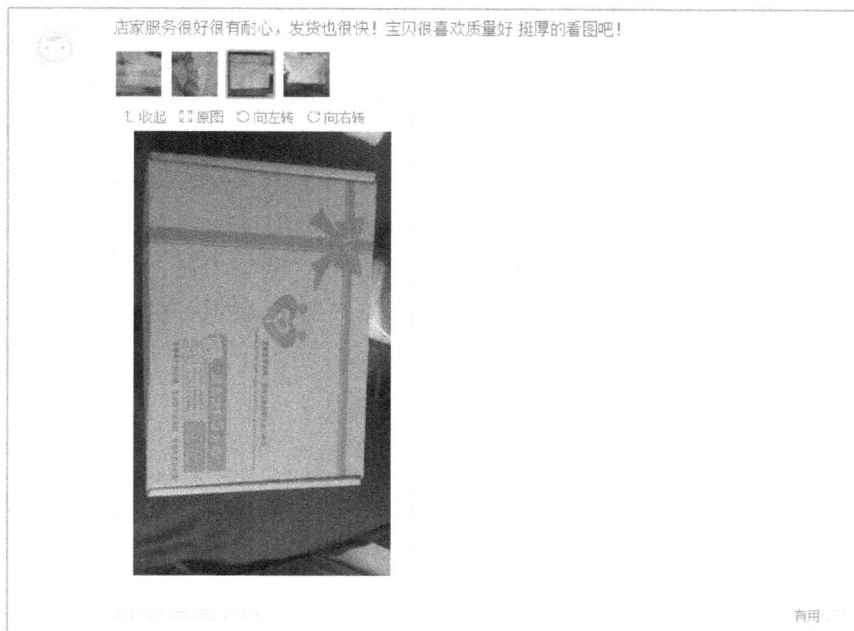

图 7-23　宝贝的包装

部分淘宝卖家为了节省包装费，直接用快递公司的包装袋，而在运输过程中，可能会出现碰撞挤压，导致买家在收到宝贝的时候可能会出现宝贝的包装不完整、外包装严重破损等情况。即使宝贝的质量再好，如果因为包装问题而引起买家的不满，导致买家对宝贝的印象大打折扣。

淘宝卖家在包装时需要注意的事项如下：

① 保持包装盒的干净与整洁，破旧的包装盒只会让买家怀疑宝贝的质量；

② 可以在包装盒内放一张小卡片、小手链、小挂饰等小礼品，小礼品的成本很低，但是能让买家感受到卖家的用心；

③ 切忌把商品的标签价格放置在包装盒内，因为一部分买家购买商品是用作礼物赠送朋友的。

本章小结

通过本章的学习，读者能够全面认识 DSR 动态评分的含义以及对店铺的重要性，再通过学习 DSR 动态评分的计算公式，进一步掌握如何计算店铺预期的 DSR 动态评分，分析比较自己店铺与同行业平均水平的差距，不断提升店铺 DSR 动态评分。最后，再根据宝贝与描述相符、卖家的服务态度以及卖家的发货速度 3 个方面全方位提升店铺 DSR 动态评分。

课后思考题

淘宝卖家小王通过不断地学习和研究，关于淘宝店铺的运营逐渐形成了科学的数据化运营模式，用数据分析买家的购买特性，掌握了自己店铺主力消费群体的消费时间段分布以及兴趣爱好特征等。小王根据同行业的变化情况，适当调整了自己店铺的销售战略，他的淘宝店铺已经开始渐入佳境。

最近的成交买家中，有一位买家的评分是 3 分。1 个 3 分的评分让小王店铺 DSR 动态评分中的"宝贝与描述相符""卖家的服务态度"两项指标直接"由红转绿"，宝贝与描述相符低于同行业 0.86%，卖家的服务态度低于同行业 0.91%。小王看到这种情况不禁傻眼了，为什么 1 个低评分就让店铺 DSR 动态评分出现这种状况？

请根据本章所学的知识，帮助小王分析出现这种情况的原因，并且找出相应的解决方法。

第 8 章
淘宝店铺的客服数据分析

随着淘宝网络购物的兴起，淘宝店铺迅速发展起来，进而产生了一个全新的职位——淘宝客服。淘宝店铺的客服人员在整个购物流程中扮演了及其重要的角色。

实际上，淘宝客服已经不再是简单的"聊天工具"，他们的角色正在进行转变，逐渐开始成为网络营销中关键的环节之一。对于淘宝卖家而言，首先应该认识到淘宝客服对整个店铺的重要性，然后根据店铺的实际情况制定科学的淘宝客服绩效考核制度，为培养金牌客服做准备。

本章关键词

- 淘宝客服的重要性
- 淘宝客服的工作流程中出现纠纷率最高的环节
- 淘宝客服 KPI 考核
- 淘宝客服等级的划分
- 打造店铺的金牌客服

本章数据分析中的图表展示

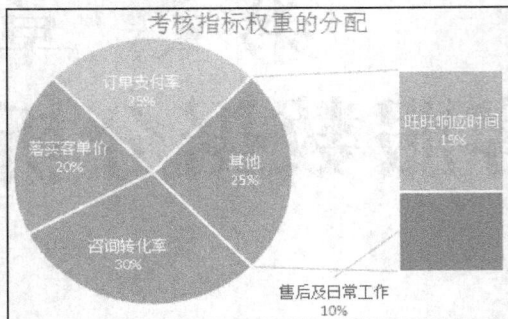

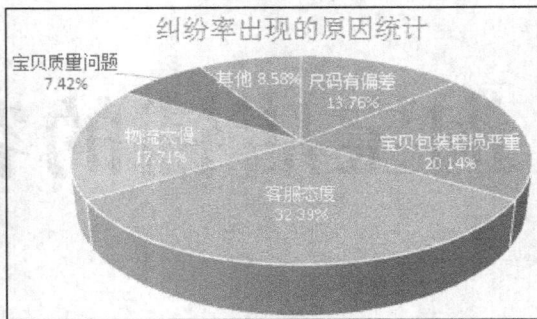

考核指标权重的分配

纠纷率出现的原因统计

8.1 淘宝客服的基础知识

如今，随着淘宝网络购物的发展，淘宝客服是一个网店人员构架不可缺少的组成部分。淘宝客服对整个店铺的发展有极其重要的推进作用，不容小觑。淘宝卖家想要管理好自己店铺的淘宝客服，最大程度上挖掘客服为店铺创造的利润和价值，那么首先需要了解到淘宝客服的相关基础知识。

8.1.1 淘宝客服的重要性

淘宝客服是指通过网络为买家提供答疑解惑、快件查询、售后服务等在线服务的专职工作人员，淘宝客服的实质是网店的一种服务形式。淘宝客服旨在协助店铺掌柜更高效率地管理店铺。图 8-1 所示为店铺运营结构金字塔。

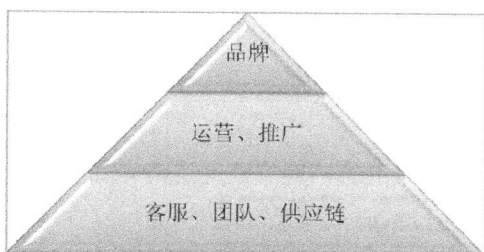

图 8-1　店铺运营结构金字塔

淘宝客服通过阿里旺旺与买家交流，了解买家的需求与喜好，解答买家的各种问题，进而达成交易，并且为买家提供优质的售后服务。图 8-2 所示为淘宝客服完整的工作流程图。

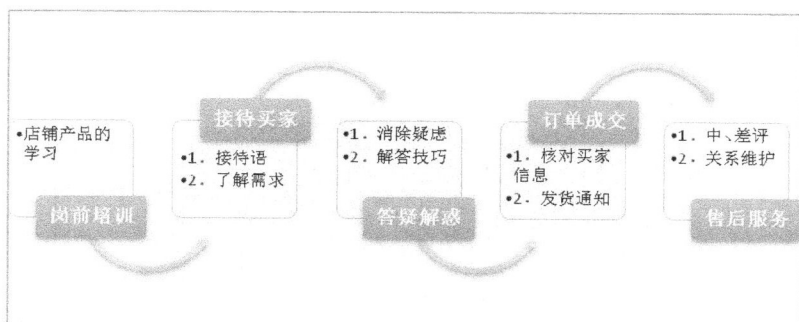

图 8-2　淘宝客服的工作流程图

淘宝客服是整个购物环节中很重要的一环。淘宝客服在宝贝销售、店铺推广、售后服务以及客户关系维护均有突出贡献。

①宝贝销售：根据买家的需求为其推荐相关的宝贝，为买家答疑解惑，提升店铺的成交转化率。

②店铺推广：淘宝客服的服务质量代表着整个店铺的水平和实力。淘宝客服相当于是店铺的门面，优质的服务能直接提升买家对店铺的印象。

③售后服务：解决宝贝退换货、物流、中差评等问题。

④客户关系维护：对店铺老客户以及高价值客户的关系进行维护。

8.1.2　淘宝客服工作流程中的纠纷率最高的环节

根据图 8-1 所示，淘宝客服的工作流程主要分为 5 个环节。在 5 个环节中，其中最关键的环节也是对店铺影响最大的环节，正面积极的影响对店铺发展是有利的，但是负面消极的影响给店铺造成的损失是十分严重的，"100 个好评抵不过 1 个差评"就是对此最真实的写照。

负面消极最多的环节往往也是纠纷率较高的环节，淘宝卖家需针对因纠纷率给店铺造成的损失率降到最低。图 8-3 所示为某主营女装的淘宝店铺最近 30 天内服务情况图，最近 30 天纠纷率为 0.02%，高于行业均值。其中淘宝介入处理退款 8 次，占总退款 2.9%。这些数据直接反映了当前该店铺存在很严重的问题。

店铺30天内服务情况			
	本店值		行业均值
平均退款速度:	1.81天	小于	3.14天
近30天退款率:	3.40%	小于	8.03%
近30天纠纷率:	0.02%	大于	0.01%
近30天处罚数:	0 次	小于	1.02次

近30天纠纷退款1笔

淘宝介入处理退款 8 笔, 占总退款2.90%
淘宝介入处理且判买家责任的退款 7 笔
淘宝介入处理且判卖家责任的退款 1 笔

纠纷退款: 淘宝介入处理且判为卖家责任的退款。

图 8-3　店铺最近 30 天纠纷率

淘宝卖家为了把售后环节引起的纠纷率降到最低, 针对店铺纠纷率的弧线环节进行了数据化的统计。图 8-4 所示为某主营女装的淘宝店铺统计的数据, 其中售后服务环节出现纠纷率高达 97.25%。

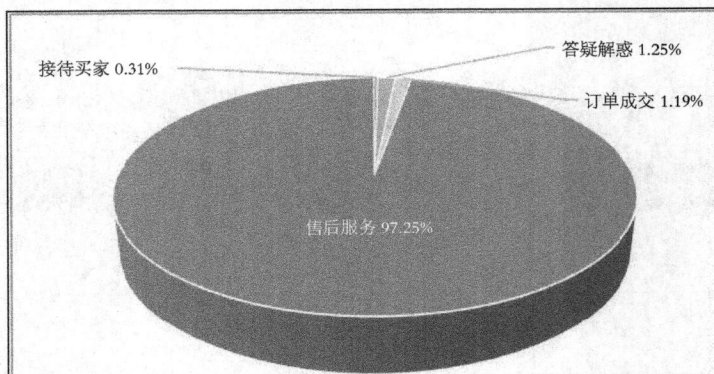

接待买家 0.31%　　答疑解惑 1.25%　　订单成交 1.19%　　售后服务 97.25%

图 8-4　店铺纠纷率出现环节统计图

为何售后环节的纠纷率如此之高呢? 该卖家继续对售后环节出现纠纷率的原因进行了统计分析, 如图 8-5 所示。其中物流问题引起纠纷的几率最高, 包括物流速度和宝贝包装磨损程度, 物流问题引起的纠纷率合计为 37.85%, 其次是客服态度, 最后是宝贝自身问题。

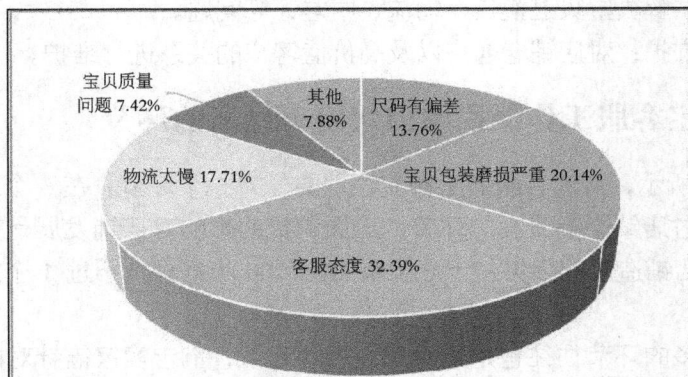

宝贝质量问题 7.42%　　其他 7.88%　　尺码有偏差 13.76%　　物流太慢 17.71%　　宝贝包装磨损严重 20.14%　　客服态度 32.39%

图 8-5　纠纷率的原因统计图

综上分析, 该店铺纠纷率最高的环节是售后环节, 其中物流问题和客服态度问题已经成为店铺纠纷率最高的因素。因此，解决影响店铺纠纷率的因素已经迫在眉睫。

首先，淘宝卖家考察物流公司的资质，选择性价比最高、口碑相对较好的物流公司作为店铺的物流合作伙伴；其次是加大对客服人员的培训和考核，利用科学合理的数据量化客服的工作，不断提升店铺的客服人员的综合能力。

8.2 淘宝客服 KPI 考核

淘宝店铺建立科学合理的关键绩效考核（Key Performance Indicator，KPI）考核制度是做好绩效考核管理的关键。对于淘宝掌柜而言，淘宝客服 KPI 考核制度把客服人员的业绩目标与店铺的整体运营目标相结合，能及时发现潜在的问题，并能及时反映给客服人员；进而实现对客服人员的 KPI 进行评价和管理，实现引导店铺向正确的方向发展。

8.2.1 淘宝客服 KPI 考核的含义

淘宝客服 KPI 考核是指淘宝卖家通过对客服人员进行目标式的量化考核，使店铺的总体运营目标可以分解为操作性强、分工明确的个体目标。同时，淘宝客服 KPI 考核明确规定了客服人员的主要任务，明确了每个客服人员的业绩衡量指标。

8.2.2 淘宝客服 KPI 模型

淘宝客服 KPI 考核主要是服务于店铺的整体业绩，为店铺的中后期发展做铺垫。通常而言，淘宝客服 KPI 模型主要分为单一模型和复合模型。

单一模型主要是根据客服人员的业绩进行考核，单一模型对客服人员能起到一定的激励作用，但是也会导致员工只顾个人业绩，忽视团队协作，不利于店铺的长期发展。因此，掌柜对客服的绩效考核需要采取更完善的复合模型。复合模型会根据多方面的数据指标对客服人员进行考核，一般情况下，复合模型的设计需要确定以下 3 个因素。

（1）考核的指标

店铺根据客服人员的工作质量、团队合作能力、工作态度等制定考核的指标。例如，成交转化率、客单价、旺旺响应时间等数据指标。

（2）评分的标准

掌柜分别对不同的考核指标制定相应的评分标准，评分标准的制定灵活，如销售的旺季和淡季分别制定不同的评分标准。

（3）权重的分配

权重分配是指为考核指标分配相应的权重。某一指标的权重能直接体现出该指标在整个模型中的相对重要程度，全部指标之和为 100%。

例如，某主营女装的淘宝店铺，现有 3 名客服，掌柜为了高效地管理整个客服团队，掌柜决定对客服人员采取 KPI 复合模型考核制度。图 8-6 所示为店铺考核指标权重的分配。

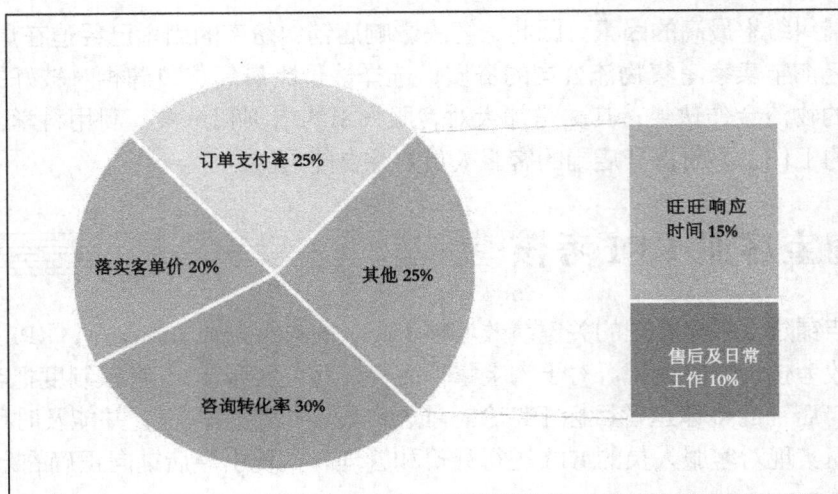

图 8-6　权重分配图

1. 咨询转化率

咨询转化率是指所有咨询客服并产生购买行为的人数与所有咨询客服总人数的比值。其内容在第 4 章已经作了详细的讲解，故在此处不再详述。表 8-1 所示为该店铺针对淘宝客服 KPI 考核制定的咨询转化率考核表。

表 8-1　咨询转化率考核表

KPI 考核指标	计算公式	评分标准	分值	权重
成交转化率（X）	咨询转化率=成交人数/咨询总人数	$X \geqslant 41\%$	100	30%
		$38\% \leqslant X < 41\%$	90	
		$35\% \leqslant X < 38\%$	80	
		$32\% \leqslant X < 35\%$	70	
		$28\% \leqslant X < 31\%$	60	
		$25\% \leqslant X < 28\%$	50	
		$X < 25\%$	0	

店铺掌柜对 3 名客服人员最近 30 天的咨询转化率作了统计，如表 8-2 所示；再结合表 8-1 分别计算出 3 名客服人员的成交转化率以及权重得分。

表 8-2　客服人员成交转化率统计表

客服人员	成交总人数	咨询总人数	成交转化率	得分	权重得分
A	88	275	32%	70	21
B	582	1455	40%	90	27
C	232	800	29%	60	18

从 3 名客服人员的成交转化率统计表可直接看出：B 客服的成交转化率最高，其次是 A 客服，最后是 C 客服。成交转化率能直接反映出一个客服人员的工作质量。在同等条件下，成交转化率越高，对店铺的贡献越大。

2．支付率

支付率是指支付宝成交总笔数与下单总笔数的比值。支付率直接影响着店铺的利润，除此之外，店铺支付率在一定程度上也会影响店铺的排名。表 8-3 所示为该店铺针对淘宝客服 KPI 考核制定的支付率考核表。

表 8-3　支付率考核表

KPI 考核指标	计算公式	评分标准	分值	权重
订单支付率（F）	支付率=支付宝成交笔数/下单总笔数	$F \geqslant 90\%$	100	25%
		$80\% \leqslant F < 90\%$	90	
		$70\% \leqslant F < 80\%$	80	
		$60\% \leqslant F < 70\%$	70	
		$50\% \leqslant F < 65\%$	60	
		$F < 50\%$	0	

表 8-4 所示为掌柜对 3 名客服人员最近 30 天的支付率统计表，再结合表 9-3 分别计算出 3 名客服人员的支付率以及权重得分。

表 8-4　客服人员支付率统计表

客服人员	支付宝成交笔数	下单总笔数	支付率	得分	权重得分
A	228	240	95%	100	25
B	247	325	76%	80	20
C	198	225	88%	90	22.5

从 3 名客服人员的支付率统计表可直接看出：A 客服的得分最高，然后是 C 客服，最后是 B 客服。

订单支付率是衡量店铺利润的指标之一，同时又和客服人员 KPI 考核息息相关。因此，淘宝掌柜需要加大对店铺支付率的重视，采取"以点带面"的考核方法提升店铺支付率，通过提升客服人员的支付率，进而达到提升店铺支付率的目的。

3．落实客单价

落实客单价是指在一定的周期内，客服个人的客单价与店铺客单价的比值。表 8-5 所示为该店铺针对淘宝客服 KPI 考核制定的客单价考核表。

表 8-5　落实客单价考核表

KPI 考核指标	计算公式	评分标准	分值	权重
客单价（Y）	落实客单价=客服客单价/店铺客单价	$Y \geqslant 1.23$	100	20%
		$1.21 \leqslant Y < 1.23$	90	
		$1.19 \leqslant Y < 1.21$	80	
		$1.17 \leqslant Y < 1.19$	70	
		$1.15 \leqslant Y < 1.17$	60	
		$Y < 1.15$	0	

表 8-6 所示为掌柜对 3 名客服人员最近 30 天的落实客单价统计，根据表 8-6 可以计算出 3 名客服人员的落实客单价以及权重得分。

表 8-6　客服人员落实客单价统计表

客服人员	客服客单价	店铺客单价	落实客单价	得分	权重得分
A	78.23	66.3	1.18	70	14
B	76.9	66.3	1.16	60	12
C	82.8	66.3	1.24	100	20

从 3 名客服人员的落实客单价统计表中可直接看出：C 客服的落实客单价最高，其次是 A 客服，C 客服最低。落实客单价直接把客服个人客单价与店铺客单价联系起来，掌柜可以很直观地看出整个团队中的水平，更容易及时发现问题，有利于整个团队 KPI 的提升。

4．响应时间

响应时间是指当买家咨询后，客服回复买家的时间间隔。响应时间又分为首次响应时间和平均响应时间。表 8-7 所示为店铺针对淘宝客服人员制定的首次响应时间和平均响应时间的考核表。

表 8-7　响应时间考核表

KPI 考核指标	评分标准	分值	权重
首次响应时间（ST）	$ST \leqslant 10$	100	10%
	$10 < ST \leqslant 15$	90	
	$15 < ST \leqslant 20$	80	
	$20 < ST \leqslant 25$	70	
	$25 < ST \leqslant 30$	60	
	$ST > 30$	0	

KPI 考核指标	评分标准	分值	权重
平均响应时间（PT）	PT≤20	100	5%
	20＜ST≤25	90	
	25＜ST≤30	80	
	30＜ST≤35	70	
	35＜ST≤40	60	
	ST＞40	0	

表 8-8 所示为掌柜对 3 名客服人员最近 30 天的响应时间统计，根据表 8-7 可以计算出 3 名客服人员的首次响应时间和平均响应时间的得分和权重得分。

表 8-8　客服人员响应时间统计表

客服人员	首次响应时间	得分	权重得分	平均响应时间	得分	权重得分
A	13	90	9	21	80	4.5
B	8	100	10	19	100	5
C	16	80	8	27	80	4

从 3 名客服人员响应时间统计表可直接看出：B 客服的响应时间最短，其次是 A 客服，最后是 C 客服。

响应时间是影响成交转化率的因素之一，当买家通过阿里旺旺咨询客服，表明买家对该宝贝比较感兴趣，客服的响应时间就会影响宝贝的成交转化率，如果客服的响应时间短、回复专业、态度热情，那么，将会大大提升宝贝的成交转化率。

5. 售后

淘宝客服 KPI 复合模型能够根据不同的指标对客服进行全方位的考核。除了相关的数据指标之外，还包括对淘宝客服的售后以及日常工作进行考核。如表 8-9 所示为该店铺对淘宝客服售后和日常工作的考核表。

表 8-9　售后及日常工作考核表

PKI 指标	评分标准	分值	权重
月退货量（T）	T＜3	100	5%
	3≤T＜10	80	
	10≤T＜20	60	
	T≥20	0	

掌柜对 3 名客服人员最近 30 天的售后服务统计，如表 8-10 所示，根据表 8-9 可以计算出 3 名客服人员的月退货量的权重得分。

表 8-10　客服人员售后统计表

客服人员	月退货量	月成交量	月均退货率	得分	权重得分
A	6	289	2.07%	80	4
B	23	423	5.43%	60	3
C	0	260	0%	100	5

从客服人员售后统计表中可直接看出：C 客服的月均退货率最低，其次是 A 客服，B 客服的退货率最高。退货率能直接反映出客服的服务质量，当客服与买家沟通的时候，应该注意一定的方式与技巧，结合买家的喜好推荐商品。

综上所述，该店铺掌柜结合咨询转化率、支付率、落实客单价等数据指标对店铺的客服人员进行综合考察，如表 8-11 所示。

表 8-11　客服人员 KPI 权重得分

	A	B	C
咨询转化率	32%	40%	29%
支付率	95%	76%	88%
落实客单价	1.18	1.16	1.24
首次响应时间	13	8	16
平均响应时间	21	19	27
退货率	2.07%	5.43%	0%
权重得分	77.5	77	77.5

根据客服人员 KPI 复合考核表可知：A、C 客服的综合水平最高，其次是 B 客服。3 位客服的权重得分相差不大，但是根据各类数据指标分析，A 客服的综合水平位于中等，因为 A 客服的大部分数据都介于 B、C 客服之间；B 客服的咨询转化率较高，但是退货率也是最高的；C 客服的支付率较高，且退货率在 3 人中最低。

当掌柜综合分析了 3 为客服人员的情况后，就应该针对 3 为客服目前存在的问题作出相应的改进：

A 客服需要降低响应时间，及时回复买家的咨询，提升潜在的成交转化率；同时，尽量降低退货率，和买家在交流沟通的时候注意方式方法；

B 客服急需提升支付率，转化率很高，但是支付率过低，严重影响个人的业绩考核；同时，提升售后服务能力和水平，逐步降低退货率；

C 客服需要提升咨询转化率，而影响咨询转化率很重要的一个因素就是响应时间，因此，C 客服目前应该缩短旺旺响应时间。

淘宝客服 KPI 复合模型从多方面对客服进行考核，不仅仅是个人的业绩能力，更是团队协作能力、工作态度等多方面指标，能够更加透彻地反映出目前客服团队存在的问题。

淘宝客服 KPI 复合模型也将客服个人与整个店铺联系起来。淘宝店铺的运营也和"木桶效应"相似：一只水桶能装多少水取决于它最短的那块木板。当最短的那只木板得到提升，整个水桶的容积就会得到提升。因此，淘宝掌柜需要通过 KPI 考核的数据分析客服团队存在的"短板"，并逐步弥补和提升。

8.3　打造店铺金牌客服

在一个淘宝店铺的价值创造过程中有这样的规律：20%的骨干客服人员能创造整个店铺 80%的价值，这 20%的客服人员具有成交转化率高、服务质量高以及纠纷处理能力强等特点。因此，这部分骨干客服人员也被称之为"金牌客服"。所以，淘宝掌柜必须思考的是：针对这部分核心员工，该如何制定相应的考核标准？

8.3.1　淘宝客服等级的划分

淘宝客服是淘宝店铺发展的重要支柱，淘宝店铺制定出完善的客服考核制度是打造金牌客服的前提与基础。店铺掌柜可以采取平衡计分卡（The Balanced Score Card， BSC）制定出店铺客服的考核标准。图 8-7 所示为平衡计分卡的组成。

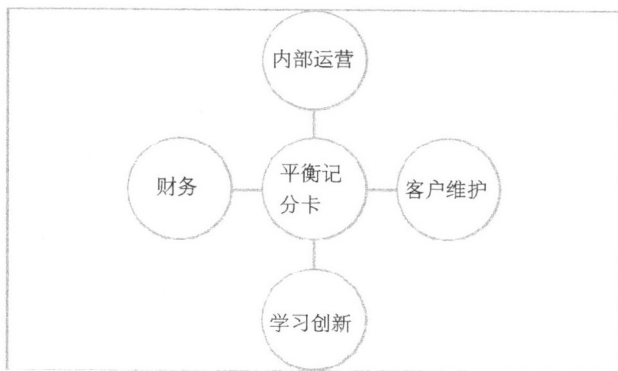

图 8-7　平衡计分卡绩效考核的四大维度

平衡计分卡是以内部运营、客户维护、学习创新以及财务为维度，根据淘宝店铺的组织战略要求而设计的指标体系。平衡计分卡是一种有效的店铺绩效考核的管理工具，它将店铺的整体战略目标逐层分解转化为多种相互平衡的绩效考核体系，并针对这些指标的实现情况进行考核，从而保证店铺的整体战略目标得到有效的执行。而金牌客服的考核标准主要是按照客户维护以及学习创新两个维度来制定。

1．客户维护

某淘宝店铺在前期加大宣传的力度，在近期，店铺新增了 100 个新客户，但是因为老客户关系维护不到位，同时也流失了 100 个老客户。如果仅仅是从成交额看，似乎并没有太大的影响，但是实际上为了促成这 100 个新客户，店铺在宣传和推广等方面所花费的成本远远高于维护老客户的成本，从投资和回报的比率来看，这种运营之道是不可取的。但是这并不代表店铺不需要开发新客户。

客户维护是平衡计分卡绩效考核的关键。店铺要生存和发展，必须创造利润和价值。一般而言，一个店铺总会有新的客户进来，但是也会有老客户流失。因此，维护新老客户关系成为店铺对金牌客服考核的核心。

例如，某淘宝店铺主营女式箱包，因为店铺的发展，现已有客服 5 人，掌柜对客服的工作实行整箱激励，并且制定了金牌客服的考核标准。图 8-8 所示为客户关系维护的三大考核点。

图 8-8　客户关系维护的三大考核点

（1）客户忠诚度

客户忠诚度又称作客户黏度，它是指消费者对某一商品或服务产生了好感和信赖，形成了"依附性"偏好，进而重复购买的一种趋势。客户黏度主要是从回头客占比、老客户流失率、平均购买周期 3 个指标进行考核，如表 8-12 所示。

表 8-12　客户黏度考核表

第一层指标	第二层指标	第三层指标	客服等级
客户黏度	回头客占比（A）	$A>70\%$	金牌客服
		$50\%<A\leqslant70\%$	高级客服
		$30\%<A\leqslant50\%$	中级客服
		$A<30\%$	初级客服
	老客户流失率（B）	$B<20\%$	金牌客服
		$20\%\leqslant B<30\%$	高级客服
		$30\%\leqslant B<40\%$	中级客服
		$B\geqslant40\%$	初级客服
	平均购买周期（Q）	$Q<45$ 天	金牌客服
		$45\leqslant Q<70$ 天	高级客服
		$70\leqslant Q<95$ 天	中级客服
		$Q\geqslant95$ 天	初级客服

回头客占比是指以前在店铺产生过消费行为的客户与访客总数的比值。回头客占比越高，说明客户黏度越强。如表 8-12 所示，金牌客服的回头客占比大于 70%，说明金牌客服主要成交额来自于回头客，所以，回头客是最具有价值的客户。

老客户流失率是指流失的老客户与所有客户的比值。老客户流失率能直接反映出客服关系维护是否到位。对于淘宝客服而言，应尽量减少老客户的流失率。因为老客户的流失就意味着销售业绩的下降。

平均购买周期是指在店铺内，累计消费次数大于或等于 2 次，小于 100 次的客户（不包括批发商），平均相邻两次成交的时间。不同店铺经营的类目不同，对于日常消费品类目，平均购买周期较短，而耐消品的平均购买周期相对较长。所以，店铺掌柜在制定该项考核指标需要根据店铺的实际情况来制定。

客户黏度是客户忠诚营销活动中心结构，也是衡量客户对商品以及店铺的重要标尺。客户黏度营销的最终目的就是实现利润的最大化，客户黏度的小幅度提升，客服的业绩可能会大幅度上升。因此，淘宝客服在维护新老客户关系的最根本的立足点就是提升客户黏度。

（2）吸引新客户的能力

新客户的成交人数能反映出店铺对新客户的吸引程度，而其中很重要的一个因素就是客服的"催化"作用。吸引新客户能力主要从新客户成交转化率、新客户 N 天的重复购买率以及吸引新客户成本 3 个指标进行分析，如表 8-13 所示。

表 8-13　吸引新顾客能力考核表

吸引新客户能力	新客户成交转化率（C）	$C>80\%$	金牌客服
		$70\%<C\leqslant80\%$	高级客服
		$60\%<C\leqslant70\%$	中级客服
		$C\leqslant60\%$	初级客服
	新客户 N 天的重复购买率（D）	$D>10\%$	金牌客服
		$7\%<D\leqslant10\%$	高级客服
		$4\%<D\leqslant7\%$	中级客服
		$D\leqslant4\%$	初级客服
	新客户 N 天的客户保持率（E）	$E>5\%$	金牌客服
		$4\%<E\leqslant5\%$	高级客服
		$3\%<E\leqslant4\%$	中级客服
		$E\leqslant3\%$	初级客服

新客户成交转化率是指之前没有购买记录访问并下单成交的客户与总访客的比值。新客户成交转化率直接体现了不同等级客服的服务质量。服务水平较高的客服能准确抓住客户的需求和喜好进行精准营销。

新客户 N 天的重复购买率是指在 N 天内产生的新客户中，有过第 2 次及其以上购买行为的客户比例。这一数据指标从侧面反映了宝贝的质量以及客服的服务水平。

新客户 N 天的客户保持率是指统计某一天的客户总数，把其中之前没有过购买记录的客户挑选出来，这一部分客户也就是新客户。这部分客户中在接下来的 N 天中可能会有重复购买的行为。这一小部分客户就被称之为新客户 N 天的客户保持率。

例如，该女式箱包店铺在 5 月 20 日共有 300 人成交，其中 190 人是之前没有过购买记录的新客户。在接下来的 7 天中，这 190 人中有 15 人有过重复购买记录，那么，该店铺的新客户 7 天的客户保持率为 15/190=7.89%

吸引新客户的能力主要是针对初次在店铺消费的客户的关系的维护，对于中高级客服而言，这部分客户是提升自己业绩的关键之处，中高级客服凭借积累的销售经验、娴熟的销售能力以及优质的售后服务能迅速"抢夺"到大部分资源；而对于初级客服而言，最基础的是熟悉产品各方面的知识，用最真诚的服务态度打动客户。

（3）客户的消费能力

客户的消费能力是指消费者在一定的单位时间内的生活资料使用价值。客户的消费能力是影响店铺利润的重要因素之一，不同消费层级的客户为店铺带来的利润和价值不同。所以，维护好不同消费层级的客户也是区分客户等级的标准之一，如表 8-14 所示。

表 8-14　客户的消费能力考核表

客户的消费能力	日均客单价（M）	$M>300$	金牌客服
		$200<M\leqslant300$	高级客服
		$100<M\leqslant200$	中级客服
		$M\leqslant100$	初级客服
	月销售总额（G）	$G>6000$	金牌客服
		$4000<G\leqslant6000$	高级客服
		$2000<G\leqslant4000$	中级客服
		$G\leqslant2000$	初级客服
	指标完成率（J）	$J>90\%$	金牌客服
		$80\%<J\leqslant90\%$	高级客服
		$70\%<J\leqslant80\%$	中级客服
		$J\leqslant70\%$	初级客服

日均客单价是指店铺每日销售额与客户总数的比值。一般情况而言，一天多次购买的客户都合并为一个订单。

月销售额是指每个淘宝客服的每月实际销售总额。月销售额是考察客服的销售能力的重要指标，也是淘宝客服考核的核心指标之一。

指标完成率是指实际销售额与计划销售额的比值。例如，该店铺甲客户的月销售额为 4 973 元，计划销售额为 5 000 元，因此，该客服的指标完成率为 4973/5000=99.46%。

客服的消费能力主要是考验店铺客服区分和维护不同消费层级客户的能力，重点维护高价值消费层级的客户。

2．学习创新

学习是创新的基础，创新是学习的拓展。学习不仅仅是为了创新，但是创新却离不开学习。因此，学习创新是考核淘宝客服的核心指标。结合图 8-8 所示范例，该店铺对淘宝客服制定了学习和创新的考核表，如表 8-15 所示。

表 8-15　学习创新考核表

第一层指标	第二层指标	第三层指标	客服等级
学习创新	员工被顾客认知度（L）	$L>80\%$	金牌客服
		$60\%<L\leqslant80\%$	高级客服
		$40\%<L\leqslant60\%$	中级客服
		$L\leqslant40\%$	初级客服
	员工培训耗时（H）	$H<50$	金牌客服
		$50\leqslant H<100$	高级客服
		$100\leqslant H<150$	中级客服
		$H\geqslant150$	初级客服
	每吸引 100 个新客户所需成本（W）	$W<100$	金牌客服
		$100\leqslant W<200$	高级客服
		$200\leqslant W<300$	中级客服
		$W\geqslant300$	初级客服

客服人员的学习创新能力很大程度上能影响店铺的发展，客服人员的学习创新能力越强，所需要的时间成本和金钱成本越少，进而为店铺的发展和壮大的贡献越大。因此，学习和创新能力也是客服等级考核的标准之一。

8.3.2　数据化打造金牌客服

网店客服的实质主要是通过阿里旺旺与客户打交道。客服要想通过阿里旺旺把店铺宝贝销售出去，首先就要去了解客户目前的需求，并且推荐相关的商品，通过相互的交流和沟通，最终促成交易。随着消费者消费心理的日益成熟，网络购物机制的日益完善，商品类目的日益丰富，整个市场的天平已经逐渐开始由卖家向买家倾斜，目前，客服的工作面临着越来越多的挑战，具体来分析，如图 8-9 所示。

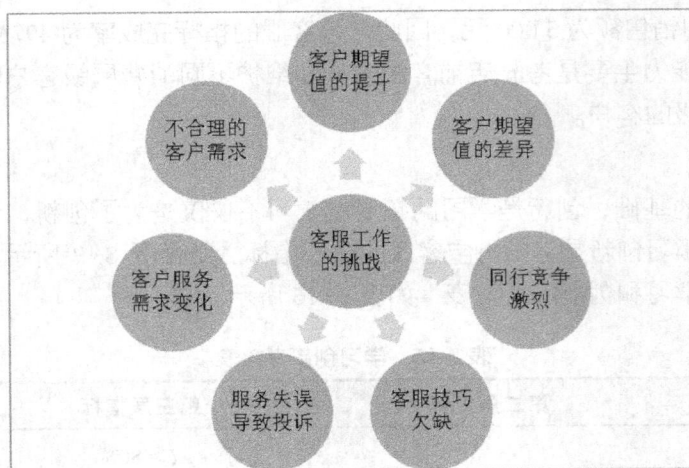

图 8-9　客服工作的挑战

例如，现有甲、乙两家主营女装的淘宝店铺，相关的数据指标如表 8-16 所示。

表 8-16　甲乙店铺的数据指标对比

	甲店铺	乙店铺
客服人数	3 人	6 人
有效日均咨询人数	2 000 人次	1 300 人次
成交转化率	53.46%	32.15%
客服工资	9 000 元	9 000 元
月销售额	40 万	20 万

根据表 8-16 所示的数据可知：甲店铺的有效日均咨询人数和成交转换率两项关键性指标均高于乙店铺，相应的，甲店铺的月销售额也高于乙店铺。因此，店铺客服的人数越多，并不代表能为店铺创造的价值更高。淘宝掌柜制定有效的考核指标才是打造金牌客服和提升店铺利润的关键之处。

所以，淘宝掌柜建立适应电子商务发展模式的绩效考核已经迫在眉睫了。那么，针对于部分中小卖家而言，掌柜该从哪些方面打造金牌客服呢？首先，淘宝掌柜应该明确自己店铺的金牌客服需要具有哪些能力？如何利用数据化方法管理客服和打造客服？接下来将具体为淘宝卖家讲解如何打造店铺的金牌客服人员。图 8-10 所示为金牌客服人员的考核指标。

1．订单价值

订单价值是指订单为店铺带来的利润和价值，主要包含成交额、成交比重、订单数、客单价以及异常订单数。其中异常订单数是指客服人员出现抢单、冒领订单以及改单等影响正常工作秩序的现象。

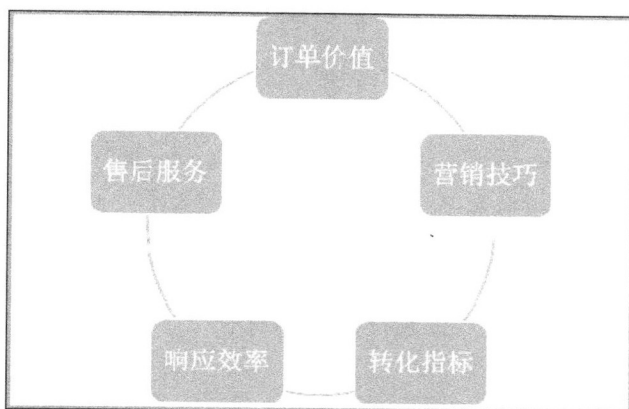

图 8-10 金牌客服考核标准

分析订单的价值可以直接从成交额入手。在单位时间内，成交额=订单数 × 客单价，即在单位时间内交易成功的订单总数乘以人均消费金额。

例如，某主营女包的淘宝店铺现有客服 3 名，掌柜根据 3 名客服最近 30 天的订单价值的相关数据指标做了统计，如表 8-17 所示。

表 8-17 金牌客服订单价值考核

	成交额/元	成交比重	订单数/件	客单价/元	异常订单数/件
A	5391	50.89%	132	40.84	9
B	2640	24.92%	130	20.30	0
C	2561	24.18%	125	20.49	0

根据表 8-17 可知：成交额是影响订单价值的主要因素之一，而成交额又与订单数和客单价有关。从整体而言，A 客服的订单价值对店铺产生的价值最大，其次是 B 客服，最后是 C 客服。当客服人员的订单数和客单价得到提升后，成交额也会得到提升。但是在提升订单数和客单价的同时，客服人员需要公平公正地参与竞争，如果其中出现抢单、冒领订单以及改单等情况，掌柜需要采取相应的惩罚措施。

2．营销技巧

营销技巧是指客服人员根据不同的场合采取相应的销售技巧，提升客单价。淘宝掌柜主要是从滞销品销售、主动营销以及组合营销 3 方面对客服进行培养。

滞销品是指店铺的尾货或是商品款式已经过时，这一部分商品需要客服人员进行清仓处理，以低价吸引买家的注意力，为店铺带来流量。

主动营销是指客服人员根据买家的需求和喜好，进行商品的推荐营销。在清楚掌握买家的需求基础上再进行主动营销能直接提升客服人员个人的业绩。下面是该店铺客服人员与买家之间的对话。

买家：亲，请问在吗？

客服：您好，亲，欢迎光临，请问有什么能帮助您？

买家：我想买这款连衣裙，就是不晓得合身不？

客服：亲，您方便告诉您的身高和体重吗？我可以帮忙参考，给您推荐最完美的型号喔。(*^__^*) 嘻嘻……

买家：身高 163cm，体重 46kg

客服：亲的身材真好，亲，建议您买 L 号的。O(∩_∩)O

买家：嗯………我再看看吧…………

客服：亲，您还有什么地方不明白的呢？您可以告诉我喔。(* ^ － ^ *)

买家：…………这款裙子的袖口设计不是很喜欢……

客服：那请问亲喜欢哪种风格的连衣裙呢？

买家：小清新森女风格的。

亲，这是我们店刚新上的小清新连衣裙*****************您看看这是您喜欢的款式吗?		客服
买家	还不错呢。谢谢推荐!	
不客气，应该的。如果亲喜欢的话，可以拍下喔，我们会尽快安排发货 o(∩_∩)o		客服
买家	好的，拍下了	
感谢您的惠顾，我们将竭诚为您服务，期待您的下次光临(*＾－＾*)		客服

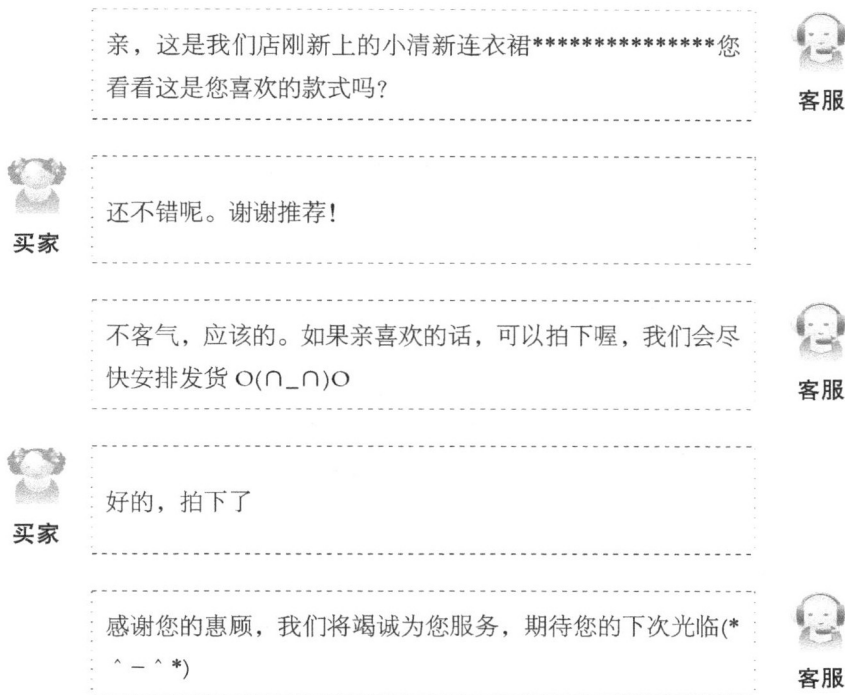

营销技巧是客服人员对客户心理、产品专业知识、社会常识、表达能力以及沟通能力等方面灵活的掌控与运用。营销过程就是人与人之间沟通的过程，营销技巧是销售能力的体现，也是一种工作的技能。

3．转化指标

转化指标是指客服人员引导买家产生的购买行为。转化指标主要包括咨询转化率、平均订单数以及日均转化率。

结合表 8-17 的案例，该店的掌柜对 3 位客服人员的转化指标做了相关的统计，如表 8-18 所示。

表 8-18　金牌客服转化指标考核

	日均订单数/件	咨询转化率	静默转化率	新客户转化率
A	4.4	46.33%	9.16%	62.78%
B	4.3	31.42%	3.47%	48.61%
C	4.16	32.56%	5.30%	53.72%

根据表 8-18 可知：综合各项转化指标来分析，A 客服的综合转化率最高，其次是 C 客服，最后是 B 客服。影响转化率的因素之一就是订单数，当店铺的订单数得到进一步的提升，成交转化率也会提升。

4．响应效率

响应效率是影响成交转化率的重要指标。响应时间越短，买家的问题能在第一时间内得到解决，如果响应时间过长，买家会失去等待的耐心，从而导致店铺失去潜在的买家。

响应时间主要包括首次响应时间、平均响应时间和未回复客户数。其中首次响应时间是指客服人员对买家第一次回复用时的平均值，帮助掌柜分析客服人员的响应够不够及时；平均响应时间是指客服人员每次回复买家用时的平均值；未回复客户数是指客服人员未接待的有效客户的总人数。

表 8-19 所示为该掌柜对 3 位客服人员的响应时间进行统计。

表 8-19　金牌客服响应时间考核

	首次响应时间/S	平均响应时间/S	日均未回复客户数/人
A	8	13	158
B	12	20	261
C	10	21	249

根据表 8-19 可知：A 客服的效率最高，其次是 C 客服，最后是 B 客服。效应效率能考验一个客服人员的工作能力和抗压能力。掌柜根据客服人员的响应时间可以基本上判断出不同客服人员的工作效率以及工作态度。

5．售后服务

售后服务是指在商品销售以后，卖家为买家提供的各种服务活动。从店铺的长远发展来看，售后服务也是一种销售，买家提供的优质的售后服务能获得消费者的信赖，提升店铺的信誉，扩大商品的市场占有率，进而提升客服人员销售工作的效率，如图 8-11 所示。

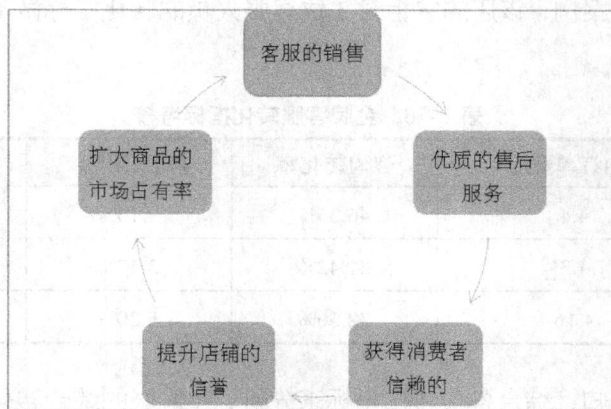

图 8-11　售后服务对店铺发展的贡献

淘宝店铺的售后服务主要包括中差评的处理和退换货率的控制。表 8-20 所示为该掌柜对 3 位客服人员的售后服务的统计。

表 8-20　金牌客服售后服务考核

	中评数	差评数	中差评处理率	退换货率
A	3	4	83.89%	17.16%
B	6	2	86.77%	16.44%
C	2	3	80.41%	19.79%

根据表 8-20 可知：B 客服的售后服务质量最高，其次是 A 客服，最后 C 客户。中差评是影响店铺 DSR 动态评分的重要因素，当店铺出现中差评时，客服人员务必在第一时间内联系买家，询问原因并协商解决的办法。中差评处理率是评价一个客服人员的售后服务水平最有力的数据。

其中退换货率既是考验客服人员服务质量很重要的指标之一，也是最容易产生纠纷的环节。因为退换货的途中会产生快递费用，客服人员在这一环节需要和买家进行有效的沟通。如果宝贝出现非质量问题引起的退换货，客服人员应该明确告知买家，这其中产生的快递费用由买家自负，并且客服人员在退换货的过程中应该全程跟踪物流、退款的去向以及对买家情绪的安抚。

售后服务是售后很重要的环节。客观地讲，售后服务是市场经济发展的产物。

在电子商务市场经济竞争日益激烈的今天，随着消费者的消费理念和维权意识的变化，消费者不再是仅仅关注商品本身，也很注重卖家为商品提供的售后服务。

本章小结

通过本章的学习，读者认识到淘宝客服对店铺的重要性，在了解了客服工作流程的基础之上，进一步分析了在整个工作流程中出现纠纷率最高的环节，即售后环节。接下来是对淘宝客服人员进行 KPI 绩效考核，淘宝掌柜利用全面充分的数据对客服人员进行综合考核，为店铺打造金牌客服"埋伏笔"。最后针对店铺的实际情况对客服进行等级划分，利用数据化模式打造出店铺的金牌客服。

课后思考题

随着店铺的规模扩大，淘宝卖家小王又将多了一个身份——淘宝掌柜。因为经过之前的学习和摸索，小王的店铺生意逐渐扩大，很多时候一个人根本无法回复多个买家的咨询，错失了很多的潜在买家。因此，小王决定招聘 3 名客服人员，在客服人员的协助下，小王的工作负担一下子减轻了很多，于是，他有更多的时间进行店铺的相关数据研究分析。

一段时间后，小王发现：统一的薪酬制度很容易打击客服人员的工作积极性。可是，小王并非人力资源管理相关专业的人员，不懂如何制定淘宝客服人员的考核标准，也不知道该从哪些方面去培养店铺的金牌客服。

请你结合本章所学知识，为小王制定一套完整的淘宝客服的考核标准。

第9章
淘宝店铺的利润分析

淘宝店铺运营的最终目的就是实现店铺的利润最大化。要想实现店铺的利润最大化，店铺掌柜就必须分析影响店铺利润的因素，并且通过不断优化影响利润的因素，提升店铺的利润。

从店铺的数据化运营的角度出发，增加成交额、减少成本是提升利润的重要途径。淘宝店铺应该根据目前店铺的实际情况以及淘宝市场的最新动态和发展趋势做出相应的有关运营的战略性调整，提前对店铺的运营成本进行预测和分析，正确处理"开源"与"节流"的关系；转变"节约就是降低成本"的传统运营观念，善于从产出与投入的关系进行分析。做到用最少的成本，创造出更大的利润和价值。

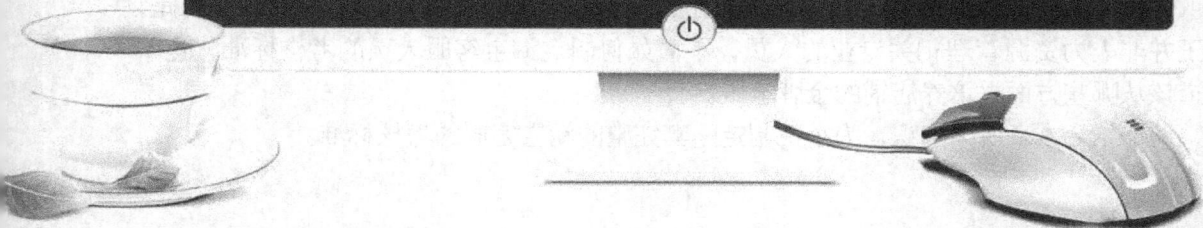

本章关键词

- 利润与利润率的定义
- 影响店铺成本的因素
- 店铺利润预测法
- 店铺利润的规划求解

本章数据分析中的图表展示

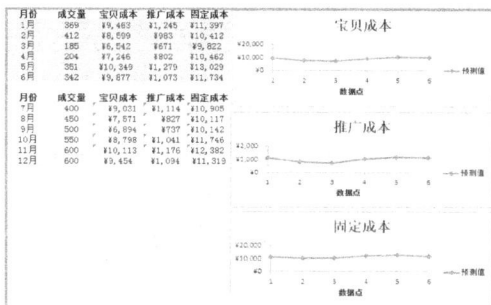

月份	成文量	宝贝成本	推广成本	固定成本
1月	369	¥9,463	¥1,245	¥11,397
2月	412	¥8,599	¥983	¥10,412
3月	185	¥6,542	¥671	¥9,822
4月	204	¥7,246	¥802	¥10,462
5月	351	¥10,349	¥1,279	¥13,029
6月	342	¥9,877	¥1,073	¥11,734

月份	成文量	宝贝成本	推广成本	固定成本
7月	400	¥9,031	¥1,114	¥10,905
8月	450	¥7,871	¥827	¥10,117
9月	500	¥6,894	¥737	¥10,142
10月	550	¥8,798	¥1,041	¥11,746
11月	600	¥10,113	¥1,176	¥12,382
12月	600	¥9,454	¥1,094	¥11,319

宝贝成本

推广成本

固定成本

Microsoft Excel 15.0 运算结果报告

目标单元格（最大值）

单元格	名称	初值	终值		
$E$8	6月 利润	6145.1784	6145.1784		

可变单元格

单元格	名称	初值	终值	整数
$C$8	6月 固定成本	15931.944	15931.944	约束

约束

单元格	名称	单元格值	公式	状态	型数值
$C$8	6月 固定成本	15931.944	$C$8>=$D$8*0.7	到达限制值	0

9.1 店铺利润与利润率的定义

在学习了这么多淘宝开店的方法和规则之后，接下来需要进行更深层次的分析和思考。作为一名淘宝卖家，即使是有再多的经营方法和技巧也是最基础的积累，更深入的理解则需要分析店铺的盈利模式。

淘宝店铺的发展离不开盈利模式，一个好的盈利模式是保证店铺发展与壮大的前提。那么，淘宝卖家该如何确定店铺的盈利模式呢？首先，应该确定店铺的利润与利润率之间的关系。

利润是指包括收入与成本的差额，以及其他直接计入损益的利得和损失。利润也被称之为净利润或者说净收益。如果用 P 代表利润，K 代表商品成本，W 代表收入，那么利润的计算公式为：$P=W-K$。

利润率是指利润值的转化形式，是同一剩余价值量的不同计算方法。如果用 P' 代表利润率，K 代表商品成本，W 代表收入，那么利润率的计算公式为 $P'=(W-K)/K$。利润率分为成本利润率、销售利润率以及产值利润率，本章主要讨论成本利润率。

例如，某主营童装的淘宝店铺的掌柜为了核算店铺 4~6 月的利润，根据相关的数据指标进行了统计，如表 9-1 所示。

表 9-1 店铺利润与利润率

表 9-1 店铺利润与利润率

	成交量 （件）	成交均价 （元）	店铺成交额 （元）	店铺总成本 （元）	店铺利润 （元）	成本利润率
4 月	1346	94.75	128481	23928.3	104552.7	43.69%
5 月	1209	95.19	115084.71	22468.1	92616.61	41.22%
6 月	1532	86.26	132150.32	25752.8	106397.52	41.31%

根据表 9-1 分析可知：从整体上分析，在店铺的总成本变化不大的情况下，店铺的利润与成交量和成交均价相关。成本利润率越高，说明店铺为获得相应的利润需要付出的代价越小，所以，店铺掌柜需要在最大程度上提升成本利润率。

9.2 影响店铺盈利的因素

淘宝店铺的运营核心部分仍然是盈利。对于大部分的淘宝卖家而言，如何利用最少的成本获取最大的利润才是最关心的问题。首先，淘宝卖家应该明确影响店铺盈利的因素有哪些，然后再对各个影响因素进行深入的分析和总结。

淘宝卖家可以把利润的计算公式作为盈利分析的切入口，店铺利润=店铺成交额-店铺总成本，因此，影响店铺利润的因素只有两个，分别是店铺成交额和店铺总成本。再对这两个因素进行细分，淘宝卖家要想实现店铺的利润最大化，最理想的状态是提升店铺成交额，降低店铺总成本，但是在正常情况下，店铺通常会减少总成本来提升店铺利润的方法。

一般而言，减少总成本需要先分析影响总成本的因素，即影响店铺盈利的因素；而影响店铺总成本的因素主要有宝贝成本、推广成本以及固定成本。下面分别对相关的影响因素进行深入的分析。

9.2.1 宝贝成本

宝贝成本是店铺总成本构成的关键部分之一。淘宝卖家在运营整个淘宝店铺的过程中，关于成本的预测、分析、决策和控制都是必不可少的。而在决策和控制中需要先对宝贝成本进行预测和分析，根据店铺之前的宝贝成本的相关数据进行研究。

例如，某淘宝店铺主营女士服装，店铺 80%类目的宝贝来自当地的批发市场，其余20%类目的宝贝则是选择从阿里巴巴批发商城进货。图 9-1 所示为该店铺宝贝成本的构成图。

在当地的批发市场进货则需要安排员工进货，会产生一定的人工成本；在阿里巴巴批发商城进货则会产生相应的快递运输费，并且在运输途中可能会出现宝贝损耗、快件丢失等情况。

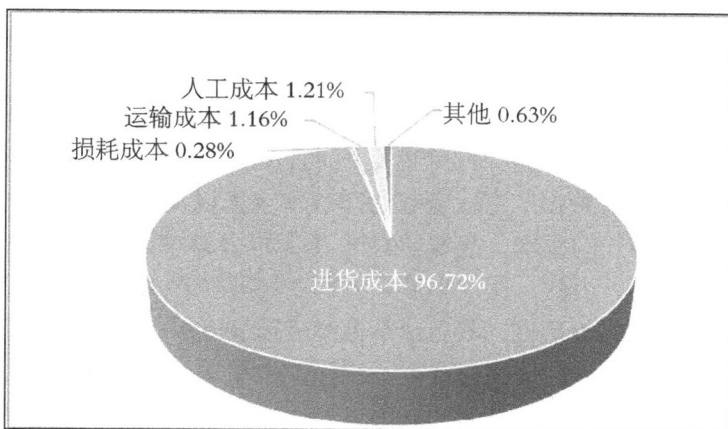

图 9-1　宝贝成本的构成

该淘宝店铺某次的宝贝总成本为 6 932.43 元，那么，两种不同的进货方式相对应的宝贝成本如表 9-2 所示。

表 9-2　两种不同进货方式的成本

进货渠道	进货成本（元）	人工成本（元）	运输成本（元）	损耗成本（元）	其他
当地的批发市场	5 364.03	83.88	——	——	70.01
阿里巴巴	1 341	——	80.42	19.41	

根据该店铺的宝贝成本的分析可知：当店铺从当地的批发市场进货时，进货成本为 6 932.43×96.72%×80%=5 364.03 元，其中人工成本为 6 932.43×1.21%=83.88 元，进货成本消耗率为 83.88/5 364.03×100%=1.56%。

当店铺从阿里巴巴批发商城进货时，进货成本为 6 932.43×96.72%×20%=1 341 元，其中运输成本为 6 932.43×1.16%=80.42 元，损耗成本为 6 932.43×0.28%=19.41 元，进货成本消耗率为（80.42+19.41）/1 341×100%=7.44%。

综合两种不同的进货方式可以发现，从当地的批发市场进货的成本消耗率仅为 1.56%，而从阿里巴巴商城进货的成本消耗率高达 7.44%。因此，淘宝卖家可以考虑适当减少店铺在阿里巴巴商城进货的比例。

随着市场经济的不断发展，淘宝店铺逐渐成为自负盈亏、自主经营以及自主改善的经济实体。最大化的经济利益是每个淘宝店铺发展的必然选择。成本核算是淘宝店铺的运营和管理的重要环节。淘宝卖家想要在竞争激烈的市场中生存下去，就必须最大限度地降低宝贝的生产成本，做好相关的核算工作。淘宝卖家通过有效的成本核算，能够构建全面的体系的店铺成本管理思维，跳出传统的成本控制框架，掌握成本分析的核心思想，进而为降低店铺的提供有效的方法，为店铺的决策和控制提供数据支撑。

9.2.2　推广成本

在网上开店之后，店铺相关的运营问题让很多新手卖家无从下手，如店铺的装修、店铺的活动、店铺 DSR 动态评分的提升等，但是最让广大卖家头疼的还是店铺的推广。淘宝已经不再是坐等买家上门的时代了，店铺的推广会直接影响到店铺的发展。推广的深度决定了店铺的后期发展速度。那么，通常而言，店铺推广有哪些方式呢？推广的效果如何呢？对于初次接触店铺推广的淘宝卖家而言，他们往往比较关心的是推广的成本。

淘宝店铺最常用的付费推广方式有直通车、淘宝客以及钻石展位。接下来将讲解这 3 种不同的付费推广方式的成本。在本书的第 3 章已经详细讲解了关于这 3 种推广方式的收费方法和竞价技巧，因此，在本小节只讲解 3 种推广方式的成本。

例如，结合图 9-1 所示范例，该店铺掌柜对店铺最近 30 天的付费推广的成本、成交额、利润以及成本利润率等数据指标进行了统计，如图 9-2 和表 9-3 所示。

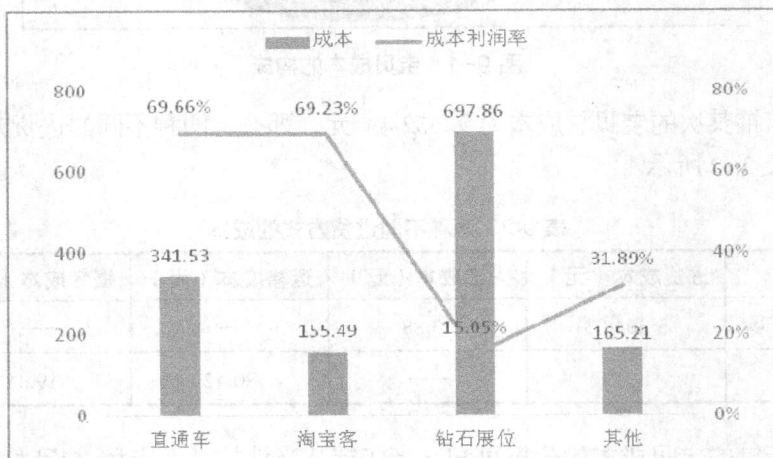

图 9-2　推广成本和成交转化率

表 9-3　不同推广方式的成本利润率

	成本（元）	成交额（元）	利润（元）	成本利润率
直通车	341.53	579.46	237.93	69.66%
淘宝客	155.49	263.15	107.66	69.23%
钻石展位	497.86	572.81	74.95	15.05%
其他	89.21	117.39	28.39	31.89%

根据图 9-2 和表 9-3 综合分析可知：从成本分析，钻石展位的成本最高，其次是直通车，再是其他的付费方式，最后是淘宝客。再结合成本利润来分析，钻石展位的成本最高，但是成本利润率却最低；直通车和淘宝客的成本相对较低，但是却获得较高的成本利润率。

因此，淘宝卖家可以从统计的结果中对店铺的推广方式进行大幅度的调整。首先，降低钻石展位的推广成本；其次，加大直通车和淘宝客的推广成本，尤其是淘宝客；最后也适当增加其他的推广方式的成本。

当店铺发展到一定阶段的时候，就需要进行一系列的推广。如果淘宝卖家始终保持

"酒香不怕巷子深"的守旧思想，不进行有效的营销推广，那么，店铺很快就会被淹没在众多的淘宝店铺之中。但是，仅仅是盲目进行推广也是不行的，淘宝卖家需要定期对店铺的推广进行有效的数据分析，挖掘出对店铺贡献最大的推广方式，再对店铺的推广方式进行有目的性、有方向性的战略调整。

9.2.3　固定成本

固定成本又被称之为固定费用，是指成本总额在一定时期和一定业务量范围内，不受业务量增减变动影响而能保持不变或者影响不大。针对于淘宝店铺而言，固定成本主要包括场地租金、员工工资、网络信息费以及相关的设备折旧。

例如，结合图 9-1 所示范例，该店铺现有 2 名客服人员，1 名美工人员，1 数据运营人员，掌柜对店铺最近 3 个月的固定成本进行了数据统计分析，如表 9-4 所示。

表 9-4　固定成本数据统计

月份	场地租金（元）	员工工资（元）	网络信息费（元）	设备折旧（元）	合计（元）
4 月	2000	11000	50	378.19	13428.19
5 月	2000	10800	50	135.21	12985.21
6 月	2000	12900	50	158.33	15108.33

根据该店铺的固定成本分析：场地租金和网络信息费是固定不变的，员工工资和设备折旧会有小幅度的变动。折旧设备的成本属于固定成本中最基础的成本之一，尽量降低人为损伤率能在一定程度上降低设备的折旧费用。一般而言，员工工资与成交额紧密相关，员工工资越高表示店铺的成交额越高，所以，店铺掌柜需要充分调动员工的工作积极性，制定合理完善的 KPI 绩效考核制度。

综上分析，淘宝店铺要获得更大的发展空间，就必须实现利润的最大化。首先，分析影响店铺盈利的因素，影响该店铺盈利的主要因素共有 3 个：宝贝成本、推广成本以及固定成本。

（1）宝贝成本

不同的进货方式的成本消耗率不同，根据统计的结果对店铺进货方式进行调整；尽量把进货过程中的成本消耗率降到最低。

（2）推广成本

店铺目前主要采用直通车、淘宝客以及钻石展位 3 种推广方式，掌柜根据推广效果与推广成本的统计数据来确定两者之间的平衡点，选择最优的推广方式，并且大力培养最具潜力的推广方式。

（3）固定成本

固定成本是在短期内变化不大，店铺无法通过缩减固定成本来提升店铺的利润。但是掌柜可以制定员工的 KPI 绩效考核制度，不断提升员工为店铺创造的利润和价值。

利润是一个系统性的结果。随着淘宝市场的竞争加剧，许多的淘宝店铺已经处于微利的状态，在这种情况下，如果当店铺的总成本偏高，就直接意味着店铺的利润减少。任何一个淘宝店铺的终极追求目标就是实现利润的最大化，也就是寻求店铺成本与利润的黄金分割点。

那么，店铺掌柜应该如何确定店铺的成本与利润的黄金分割点呢？首先，善于分析店铺的各项成本，总结存在的问题；其次，利用已有的数据对店铺的成本进行预测，基本上清楚整个店铺的各项成本支出。接下来将为广大淘宝卖家讲解如何利用店铺的历史成本数据对店铺的利润进行预测。

9.3 店铺利润的预测与分析

利润的预测是淘宝店铺的运营必不可少的一个步骤。店铺掌柜在收集的店铺运营的历史数据和现有的生产运营条件的基础之上，根据各种影响因素与利润的依存关系，对店铺的利润的变化趋势进行预测。

在进行利润的预测之前，店铺掌柜必须以店铺的实际发展情况和目前的淘宝市场的经济变化动态为出发点，运用数据分析方法对店铺利润进行科学合理的预测，包括线性预测法、指数预测法、图表预测法以及分析工具预测法。把店铺运营中的未知变为预知，以便于淘宝店铺能够正确决策，合理组织店铺的运营和推广，提高店铺的经济效益。

9.3.1 线性预测法

线性预测法是一种用来确定两个变量之间关系的一种数据建模工具。在实际的工作中，这种预测方法经常被用于测量一个变量随另一个变量的变化趋势。下面将根据指定的销售目标，预测店铺所需要的成本。

在 Excel 中，可以用 TREND 函数来做线性预测，该函数是返回一条线性回归拟合线的值，即找到适合已知数组 Know_y's 和组 Know_x's 的直线（用最小二乘法），并返回指定数组 New_x's 在直线上对应的 y 值。

例如，某淘宝店铺主营女士箱包，该店掌柜对上半年的成交量、宝贝成本、推广成本以及固定成本进行了统计，为了在下半年实现店铺的经济快速增长，该掌柜制订了下半年的销售目标，如图 9-3 所示，接下来该掌柜将对下半年的各项成本进行预测。

	月份	成交量	宝贝成本	推广成本	固定成本
1					
2	1月	369	¥9,463	¥1,245	¥11,397
3	2月	412	¥8,599	¥983	¥10,412
4	3月	185	¥6,542	¥671	¥9,822
5	4月	204	¥7,246	¥802	¥10,462
6	5月	351	¥10,349	¥1,279	¥13,029
7	6月	342	¥9,877	¥1,073	¥11,734
8	7月	400			
9	8月	450			
10	9月	500			
11	10月	550			
12	11月	600			
13	12月	600			
14	合计				

图 9-3 上半年成交量与各项成本以及下半年销售目标

STEP 1 插入函数。

首先选择需要进行预测计算的 C8:C13 单元格区域，再单击编辑栏左侧的"插入函数"按钮，弹出"插入函数"的对话框，"或选择类别"为"统计"，在"选择函数"列表框中选择 TREND 函数，然后单击"确定"按钮，如图 9-4 所示。

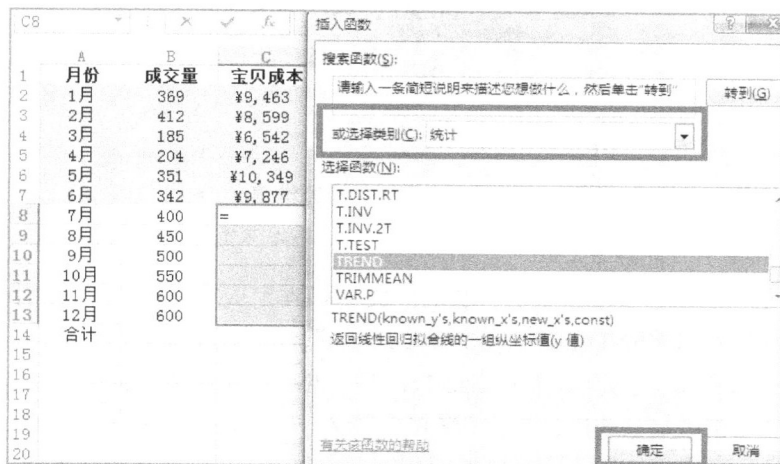

图 9-4　插入 TREND 函数

STEP 2 设置 Y 值、X 值以及新 X 值。

弹出插入"插入函数"对话框，在 Know_y's 文本框中输入"C2:C7"，在 Know_x's 文本框中输入"B2:B7"，在 New_x's 文本框中输入"B8:B13"，最后单击"确定"按钮，如图 9-5 所示。

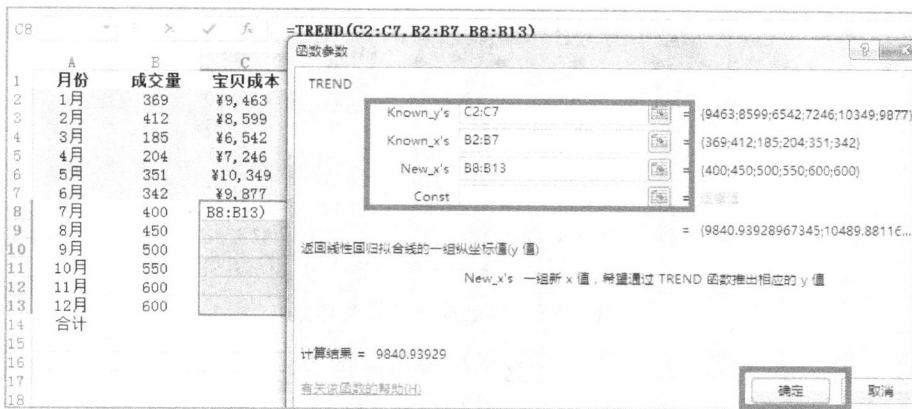

图 9-5　设置 Y 值、X 值和新 X 值

STEP 3 显示计算的结果。

选中 C8 单元格，复制 C8 单元格至 C13 单元格，即可显示计算的数组结果，即该店铺下半年预测的宝贝成本，如图 9-6 所示。

C8			f_x	=TREND(C2:C7,B2:B7,B8:B13)	
	A	B	C	D	E	F
1	月份	成交量	宝贝成本	推广成本	固定成本	
2	1月	369	¥9,463	¥1,245	¥11,397	
3	2月	412	¥8,599	¥983	¥10,412	
4	3月	185	¥6,542	¥671	¥9,822	
5	4月	204	¥7,246	¥802	¥10,462	
6	5月	351	¥10,349	¥1,279	¥13,029	
7	6月	342	¥9,877	¥1,073	¥11,734	
8	7月	400	¥9,841			
9	8月	450	¥10,482			
10	9月	500	¥11,757			
11	10月	550	¥12,313			
12	11月	600	¥12,655			
13	12月	600	¥12,740			
14	合计					

图 9-6　显示的计算结果

STEP 4 预测其他成本。

按照相同的方法计算店铺下半年的推广成本和固定成本。选中单元格区域 D8:D13，在编辑栏中输入"=TREND(D2:D7,B2:B7,B8:B13)"，输入正确的公式后，按 Enter 键即可得到预测的推广成本，复制 D8 单元格至 D13 单元格，即可得到该店铺下半年的推广成本。

再选中单元格区域 E8:E13，在编辑栏中输入"=TREND(E2:E7,B2:B7,B8:B13)"，输入正确的公式后，按 Enter 键即可得到预测的 7 月固定成本，复制 E8 单元格至 E13 单元格，即可得到该店铺下半年的固定成本。

最后在 B14 单元格中输入公式"=SUM(B2:B13)"，按 Enter 键即可得到全面的总成交量，复制公式至 E14，分别求出 3 项成本的全年总值，如图 9-7 所示。

月份	成交量	宝贝成本	推广成本	固定成本
1月	369	¥9,463	¥1,245	¥11,397
2月	412	¥8,599	¥983	¥10,412
3月	185	¥6,542	¥671	¥9,822
4月	204	¥7,246	¥802	¥10,462
5月	351	¥10,349	¥1,279	¥13,029
6月	342	¥9,877	¥1,073	¥11,734
7月	400	¥9,841	¥1,191	¥11,707
8月	450	¥10,482	¥1,256	¥12,059
9月	500	¥11,757	¥1,442	¥13,012
10月	550	¥12,313	¥1,522	¥13,233
11月	600	¥12,655	¥1,588	¥13,263
12月	600	¥12,740	¥1,610	¥13,427
合计	4963	¥121,864	¥14,663	¥143,556

图 9-7　其他成本的预测结果

如果店铺的成交均价为 98.88 元，掌柜根据线性预测法可以分别求出店铺上半年的利润、下半年的预计总销售额、预计总成本以及预计利润。

店铺上半年的总销售额：1 860×98.88=184 213.44 元

店铺上半年的总成本：52 076+6 053+66 856=124 985 元

店铺上半年的利润：184 213.44－124 985=59 228.44 元

店铺下半年的预计总销售额：3 100×98.88=386 528 元

店铺下半年的预计总成本：69 788+8 610+76 700=155 098 元

店铺下半年的预计利润：386 528－155 098=151 430 元

线性预测法是根据自变量 X 和因变量 Y 之间的变化关系，建立 X 与 Y 的线性回归方程进行预测的一种方法。由于淘宝店铺的利润的影响因素是多方面的，而不是仅仅受某一个因素的影响，所以，店铺掌柜在运用线性预测法的时候，需要对影响利润的因素进行多方面的分析和研究。只有当在众多的影响因素中，存在某一个因素对变量 X 的影响明显高于其他的因素的变量，才能将这个变量作为自变量 X，运用线性预测法对店铺进行预测。

9.3.2 指数预测法

指数预测法可以采用 LOGEST 函数进行预测，LOGEST 函数的作用是在回归分析中，计算出最符合数据的指数回归拟合曲线，并返回描述该曲线的数值数组。接下来将讲解利用 LOGEST 函数预测成本的具体方法及步骤。

结合图 9-3 所示范例，首先，在 C8 单元格中输入公式：

"=INDEX(LOGEST($C$2: $C$7, $B$2: $B$7),2) *INDEX(LOGEST($C$2: $C$7, $B$2: $B$7),1)ˆB8"，按 Enter 键即可得到预测的 7 月份宝贝成本，复制 C8 单元格至 C13 单元格，即可得到该店铺下半年的预测的宝贝成本，如图 9-8 所示。

	A	B	C	D	E
1	月份	成交量	宝贝成本	推广成本	固定成本
2	1月	369	¥9,463	¥1,245	¥11,397
3	2月	412	¥8,599	¥983	¥10,412
4	3月	185	¥6,542	¥671	¥9,822
5	4月	204	¥7,246	¥802	¥10,462
6	5月	351	¥10,349	¥1,279	¥13,029
7	6月	342	¥9,877	¥1,073	¥11,734
8	7月	400	¥9,892		
9	8月	450	¥10,722		
10	9月	500	¥11,621		
11	10月	550	¥12,596		
12	11月	600	¥13,653		
13	12月	600	¥13,653		
14	合计				

图 9-8 指数预测宝贝成本

按照同样的方法，在 D8 单元格中输入公式：

"=INDEX(LOGEST($D$2: $D$7, $B$2: $B$7),2) *INDEX(LOGEST($D$2: $D$7, $B$2: $B$7),1)ˆB8"，复制单元格至 D13，得到预测的推广成本；在 E8 单元格中输入公式：

"=INDEX(LOGEST($D$2: $D$7, $B$2: $B$7),2) *INDEX(LOGEST($D$2: $D$7, $B$2: $B$7),1)ˆB8"，复制单元格至 E13，得到预测的固定成本。最后在 B14 单元格中输入计算公式 "=SUM(B2:B13)"，得到全年的成交总量，向右复制公式至 E14，即可得到各项的总成本，如图 9-9 所示。

月份	成交量	宝贝成本	推广成本	固定成本
1月	369	¥9,463	¥1,245	¥11,397
2月	412	¥8,599	¥983	¥10,412
3月	185	¥6,542	¥671	¥9,822
4月	204	¥7,246	¥802	¥10,462
5月	351	¥10,349	¥1,279	¥13,029
6月	342	¥9,877	¥1,073	¥11,734
7月	400	¥9,892	¥1,200	¥11,679
8月	450	¥10,722	¥1,342	¥12,019
9月	500	¥11,621	¥1,500	¥12,369
10月	550	¥12,596	¥1,677	¥12,729
11月	600	¥13,653	¥1,875	¥13,100
12月	600	¥13,653	¥1,875	¥13,100
合计	4963	¥124,212	¥15,521	¥141,851

图 9-9 其他相关成本的预测

如果店铺的成交均价为 98.88 元，掌柜根据指数预测法可以分别求出店铺上半年的利润、下半年的预计总销售额、预计总成本以及预计利润。

店铺上半年的总销售额：1 860×98.88=184 213.44 元

店铺上半年的总成本：52 076+6 053+66 856=124 985 元

店铺上半年的利润：184 213.44-124 985=59 228.44 元

店铺下半年的预计总销售额：3 100×98.88=386 528 元

店铺下半年的预计总成本：72 136+9 468+74 995=156 599 元

店铺下半年的预计利润：386 528-156 599=149 929 元

指数预测法主要是预测商品成交量随着时间的变化而按照某种增长率不断增加或者是减少的变化趋势。店铺掌柜可以利用指数预测把店铺的相关数据建立指数曲线方程，并且以此为根据建立数学建模来推算预测店铺利润的发展趋势和状态。但是这种预测方法只适用于短时期内的预测，因为市场经济在不同的时期呈现不同的变化形态，任何一种商品的成交量都不可能在长时期内保持固定不变的增长率。

9.3.3 图表预测法

图表预测法也是数据预测的方法之一，图表预测法的实质就是通过分析数据源，创建预测图表，并在图表中插入趋势线，通过趋势性预测数据的走向。

店铺掌柜要使用图表预测法来预测店铺的利润，首先需要根据店铺的实际运营情况创建成交量分析图，以店铺的实际成交量为数据源创建图表，并且对图表进行分析。

STEP 1 计算上半年每月总成本。

在 F2 单元格中输入计算公式"=SUM(C2:E2)"，按 Enter 键即可得到 1 月份的总成本，再向下复制公式，即可得到店铺上半年的每月的总成本，如图 9-10 所示。

STEP 2 插入图表。

选中 F2:F7 单元格区域并切换到"插入"选项卡下，单击"图表"组中的对话框启动器，弹出"插入图表"对话框，切换到"XY（散点图）"选项卡下，选择"散点图"，并单击"确定"按钮，返回工作表即可看到图表，如图 9-11 所示。

图 9-10 每月的总成本

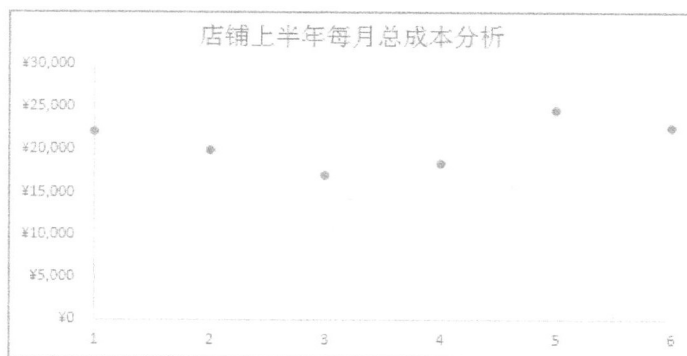

图 9-11 插入图表

STEP 3 添加并设置趋势线。

选中图表，切换到"设计"选项卡下，在"图表布局"组中单击"添加图表元素"右侧的下三角按钮，然后在展开的下拉列表中指向"趋势线"，再选择展开的子列表中的"线性"，此时，即可看到图表中添加了趋势线。选中趋势线并右击鼠标，在弹出的快捷菜单中选择"设置趋势线格式"命令，如图 9-12 所示。

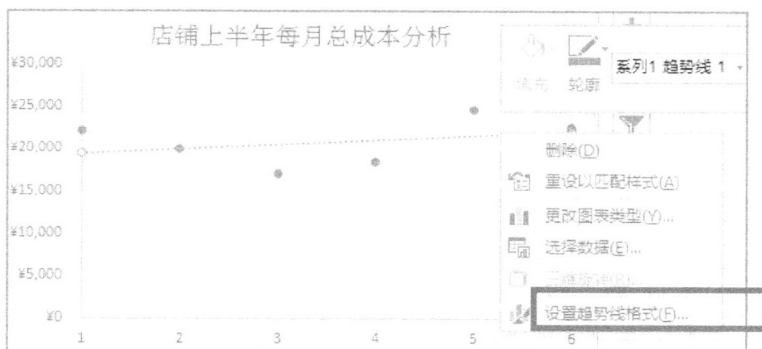

图 9-12 设置趋势线格式

弹出"设置趋势线格式"对话框，在"趋势线选项"选项卡下勾选"显示公式"、"显示 R 平方值"复选框，如图 9-13 所示。设置完成后，就可以看到图表中的趋势线位置处显示了使用的线性公式和 R^2 值。

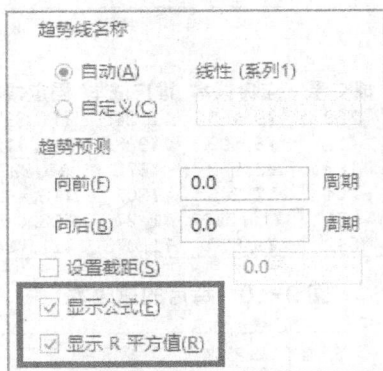

图 9-13 设置趋势线选项

STEP 4 预测下半年的成本。

创建线性趋势线预测的区域，根据图表中显示的线性公式"y=524.54x+18995"与 R^2 值，在 I15 单元格中输入公式"=524.54×H15+18995"，得到 7 月的预测总成本；向下复制公式至 I20 单元格，即可得到下半年店铺的预测总成本，如图 9-14 所示。

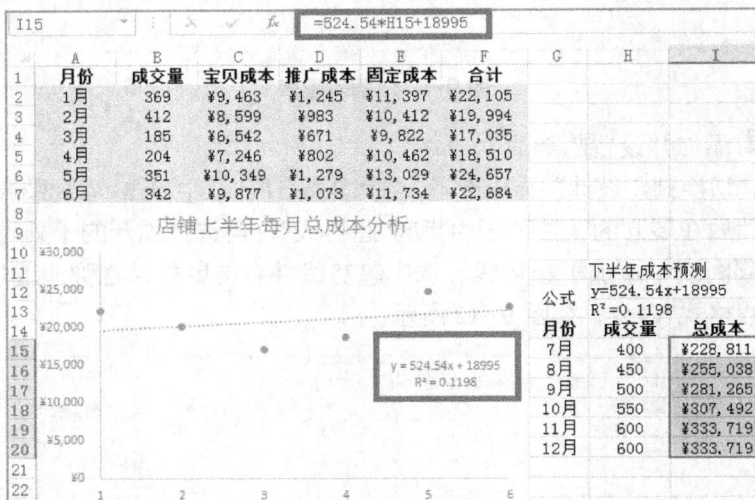

图 9-14 店铺下半年的各月的总成本预测结果

如果店铺的成交均价为 98.88 元，掌柜根据图表预测法可以分别求出店铺上半年的利润、下半年的预计总销售额、预计总成本以及预计利润。

店铺上半年的总销售额：1 860×98.88=184 213.44 元

店铺上半年的总成本：52 076+6 053+66 856=124 985 元

店铺上半年的利润：184 213.44-124 985=59 228.44 元

店铺下半年的预计总销售额：3 100×98.88=386 528 元

店铺下半年的预计总成本：228 811+255 038+281 265+307 492+333 719+

333 719=1 740 044 元

店铺下半年的预计利润：386 528-1 740 044=-1 353 516 元

图表预测法是直接利用店铺的各项已知总成本对下半年的总成本进行预测，店铺掌柜能够很直观地根据预测的数据结果分析店铺的盈利情况。但是图表预测法仅仅是提供总成本的预测结果，没有对每月每项的成本进行预测分析。因此，掌柜不能够判断具体是哪项成本出现了问题，并且店铺的宝贝受市场供求关系的影响，图表预测法仅仅适合于增长或降低速率比较稳定的商品。

9.3.4 分析工具预测法

为了帮助店铺掌柜进一步解决在店铺的日常运营中的一些活动规划、数据的分析与预测等一系列问题，本小节将介绍"移动平均"分析工具，以便于掌柜对店铺的成本及利润进行预测。

移动平均法是一种最简单的自适应预测的方法。移动平均法是利用近期的数据对预测值的影响比较大，而远期数据对预测数据值影响较小的原理，把平均数进行逐期移动。而移动期数的大小视具体情况而定，移动期数少，能够快速地反映，但是不能反映变化趋势；移动期数多，能够反映变化趋势，但是预测值带有明显的之后偏差。接下来将讲解如何利用移动平均法预测店铺的成本。

STEP 1 选择分析工具。

结合图 9-3 所示范例，单击"数据"标签切换至"数据"选项卡下，并在"分析"组中单击"数据分析"按钮，弹出"数据分析"对话框，在"分析工具"列表框中选择"移动平均"选项，单击"确定"按钮，如图 9-15 所示。

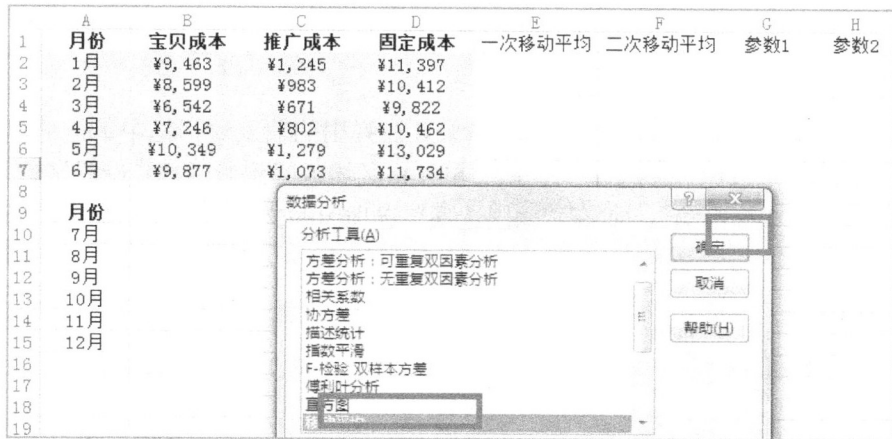

图 9-15　选择分析工具

STEP 2 设置输入输出区域。

弹出输入对话框，单击"输入区域"文本框右侧的引用按钮，并选择"B2:B7"单元格区域返回到对话框；设置好输入区域后，并在"间隔"文本框中输入 2；在"输出选项"选项组的文本框中设置输出区域放置的位置为 E2，单击"确定"按钮，如图 9-16 所示。

STEP 3 显示输出预测值。

返回到工作表中，系统自动计算出所选数组的一次移动平均的结果，如图 9-17 所示。

月份	宝贝成本	推广成本	固定成本	一次移动平均	二次移动平均	参数1	参数2
1月	¥9,463	¥1,245	¥11,397				
2月	¥8,599	¥983	¥10,412				
3月	¥6,542	¥671	¥9,822				
4月	¥7,246	¥802	¥10,462				
5月	¥10,349						
6月	¥9,877						
月份							
7月							
8月							
9月							
10月							
11月							
12月							

移动平均
输入
输入区域(I): $B$2:$B$7
□ 标志位于第一行(L)
间隔(N): 2
输出选项
输出区域(O): $E$2
□ 新工作表组(P)
□ 新工作簿(W)
□ 图表输出(C)   □ 标准误差
确定　取消　帮助(H)

图 9-16　设置输入和输出区域

月份	宝贝成本	推广成本	固定成本	一次移动平均	二次移动平均	参数1	参数2
1月	¥9,463	¥1,245	¥11,397	#N/A			
2月	¥8,599	¥983	¥10,412	¥9,031			
3月	¥6,542	¥671	¥9,822	¥7,571			
4月	¥7,246	¥802	¥10,462	¥6,894			
5月	¥10,349	¥1,279	¥13,029	¥8,798			
6月	¥9,877	¥1,073	¥11,734	¥10,113			
月份							
7月							
8月							
9月							
10月							
11月							
12月							

图 9-17　显示一次平均结果

STEP 4 计算二次平均及参数。

按照同样的方法，计算二次平均的结果。在弹出的输入对话框中单击"输入区域"文本框右侧的引用按钮，并选择"E3:E7"单元格区域返回到对话框；设置好输入区域后，并在"间隔"文本框中输入 2；在"输出选项"选项组的文本框中设置输出区域放置的位置为 F3，单击"确定"按钮，如图 9-18 所示。

月份	宝贝成本	推广成本	固定成本	一次移动平均	二次移动平均	参数1	参数2
1月	¥9,463	¥1,245	¥11,397	#N/A			
2月	¥8,599	¥983	¥10,412	¥9,031			
3月	¥6,542	¥671	¥9,822	¥7,571			
4月	¥7,246	¥802	¥10,462	¥6,894			
5月	¥10,349	¥1,279	¥13,029	¥8,798			
6月	¥9,877	¥1,073	¥11,734	¥10,113			
月份							
7月							
8月							
9月							
10月							
11月							
12月							

移动平均
输入
输入区域(I): $E$3:$E$7
□ 标志位于第一行(L)
间隔(N): 2
输出选项
输出区域(O): $F$3
□ 新工作表组(P)
□ 新工作簿(W)
□ 图表输出(C)   □ 标准误差
确定　取消　帮助(H)

图 9-18　设置二次移动的输入和输出区域

计算出一次移动平均数组值和二次移动平均数组值后，再利用一次移动平均和二次移动平均数组值计算出参数 1 和参数 2，并且已知参数"参数 1= 一次平均值*2 - 二次移动平均值"和"参数 2= 一次移动平均值 - 二次移动平均值"。

在 G4 单元格中输入公式"=E4×2-F4"，在 H4 单元格中输入公式"=E4-F4"，利用自动填充功能向下复制公式计算出参数 1 和参数 2，如图 9-19 所示。

	A	B	C	D	E	F	G	H
1	月份	宝贝成本	推广成本	固定成本	一次移动平均	二次移动平均	参数1	参数2
2	1月	¥9,463	¥1,245	¥11,397	#N/A			
3	2月	¥8,599	¥983	¥10,412	¥9,031	#N/A		
4	3月	¥6,542	¥671	¥9,822	¥7,571	¥8,301	¥6,840.25	(¥730.25)
5	4月	¥7,246	¥802	¥10,462	¥6,894	¥7,232	¥6,555.75	(¥338.25)
6	5月	¥10,349	¥1,279	¥13,029	¥8,798	¥7,846	¥9,749.25	¥951.75
7	6月	¥9,877	¥1,073	¥11,734	¥10,113	¥9,455	¥10,770.75	¥657.75
8								
9	月份							
10	7月							
11	8月							
12	9月							
13	10月							
14	11月							
15	12月							

图 9-19　计算参数 1 和参数 2

STEP 5 预测下半年的宝贝成本。

在单元格 B10 中输入公式"=AVERAGE(E6:E7)"，得到 7 月的预测成本，并且已知预测成本的计算公式为"预测值=参数 1+参数 2×预测期数"，在 B11 单元格中输入计算公式"=$E$7+$F$7×2"，得到 8 月份的宝贝成本；同理，可计算出下半年的宝贝成本，如图 9-20 所示。

	A	B	C	D	E	F	G	H
1	月份	宝贝成本	推广成本	固定成本	一次移动平均	二次移动平均	参数1	参数2
2	1月	¥9,463	¥1,245	¥11,397	#N/A			
3	2月	¥8,599	¥983	¥10,412	¥9,031	#N/A		
4	3月	¥6,542	¥671	¥9,822	¥7,571	¥8,301	¥6,840.25	(¥730.25)
5	4月	¥7,246	¥802	¥10,462	¥6,894	¥7,232	¥6,555.75	(¥338.25)
6	5月	¥10,349	¥1,279	¥13,029	¥8,798	¥7,846	¥9,749.25	¥951.75
7	6月	¥9,877	¥1,073	¥11,734	¥10,113	¥9,455	¥10,770.75	¥657.75
8								
9	月份							
10	7月	¥9,455						
11	8月	¥29,023.50						
12	9月	¥38,478.75						
13	10月	¥47,934.00						
14	11月	¥57,389.25						
15	12月	¥66,844.50						

图 9-20　下半年的宝贝成本预测值

STEP 6 预测下半年的推广成本和固定成本。

同理，则可以计算出下半年的推广成本和固定成本，如图 9-21 所示。

	A	B	C	D
1	月份	宝贝成本	推广成本	固定成本
2	1月	¥9,463	¥1,245	¥11,397
3	2月	¥8,599	¥983	¥10,412
4	3月	¥6,542	¥671	¥9,822
5	4月	¥7,246	¥802	¥10,462
6	5月	¥10,349	¥1,279	¥13,029
7	6月	¥9,877	¥1,073	¥11,734
8				
9	月份			
10	7月	¥9,455	¥1,108	¥12,064
11	8月	¥29,023.50	¥3,392.50	¥36,508.50
12	9月	¥38,478.75	¥4,500.75	¥48,572.00
13	10月	¥47,934.00	¥5,609.00	¥60,635.50
14	11月	¥57,389.25	¥6,717.25	¥72,699.00
15	12月	¥66,844.50	¥7,825.50	¥84,762.50

图 9-21 下半年的推广成本和固定成本。

STEP 7 预测其他成本。

如果店铺的成交均价为 98.88 元，掌柜根据分析工具预测法可以分别求出店铺上半年的利润、下半年的预计总销售额、预计总成本以及预计利润：

店铺上半年的总销售额：1 860 × 98.88=184 213.44 元

店铺上半年的总成本：52 076+6 053+66 856=124 985 元

店铺上半年的利润：184 213.44-124 985=59 228.44 元

店铺下半年的预计总销售额：3 100 × 98.88=386 528 元

店铺下半年的预计总成本：66 844.5+7 825.5+84 762.5=159 432.5 元

店铺下半年的预计利润：386 528-159 432.5=22 095.5 元

分析工具中的移动平均预测法比较适用于近期的数据预测，当淘宝市场对某项商品的需求增长比较稳定，且不存在季节性的因素的时候，移动平均法能够有效地消除预测中的随机波动，这种方法预测店铺的成本是非常有效的。但是移动平均值是平均值，不能精准地反映出预测成本的整体变化趋势，会使数据停留在过去的水平上，而导致店铺掌柜无法进行深入的研究和分析。

本小节主要介绍了 4 种预测方法，分别是线性预测法、指数预测法、图表预测法以及分析工具预测法，不同的预测方法能达到不同的目的，因此，店铺掌柜需要结合 4 种预测方法的长处对店铺的利润进行全方位的分析，为店铺运营决策提供科学的数据支撑。

9.4 店铺利润的规划求解

当淘宝店铺经过一段时间的运营后，店铺掌柜需要对上一阶段的预测结果进行验证和评价分析，即以实际数与预测数进行综合对比，核算预测结果的准确性，分析产生误差的原因，并且对原选择的预测方法加以修正。这个过程需要反复对运营数据进行整理和分析，利用多次选择判断的结果为下次的运营决策指引正确的方向，其目的也是确保数据预测的准确性。

一般情况下，淘宝掌柜使用原用定量方法进行预测，可能会因为某些因素的数据不充分或无法定量而影响预测的精准度，这就需要一些更加精准的定量方法来考虑这些因素。下面将从不同影响因素对店铺的利润进行最大化分析。

9.4.1 减少推广成本和固定成本增加利润

淘宝店铺为了提高店铺的利润，可以通过减少推广成本的支出来实现。例如，某店铺主营女装，为了保证店铺的推广力度不受到影响，店铺掌柜规定下半年的推广成本不得少于总成本的3%。同时，店铺在扣除宝贝成本的情况下，对推广成本和固定成本的相关数据进行了统计，如图9-22所示。

	A	B	C	D	E
1	月份	推广成本	固定成本	总成交额	利润
2	1月	872.35	16731.12	23269.36	5665.89
3	2月	713.44	14128.75	19835.21	4993.02
4	3月	1053.02	17756.11	24008.49	5199.36
5	4月	1209.19	19779.88	26613.58	5624.51
6	5月	885.21	16413.43	21368.36	4069.72
7	6月	901.09	16920.54	22759.92	4938.29
8	合计	5634.3	101729.83	137854.92	30490.79

图9-22　店铺上半年推广成本与利润统计

（1）设置目标单元格和可变单元格

在"数据"选项卡下单击"规划求解"按钮，弹出"规划求解参数"对话框，"设置目标单元格"为E1，选中"最大值"单选钮；单击"通过更改可变单元格"下方的折叠按钮，返回到工作表中选择B2单元格区域，如图9-23所示。

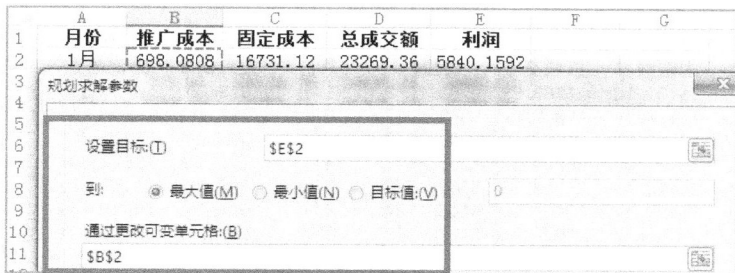

图9-23　设置目标单元格和可变单元格

（2）设置约束条件

单击"添加"按钮，弹出"添加约束"对话框，约束条件设置如图9-24所示。

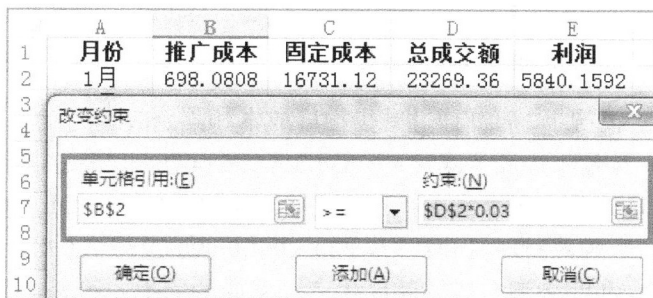

图9-24　改变约束条件

（3）求解最大值

单击"确定"按钮，返回到"规划求解参数"对话框中，在"约束"列表中显示了所有的添加条件，再单击"求解"按钮，如图 9-25 所示；单击"保存方案"按钮，在"方案名称"中输入"减少推广成本"，如图 9-26 所示。

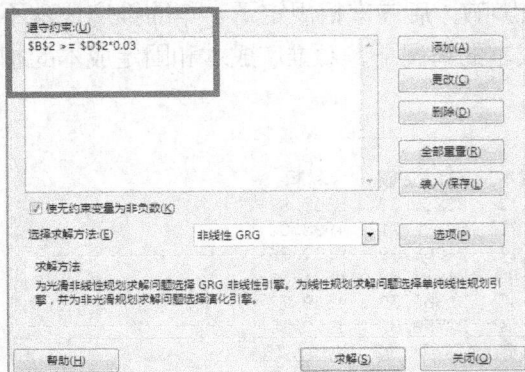

图 9-25　求解最大利润

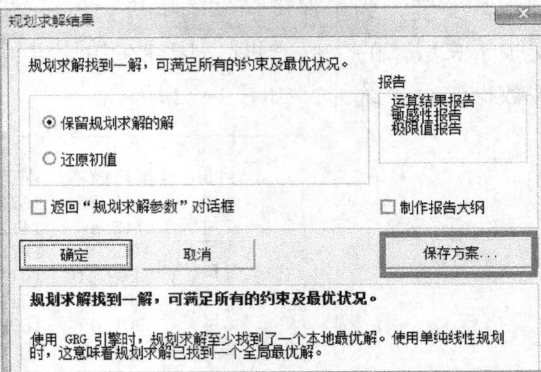

图 9-26　保存方案

（4）预测其他月份的推广成本

返回到工作表中，即可看到 1 月份所支出的推广成本为 698.0808 元，1 月份的利润为 5 840.1592 元；按照同样的方法，计算出 2～6 月的推广成本，如图 9-27 所示；按照同样的方法，预测店铺固定成本，如图 9-28 所示。

预测数据			
月份	推广成本	固定成本	总成交额	利润
1月	698.0808	16731.12	23269.36	6282.7272
2月	595.0563	14128.75	19835.21	5355.5067
3月	720.2547	17756.11	24008.49	6482.2923
4月	798.4074	19779.88	26613.58	7185.6666
5月	641.0508	16413.43	21368.36	5769.4572
6月	682.7976	16920.54	22759.92	6145.1784
合计	4135.6476	101729.83	137854.92	37220.828

历史数据			
月份	推广成本	固定成本	总成交额	利润
1月	872.35	16731.12	23269.36	5665.89
2月	713.44	14128.75	19835.21	4993.02
3月	1053.02	17756.11	24008.49	5199.36
4月	1209.19	19779.88	26613.58	5624.51
5月	885.21	16413.43	21368.36	4069.72
6月	901.09	16920.54	22759.92	4938.29
合计	5634.3	101729.83	137854.92	30490.79

图 9-27　其他月份的推广成本预测值

预测数据			
月份	推广成本	固定成本	总成交额	利润
1月	872.35	16288.552	23269.36	6282.7272
2月	713.44	13884.647	19835.21	5355.5067
3月	1053.02	16805.943	24008.49	6482.2923
4月	1209.19	18629.506	26613.58	7185.6666
5月	885.21	14957.852	21368.36	5769.4572
6月	901.09	15931.944	22759.92	6145.1784
合计	5634.3	96498.444	137854.92	37220.828

历史数据			
月份	推广成本	固定成本	总成交额	利润
1月	872.35	16731.12	23269.36	5665.89
2月	713.44	14128.75	19835.21	4993.02
3月	1053.02	17756.11	24008.49	5199.36
4月	1209.19	19779.88	26613.58	5624.51
5月	885.21	16413.43	21368.36	4069.72
6月	901.09	16920.54	22759.92	4938.29
合计	5634.3	101729.83	137854.92	30490.79

图 9-28　店铺固定成本预测值

在成交额一定的情况下，店铺通过减少推广成本和固定成本的支出，如图 9-28 所示。

店铺推广成本减少：5 634.3-4 135.6476=1 498.6524 元

店铺固定成本减少：101 729.83-96 498.444=5 321.386 元

店铺的利润提升：377 220.828-30 490.79=6 730.038 元

最大限度地提升利润是淘宝店铺赖以生存和发展的前提，也是店铺的基本目标。店铺的一切运营活动都是围绕利润而展开的，而如何有效控制成本是提升利润的关键。店铺掌柜在控制成本的时候也应该注意两点：

① 统计历史运营数据的前提是必须保证数据准确无误，根据前期的运营情况对接下来的运营建立上下控制线，并且制定相关的工作人员制度；

② 关于减少固定成本的支出，需要形成全员参与的氛围，如节约水电、爱惜办公设备等方面。

9.4.2 创建规划求解报告

在前面两个小节利用规划求解时，当求得一个数值的时候，会弹出"规划求解结果"对话框，在对话框中共显示了 3 种类型的报告，分别是运算结果报告、敏感值报告和极限值报告。淘宝卖家可以根据实际的数据分析需要选择创建报表的类型，最后生成数据报表。下面将对运算结果报告进行详细讲解。

（1）选择报告类型

打开减少推广成本表格，在"数据"选项卡下单击"规划求解"按钮，弹出"规划求参数"对话框，单击"求解"按钮，弹出"规划求解结果"对话框，在"报告"列表框中选择创建的报告类型为"运算结果报告"，单击"确定"按钮，如图 9-29 所示。

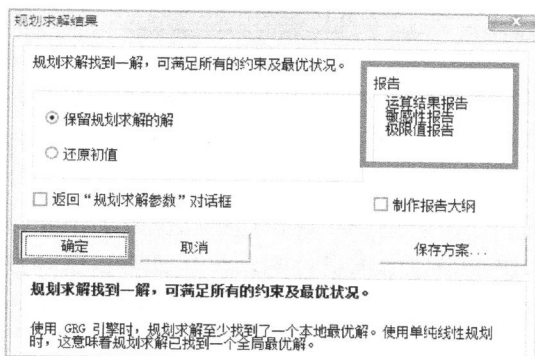

图 9-29 选择报告类型

（2）运算结果报表

Excel 会自动在当前的工作簿中插入一个新的工作表"运算结果报告 1"，如图 9-30 所示。

图 9-30 运算结果报表

报告图表的最大优势就是能在第一时间内反映出相关的核心数据指标。图 9-30 所示的运算结果报表很直观地反映了目标单元格的最大值、可变单元格以及约束条件 3 项数据指教，不同的数据指标按照单元格、名称、初值、公式等选项进行综合排列。因此，店铺掌柜直接利用运算结果报告能判断出店铺按照之前制定的成本规划是否合理，如果相关的数据还存在缺陷，便于掌柜能及时更改数据，为店铺下阶段的健康运营打下基础。

本章小结

通过本章的学习，读者首先了解到利润与利润率的定义，并且通过分析影响店铺利润的因素，找准提升利润的切入口。接着学习了店铺利润的预测与分析，根据历史的运营数据对店铺接下来的运营提供参考的数据支撑。通常而言，线性预测法、指数预测法、图表预测以及分析工具预测法是常用的预测方法。最后是对店铺的利润进行规划求解，店铺通过减少推广成本和固定成本提升店铺的利润，为了能够更加直观地反映出相关的数据指标，创建规划求解报告也是必不可少的操作步骤。

课后思考题

从开店到现在，，淘宝卖家小王对店铺的历史运营数据进行了统计，细心的小王发现：店铺的生意虽然比以前好，但是店铺的利润涨幅却不甚明显，有段时间基本上处于收支平衡状态。

小王不禁开始反思：如果店铺按照现在这种状况发展下去，到年底也仅仅是收支平衡，店铺甚至无法为客服人员提供承诺过的年终奖，会直接导致人员的流动率很大；更关键的是店铺的发展将举步维艰。因此，小王决定要对下半年的各项成本进行预测，包括细小环节的成本。

请根据本章节所学习的内容，为小王制定出一份店铺利润的分析与预测方案。

第 10 章
数据化运营案例分析

案例分析是指人们在生产生活中所经历的典型的富有多重意义的陈述性事件。而淘宝店铺的数据化运营案例分析则是指基于淘宝店铺运营的案例向广大新手卖家传递具有指导意义的店铺运营经验和知识。

通常而言，淘宝店铺的运营案例是作为一种说服力较强的工具，引导新手淘宝卖家进行思考和探索，针对相关的运营问题进行深入的研究与分析，从中挖掘出一定的规律性，进而以此作为店铺运营和决策的理论支持。

总的来说，数据化运营案例需要抛砖引玉，对案例的结尾采取灵活的结局，因此，淘宝卖家在分析案例的时候完全可以按照自身的实际情况创造出崭新的却不唯一的结局。

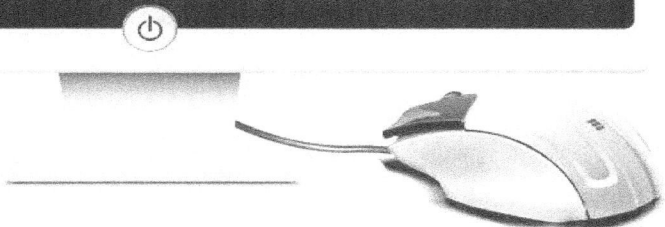

- 店铺的选货和推广
- 淘宝店铺的核心数据的提取与分析
- 流量指标构成
- 用户行为轨迹分析

本章数据分析中的图表展示

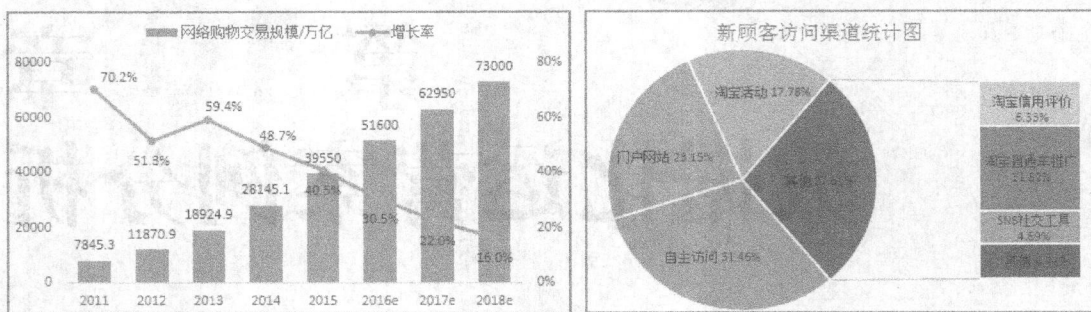

10.1 新手开店迈向成功三部曲

在 2014 年，中国网络购物市场交易规模高达 2.8 万亿元，增长率为 48.7%，纵观整个网购市场的发展趋势，仍然维持在较高的增长水平。图 10-1 所示为 2011—2018 年中国网络购物市场交易规模趋势变化图，其中 2016—2018 年的数据为预测值。

图 10-1　2011—2018 年中国网购市场规模趋势变化图

随着网购人群的不断发展和壮大，网上开店创业也逐渐成为热潮。网上开店是一种在互联网和电子商务结合背景下产生的新的销售方式，和传统的线下店铺相比，网店的开店成本不大，且经营方式灵活，能够为创业者提供不错的利润空间，因此，开网店创业成为许多人的创业首选之路。

在创业大军中，不乏有很多大学生，王佳就是一名大学生创业者。王佳作为某高校电子商务专业的应届毕业生，并没有直接像其他同学那样急匆匆地找工作，而是充分运用自己所学的专业知识分析中国网购市场的现状，并且打算自主开店创业。

10.1.1 店铺的选货

既然是开店创业，那么，第一步就应该解决的是店铺该卖什么？从哪里进货？进货的成本是多少？王佳所在的城市是广州，广州线下有众多的批发市场，可供选择的货源类目丰富、渠道广，因此，广州成为作为我国网购市场的中坚力量，同时，广州也是淘宝卖家的聚集地。

王佳不禁思考：目前，自己的创业资金只有 2 万元，作为新手卖家，该怎么样做才能在众多商家中站稳脚跟呢？

首先，王佳在淘宝指数查看目前淘宝市场的热门类目。图 10-2 所示为目前淘宝市场的热销类目前 20 名，其中每个类目主要是根据搜索排行和成交排行以自然周为时间段进行数据统计，如图 10-2 和图 10-3 所示。王佳对数码产品相关的类目了解度不够深入，所以，她初步决定在女装、箱包和女鞋中选取一个类目作为自己店铺的主营商品。

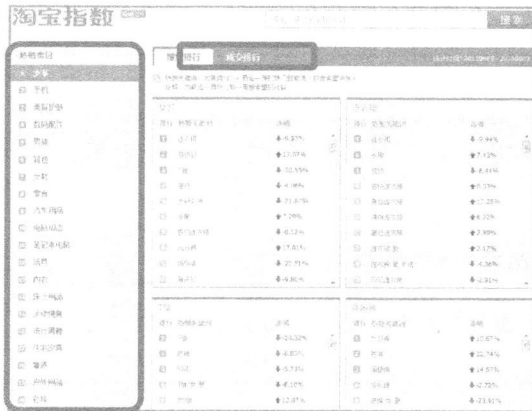

图 10-2 淘宝指数的热销类目

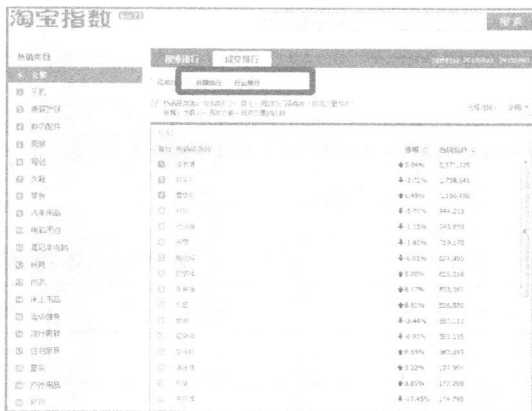

图 10-3 女装行业的成交排行

接下来，王佳深入到当地的批发市场进行实地考察，根据走访发现，线下的批发市场类目较多的是女装行业，其次是箱包想也，最后的女鞋行业。她结合线上和线下的综合分析，决定店铺主营女装。其原因主要有两点：① 服装行业属于热销类目，这代表着市场的需求巨大，店铺也会有较大的盈利空间；② 服装行业在线下的批发市场类目多，可供选择的类目丰富。

在创业初期，创业资金不是特别雄厚，所以每一分钱都必须花在刀刃上。为了减少在进货过程中产生的成本，王佳针对同款女装对不同的批发市场的价格和阿里巴巴批发市场做了相关的数据整理，如表 10-1 所示。

表 10-1 不同货源市场的价格以及优惠

货源市场	价格	快递费用	采购优惠条件	承诺服务
甲	99 元		$X \leqslant 20$，99 元/件	1. 商品出现质量问题无条件包退换
			$20 < X \leqslant 50$，93 元/件	2. 一次性订单超过 50 件，送货上门
			$50 < X \leqslant 100$，88 元/件	
			$X > 10$，80 元/件	
乙	150 元		$Y \leqslant 10$ 件，150 元/件	1. 商品出现质量问题无条件包退换
			$10 < Y \leqslant 50$，130 元/件	2. 一次性订单超过 6000 元，续单享受 8 折优惠
			$Y \geqslant 50$，100 元/件	
丙	100 元		$Z < 20$ 件，100 元/件	1. 商品出现质量问题无条件包退换
			$20 \leqslant Y < 50$，95 元/件	2. 累计消费超过 5000 元，享受 8 折优惠
			$50 \leqslant Y < 100$，90 元/件	
			$Y \geqslant 100$，85 元/件	
阿里巴巴	66 元	20 元	$Y < 50$ 件，66 元/件	1. 商品出现质量问题无条件包退换
			$50 \leqslant Y < 100$，64 元/件	2. 可免费申请样品
			$Y \geqslant 100$，60 元/件	3. 一次性订单超过 50 件包邮

王佳通过对 4 个货源市场的具体进货情况进行分析发现：线上的货源市场比线下的货源市场便宜很多，如果进货数量为 50 件，那么，4 个不同的货源市场会产生不同的进货成本，具体分析如表 10-2 所示。

表 10-2 不同货源市场产生的成本

货源市场	价格（元）	快递费用（元）	成本（元）
甲	93	—	4650
乙	130	—	6500
丙	90	—	4500
阿里巴巴	64	20	3220

根据计算分析可知：4 个不同的货源产生的成本差极大。纵观 4 个货源市场，阿里巴巴货源市场产生的成本最低，因此，王佳决定选择阿里巴巴作为主要的进货渠道，并且选择甲市场或者丙市场作为备用货源市场，如果店铺出现卖断货，急需补货的情况，可以直接选择从线下的货源市场进货。

10.1.2　店铺的推广

王佳完成店铺的选货和进货之后，店铺开始正式运营，可是新店在成长初期，因为没有人气和流量，店铺的排名比较靠后，导致店铺好几天都没有生意，甚至连一个咨询的买家都没有，好不容易听到阿里旺旺的声音响起，急忙打开一看，原来是小广告的推销消息。王佳意识到这个问题的严重性，于是采取一些方法对店铺进行推广。因为王佳是电子商务专业的学生，对电子商务的理论知识的理解特别透彻，并且有自己独到的见解。

针对于新开的店铺而言，最急需的是人气和流量，但是淘宝市场近百万家店铺，自己的店铺排名又很靠后，仅仅依赖搜索流量是完全行不通的。现阶段，付费推广的成本太高，自己无力承担。因此，王佳决定采取"农村包围城市"的战略战术，如果把免费的推广渠道比喻成农村，那么城市就相当于是付费推广。在做好了免费推广之后，再考虑使用付费推广。

（1）淘宝论坛发帖

淘宝论坛发帖是获取免费流量的有效方式之一。细心的王佳发现淘宝论坛发帖有一个规律：帖子的浏览量会一直增长，回复无时间限制，即使是多年前发的帖子，只要有人回复，帖子仍旧会很靠前。换而言之，它可以为店铺的浏览量和流量提供持续不断的入口。并且质量较高的"干货"帖子会被论坛管理员加精。

如图 10-4 所示，其中《【头条故事】淘宝助我浪子回头》《店铺红包规则与 FAQ》和《做淘宝七大误区！值得一看，不看后悔!!!!!!》等帖子都属于精华帖，其中前两个帖子的时间都比较久，但是仍然出现在首页。因为精华帖的内容在一定程度上能够得到其他卖家和买家的认可与支持，会有源源不断的回复和顶帖。

图 10-4　精华帖和热门帖

热门帖也会有很好的宣传效果，如《新手开店不到 2 月上 3 心，不到 3 月上 4 星，谈谈心得互相学习下》《开店二个多月都没有做活动，每天都有至少四五单生意，挺好的》《这几天上论坛真好　天天都有单》等帖子，热门帖子说明关注度较高，帖子的内容能够吸引更多的买家和卖家浏览和回复。

如果卖家发的精华帖较多的话，会大大提升买家对店铺的认可度，同时，也会有大量的访客直接和卖家交流，或者说进入店铺，如图 10-5 所示。

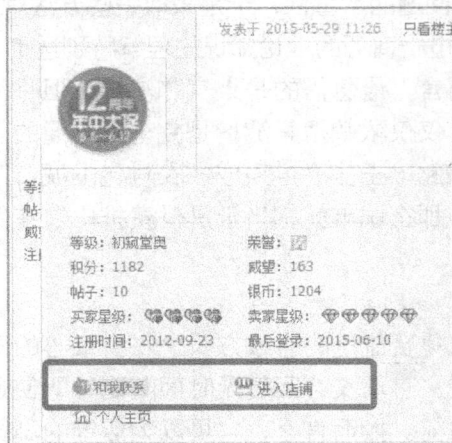

图 10-5　联系卖家与进入店铺

王佳在浏览了淘宝论坛各大版块的帖子之后，大致掌握了发帖的规律和实效性，同时，她也比较擅长软文撰写，于是分别在卖家之声、活动专区以及金牌卖家 3 个版块分别发布了店铺的相关软文帖子。

（2）店铺友情链接

帖子发表之后，她又积极地在淘宝论坛和众多淘宝卖家进行互动交流，分享店铺的运营经验。在此期间，王佳结识了主营箱包的皇冠卖家张莉。在相互交流中，王佳了解到推广对店铺的重要性和多元性。

王佳特意访问了张莉的店铺，发现张莉店铺的首页低端友情链接，出于好奇的她，点进去才发现：竟然是一个主营儿童服饰的店铺。于是，王佳向张莉请教，下面是两人的对话。

王佳　莉莉姐，我刚才又去你的店铺逛了一圈。(*^__^*) 嘻嘻……

张莉　怎么样？店铺的装修好看吧？哈哈……

王佳　那是肯定的呀，以后店铺的装修方面的知识还得多多请教你呢。不过呢，刚刚在你店铺的首页发现一个问题。

问题？什么问题？首页排版？图片的美观度？还是其他？

张莉

王佳

莉莉姐，没你想的那么严重，就是想问问你，店铺首页的友情链接是怎么回事？

喔喔……我设置我几个朋友店铺的链接。

张莉

王佳

那个有什么作用吗？

你的店铺设置了其他店铺的链接，买家可以通过设置的链接直接访问其他的店铺。这也是属于店铺装修的一部分喔。

张莉

王佳

莉莉姐，你可以把小妹的小店也设置成友情链接吗？

(⊙o⊙)...

张莉

王佳

莉莉姐，我知道你人最好了，最善良了，最漂亮了，你就帮帮小妹吧，小妹店里现在没流量，好惨好凄凉的。

这……

张莉

王佳

莉莉姐，你想想啊，我们相互设置了友情链接。等我的店铺有了流量的时候，也会引流一部分到你的店铺呀，这是相辅相成的。你说对吧？

还是你会说话，帮你一次好了。

张莉

谢谢莉莉姐，爱你（づ￣3￣）づ╭❤～

王佳

王佳经过了解才发现，原来卖家之间可以相互设置友情链接的，从严格意义上来讲，友情链接也属于店铺装修的一部分。张莉的店铺是皇冠级的店铺，每天上万的流量，但是自己的店铺却门可罗雀。因此，自己可以借助张莉店铺的超高流量，引一部分流量到自己的店铺。

经过一段时间的运营，王佳发现店铺的流量有了明显的改善，并且店铺的有效入店率也得到了相应的提升，如图 10-6 所示。

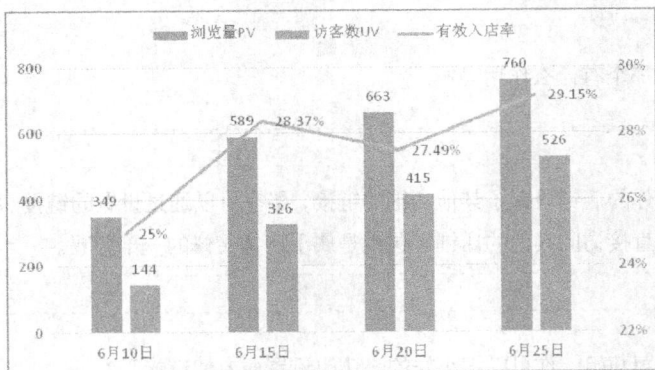

图 10-6　店铺流量数据统计

（3）淘宝活动

当店铺的流量得到提升之后，店铺逐渐有了订单，但是王佳也没有松懈，接下来的几个月中，她也继续在淘宝论坛上发帖和交流，进行一系列的免费店铺推广和营销。

在淘宝论坛和其他卖家交流期间，她发现：在淘宝论坛发帖引流量虽然有效，但是成效极其缓慢。于是，她再次向张莉请教。

亲爱的莉莉姐，在忙吗？

王佳

小妹啊，最近生意怎么样啊？

张莉

感谢莉莉姐把小妹的店设置成友情链接，这才多了一些流量。非常感谢๛(°□ ε′□๛)

王佳

哈哈……

张莉

王佳： 莉莉姐，我也在论坛发帖啊，但是效果太差了，而且见效很慢，哎……

张莉： 不急不急，慢慢来，想当年，我也是这样过来的。

王佳： 还是莉莉姐厉害，现在都是三皇冠了。我才3颗心呢，何时才能达到莉莉姐的高度啊！

张莉： 一步一步走稳了，不要心急。

王佳： 莉莉姐，能够传授点经验呢？

张莉： 新店最有效的方法就是参加淘宝的官方活动，例如：天天特价、淘宝清仓、免费试用等。你可以试试啊！

王佳： 会不会对新店要求特别严格啊？

张莉： 新店铺一般选择参加"天天特价"，并且天天特价现在逐渐倾向于小卖家，对小卖家开放了一些活动。

王佳： 好的，谢谢莉莉姐的大恩大德啊，小妹没齿难忘啊

张莉： (★^__^★) 嘻嘻……小妹，加油 (^ω^)

在张莉的点拨下，王佳决定参加天天特价来刺激店铺的销量，在参加活动之前，她先了解了淘宝活动的报名规则，如表10-3所示。

表 10-3　天天特价报名规则

天天特价	店铺要求	卖家信用积分：三心到五钻
		开店时间≥90 天
		加入"消费者保障服务"，并加入七天无理由退换货
		描述相符≥4.6，服务态度≥4.6，发货速度≥4.6
		因为各种违规，店铺被搜索屏蔽的卖家，暂时禁止参与活动
	宝贝要求	报名宝贝原价不高于全网均价，禁止先提价再打折
		报名的宝贝数量≥50 件，且≤300 件
		报名宝贝近 30 天内交易≥10 件
		报名宝贝折扣价格低于 60 天内最低拍下价格
		参加天天特价活动的商品必须全国包邮（港、澳、台除外）
		报名宝贝应是应季商品
		报名宝贝图片为 310×310 白底 1MB 以内清晰图片
		报名宝贝标题 13 个汉字或者 26 个字符且描述准确清晰，严禁堆砌
		涉及售卖品牌商品需要上传品牌授权图片
		涉及食品类目的宝贝需要 QS 认证标志，进口食品需要"中"字标或品牌商品需要"授"字标或"真"字标

在清楚了解了报名规则后，王佳决定参加"天天特价"活动，于 7 月 12 日报名，填写了报名页面并且系统提示报名成功。

在 7 月 15 日，系统反馈基本的审核资质，王佳发现竟然是审核没通过，根据系统给出的提示查看原因，原来是宝贝的图片大于 1MB，王佳又对图片进行优化，再次提交报名申请。

在当天晚上，王佳短信和阿里旺旺消息收到了消息通知：初审通过，并且要求在规定时间内进行宝贝 KPU 等设置，活动前一天晚上 10 点系统会锁定该商品的部分内容，如一口价、标题以及库存等，当锁定后至活动结束前不能进行任何的操作。

参加活动的连衣裙进价为 40 元，目前的全网均价为 50 元，究竟该定价多少店铺才能获取最大的利润呢？王佳对定价进行预测，如表 10-4 所示。

表 10-4　定价预测成交量和利润

定价（元）	预期成交量（件）	预期成交额（元）	预期利润（元）
49	100	4 900	900
48	130	6 240	1 040
47	150	1 050	1 050

王佳在大学期间专门研究过消费者购物心理，因为这款连衣裙的消费层级属于中低档消费，为了迎合买家的"求廉"心理，王佳决定采取"尾数定价法"制定商品的价格，将这款连衣裙的定价制定为49.8元，仅仅低于全网均价0.2元。目前的库存量为300件，按照预期的成交量，店铺的预期成交额应为：49.88×150=7 482元。

在7月17日，王佳店铺参加"天天特价"活动的商品上了预告，系统再次对商品资质进行审核。因为卖家的信用积分、DSR动态评分、7天无理由退换货、消费者保障服务、QS认证等指标均属于动态评分，所有的审核结果均以二审时间为准。同时，二审通过后不会另行通知，商品无问题则会自动在第二天活动日期上线销售。

7月18日，王佳店铺的一款连衣裙在"天天特价"活动中出现，这是王佳开店以来最忙碌的一天，阿里旺旺的消息声音"叮咚叮咚"响个不停，活动刚开始的时候，就成交34件；在晚上8点之前，300件连衣裙全部销售完。

据王佳称：客人咨询数量最多的时候，一个人同时应付12个客人的咨询。图10-7所示为店铺当天的成交量统计图。

参加了"天天特价"活动之后，王佳就匆匆忙忙打包、填写快递单、发货。在此期间一个人完成了所有的工作，终于赶在20日下午5点之前把包裹全部发出去了。发完所有的包裹之后，王佳开始计算这批连衣裙的利润。

$$成本：300×40=12 000元$$

$$成交金额：300×49.88=14 964元$$

$$毛利润：14 964-12 000=2 964元$$

其中快递费用为1 200元，这批连衣裙的纯利润为：2 964-1 200=1 764元。

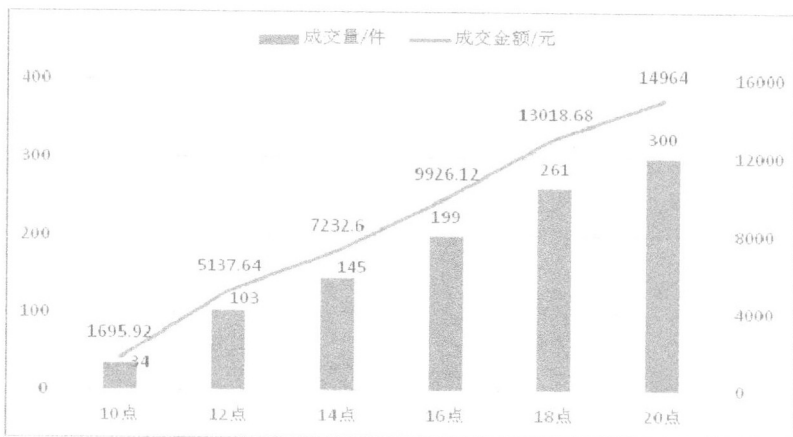

图10-7 店铺成交量与成交金额统计

王佳初次尝到了淘宝活动为店铺带来的甜头后，决定在接下来的运营期间尽量多参加淘宝活动。王佳总结了这次参加活动的几点经验。

① 店铺的优化。

7月12日晚上收到"天天特价"的通知后，店铺的优化不够完全；在后期参加活动之前，调整店铺页面版面，图片需要进行美化修饰，并且做好店铺宝贝的关联营销。除此之外，还应该在店铺首页或者是宝贝详情页添加"天天特价"活动图片。

② 快递费的核算。

在参加"天天特价"活动之前忽略了快递费用这一块，有的买家属于偏远地区，但是"天天特价"又硬性要求全国包邮，因此，快递费用的花费较大。在后期的活动中应该考虑快递费用，并且了解当地的快递公司的收费情况，选择性价比最高的快递公司。

③ 发货时间的设置。

由于当天300件连衣裙全部卖完，王佳店铺设置的时间是拍下24小时内发货。虽然这次的包裹量较多，但是已经承诺了买家在24小时内发货，很庆幸，在规定的时间内包裹全部寄出去。因此，在参加活动之前需要设置发货时间，如果发货时间过短，很容易导致发漏、发错等情况。

④ 活动前的数据统计。

在参加活动之前，一定要记录活动前的各项数据，如浏览量（PV）、访客量（UV）、收藏量以及成交转化率等，活动前记录的数据和活动后的数据相比较，会更加容易发现店铺目前存在的问题，并且及时整改。图10-8所示为参加活动前后的数据比较。

王佳的店铺成功参加了第一次活动，她又将自己参加活动的前期准备、活动期间出现的问题和解决方案，以及活动后包裹的发放一系列环节全部整理好，又在淘宝论坛发了一些心得交流帖。这次发布的帖子得到了论坛管理员的认可，被设置为"精华帖"，也得到了许多卖家的认可。为了测试论坛发帖的效果，王佳对店铺流量的来源做了统计，如图10-9所示。

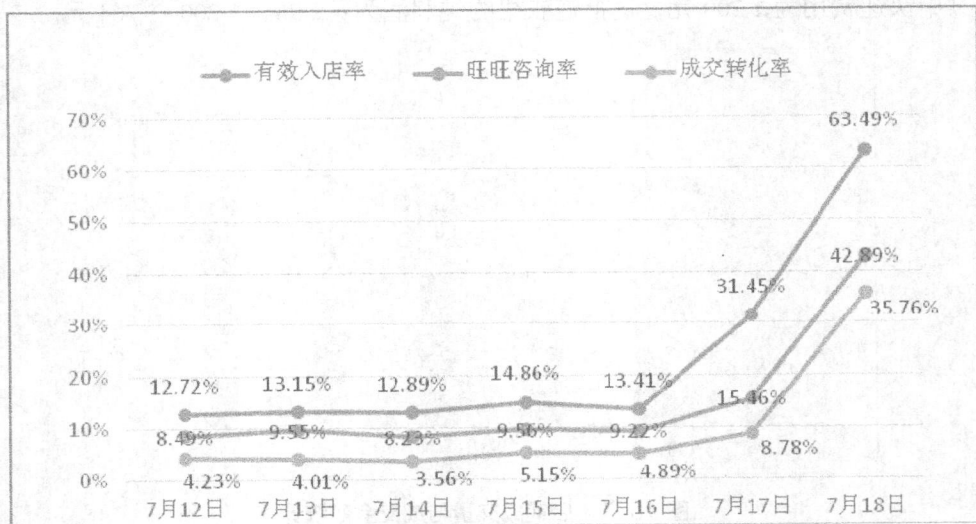

图 10-8　各项数据指标的变化情况

根据店铺的流量构成图分析：店铺的流量主要分为 3 个阶梯，第一阶梯是淘宝活动和自主访问，淘宝活动和自主访问产生的流量超过了店铺流量的 60%；第二阶梯是以购物车为首的站内流量，大约占据店铺流量的 36%；第三阶梯是其他类型的流量。

根据店铺流量的构成类型分析：店铺的流量来源较丰富，但是目前还存在致命性的问题，即店铺的站外流量极少。因为淘宝站内流量有限，如果仅仅依赖于站内流量是完全不行的。因此，在接下来的运营中，应该充分挖掘站外流量。

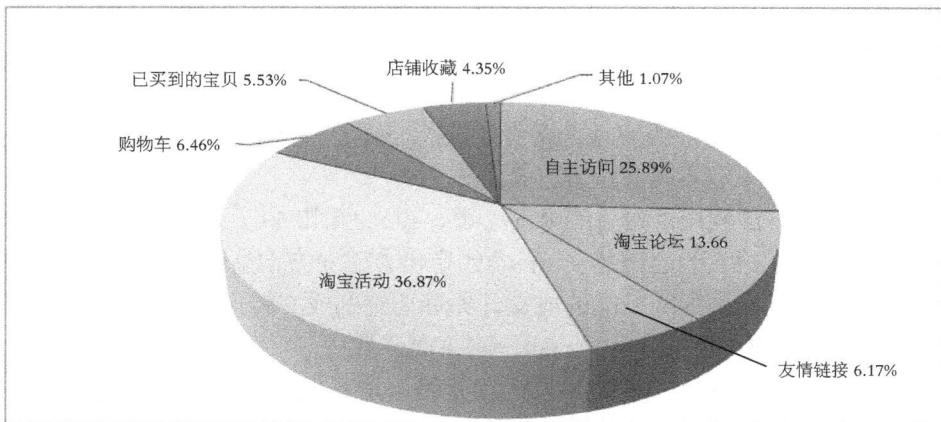

图 10-9 店铺流量构成图

10.1.3 利润的核算

从开店初期的迷茫到现在的成功参加"天天特价"，店铺成立已经半年多了。王佳对店铺的利润进行了核算，如表 10-5 所示。

表 10-5 店铺上半年的利润核算

	进货成本	固定成本	成交额	利润
3 月	3946.32	189.55	382.99	−3752.88
4 月	235.19	323.49	541.91	−16.77
5 月	326.58	424.16	633.37	−117.37
6 月	349.54	471.38	852.79	31.87
7 月	492.93	1378.85	14964	13092.22
8 月	870.46	889.79	12139	10378.75
合计	6221.02	3677.22	29514.06	19615.82

根据上半年的成本统计表分析可知：开店的前 3 个月，店铺一直处于亏本状态，直到第四个月，店铺才扭转亏本的局面，店铺在第五个月参加了"天天特价"活动，成功实现了店铺流量质的飞跃，并且较高的成交转化率为店铺创造了开店以来的第一次成交高峰期；并且为接下来的运营奠定了成交量基础。

从大学生王佳创业的经历来看，这只是万千大学生创业的一个缩影。王佳在创业过程中有以下几点值得广大新手卖家借鉴。

（1）地理优势

广州的商品制造业和贸易业都比较发达，王佳在创业初期对于主营类目的选择空间较大，并且通过对不同进货渠道的比较，在进货成本以及快递费用等多方面节约了不少的资金。

除此之外，王佳以网上进货为主，一旦出现缺货的情况，她可以立即去当地的批发市场进货，确保能及时发货，减少买家的退款率。

（2）专业知识活学活用

王佳在大学的时候专门研究过消费者的购物心理，关于宝贝的定价有一套完整的方案，针对不同的商品采取不同的定价方案。

例如，尾数定价法利用消费者的求廉心理，49.80 元和 50 元仅仅相差 0.2 元，但是却让消费者产生了相差很大的心理感受。科学的定价方法一方面能让消费者感觉"占便宜"，更重要的是在最大程度上促成商品的成交，保证店铺的成交转化率。

（3）"有目的"地拜师

王佳为什么会直奔淘宝论坛发帖？因为她是学电子商务的，她知道淘宝论坛是淘宝官方为广大淘宝卖家创建的交流平台，淘宝论坛必然聚集着成千上万的"武林高手"。果不其然，她在这里遇到了她的创业导师——张莉。

在整个创业过程中，张莉帮助了她两次，第一次是设置店铺的友情链接，张莉作为皇冠卖家，店铺每天都会有大量的流量，这也为王佳的店铺带来了 6.17% 的流量；第二次也是最关键的一次，张莉建议王佳决定参加"天天特价"冲销量，"天天特价"的成功直接使她的店铺扭转盈亏。

（4）善于统计数据分析

当王佳在成功参加了"天天特价"活动之后，并没有沉浸在成功的喜悦之中，而是先分析店铺的相关数据指标。例如，店铺的流量构成，虽然店铺的流量有了质的变化，但是细心的王佳还是发现，店铺的流量来源单一，大约 99% 的流量都来自于淘宝站内。如果淘宝站内流量发生变化时，很可能对她的店铺带来沉重的打击。因此，她决定在接下来的运营适当改变战略战术，采取"站外引流"，丰富店铺流量的来源。

王佳在创业初期一步一步熬过难关。从最初的选货到店铺的推广，再到利润的核算，这就是新手卖家迈向成功的三部曲。纵观王佳创业初期的成功因素，不难会发现：主观因素始终大于客观因素。如果新手淘宝卖家充分发挥主观能动性，利用数据的分析结果作为运营的决策依据，不断学习借鉴其他卖家的成功经验，再根据自身的实际情况，稳扎稳打，步步为营。

10.2　核心数据的提取与分析

随着淘宝店铺的发展和壮大，店铺中会出现各种数据化分析工具的出现，数据的分析就逐渐开始由单一向多元化、由表面向深层次转变，因此，大量的数据也就诞生了，如静默转化率、首页跳失率、重复购买率、质量得分、投资回报率 ROI 等。

大量的分析数据不断涌现对于广大淘宝卖家而言是一把双刃剑，一方面这些数据为店铺的运营状况提供了诊断的依据，为店铺制定营销战略提供了参考依据和数据支撑；但是也增加了店铺运营决策的难度，淘宝卖家需要花费大量的时间去研究这些数据，对于部分的新手卖家而言更是头疼，根本不知道该从哪里入手分析。

淘宝卖家小蔡现在已经是三皇冠卖家，3 年前，他在淘宝开店创业，店铺主营女装，关于这部分数据研究累计了很多的经验并且自有一套数据研究方法。图 10-10 所示为核心数据提取的作流程，下面小蔡将为淘宝卖家逐步讲解如何提取和分析店铺的核心数据。

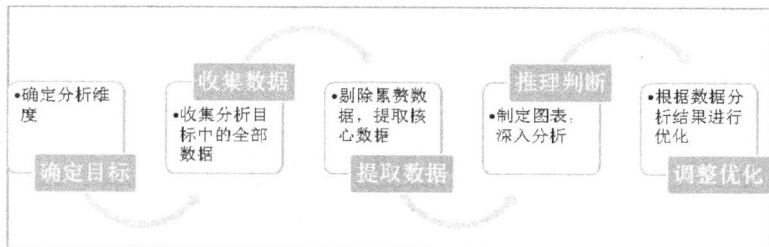

图 10-10　核心数据提取与分析工作流程图

10.2.1　确定分析目标

小蔡作为店铺的掌柜，分析店铺的数据是日常工作之一。在关于店铺的数据研究与分析方面，小蔡对研究宝贝标题有自己独到的见解。在他看来，宝贝标题相当于宝贝的门面，优质的标题能够为宝贝带来更精准的流量，提升潜在的成交转化率。

众所周知，宝贝的标题被限定为 30 个汉字，60 个字符。那么，淘宝卖家该如何用仅有的 30 个汉字概括宝贝的属性呢？小蔡告诉广大新手淘宝卖家：宝贝的标题尽量不要设置空格，也不要重复和堆砌，需要充分考虑每个关键词排列组合的通畅性。

例如，小蔡的店铺有一款女士 T 恤，设置的关键词分别是：韩版大码、2015 夏装新款、短袖 T 恤、打底衫、宽松上衣，那么设置成宝贝的标题为：2015 夏装新款 韩版大码 短袖 t 恤　宽松上衣；初步设置的宝贝标题共有 15 个汉字，3 个字符，那么，还需要 14 个汉字进行补充，这不是关键词也就是属性词，最终的宝贝标题为：2015 夏装新款韩版大码女装学生短袖 t 恤卡通宽松上衣潮。属性词也是不容忽视的，在一定程度上能增加宝贝被买家搜索到的几率。

因为宝贝的标题是由不同的关键词构成，那么，宝贝标题的优化就是关键词的优化。图 10-11 所示为店铺某款 T 恤的标题拆分。

图 10-11　宝贝标题的拆分

根据宝贝标题的拆分来分析：这款宝贝标题主要由时间词、属性词和核心关键词构成。那么，在接下来的数据的收集与提取过程中，应该注重核心关键词的收集与提取。

10.2.2　提取优化数据

当确定了需求目标之后，再对目标的现状进行数据统计与分析，如宝贝标题关键词的搜索人气、搜索指数以及点击指数等数据指标。表10-6所示为小蔡店铺宝贝的热门关键词的数据统计表。

表 10-6　热门关键词数据统计表

热门关键词	搜索人气	搜索指数	点击指数	点击率	成交指数	转化率
圆领印花 女	29756	157156	79852	39.76%	152	0.54%
森女文艺 T恤 女	23141	53497	67851	42.39%	102	0.58%
宽松 T恤 女	9512	33123	36499	55.41%	411	0.79%
夏装新款 大码	8240	11787	13520	63.58%	601	1.03%
2015 韩版 T恤	5175	89495	8591	66.46%	793	1.75%
学生 T恤 青春	4322	69723	6762	56.98%	89	0.38%
中长款 显瘦大码	2300	53012	5341	64.19%	583	0.88%
纯棉短袖 包邮	1313	39461	3209	64.73%	175	0.56%

小蔡根据店铺的热门关键词的数据统计表发现：衡量关键词的指标较多，不同的指标反映的数据不同。例如，搜索人气、搜索指数、点击指数以及点击率都是衡量关键词热度的指标，能够真正反映店铺宝贝成交的情况数据指标却较少，同时，与宝贝匹配度较高的却只有一小部分。

因此，小蔡可以初步确定衡量店铺成交的核心数据只有成交指数和转化率，也可以筛选出核心关键词，如宽松 T恤 女、夏装新款 大码、2015 韩版 T恤以及中长款 显瘦大码。下面将以成交指数和成交转化率为维度分析影响店铺的相关数据。

（1）类目的相关性

店铺的目前搜索排序方式主要有综合排序、人气排序、销量排序以及价格排序，但是默认的排序方式是综合排序，如图 10-12 所示。

当买家在淘宝搜索框中输入宝贝的关键词之后，淘宝系统会根据买家的历史购买记录、历史浏览记录以及类目的相关性等数据记录在宝贝搜索页面显示搜索结果。例如，在搜索框中输入"T恤"，搜索结果会以综合排序的方式显示该买家已经购买过的店铺，收藏过的店铺，黄钻爱购买的店铺以及回头客爱购买的店铺，如图 10-12 所示。

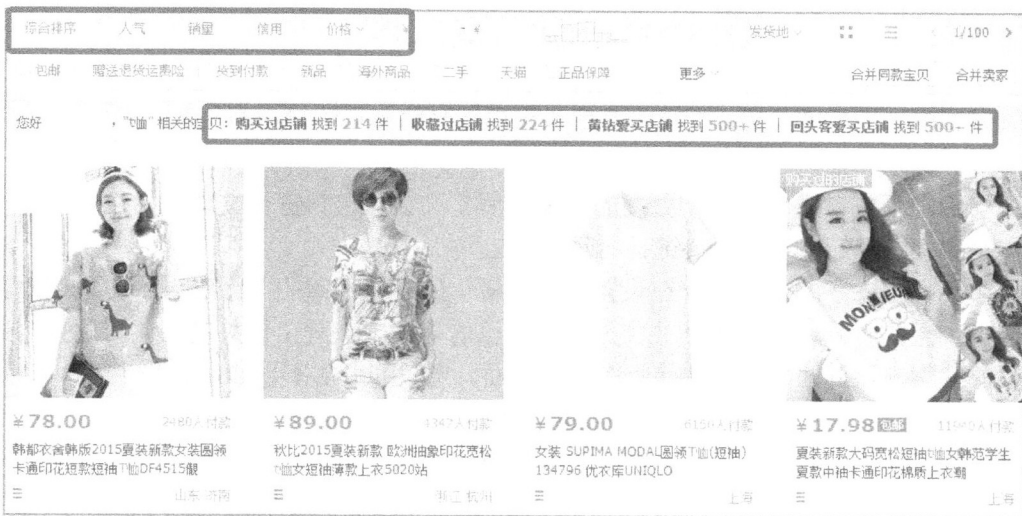

图 10-12 综合排序显示搜索结果

小蔡根据运营店铺的经验发现：大部分的中小卖家和大型的淘宝卖家相比，在人气、销量、信用以及价格并没有太大的优势，而默认的搜索排序流量超过淘宝全站的搜索流量的 80%，因此，中小卖家如何通过优化标题获取综合排序才是数据分析的关键。

淘宝系统是如何通过搜索的关键词进行类目的匹配呢？小蔡主要根据淘宝指数的市场细分下的类目分布进行分析，如图 10-13 所示。

根据 T 恤类目图可知：全淘宝网上的 T 恤类目大致分为 4 个梯队，第一梯队是 63.01%的女装 T 恤类目；第二梯队是 15.90%的男装 T 恤类目；第三梯队是以童装为首的 T 恤类目，其中包括蕾丝衫、大码女装、套装以及运动 T 恤，其类目占比大约为 16.78%；第四梯队是以中老年女装为首的 T 恤类目，其中包括运动休闲套装、休闲衫和亲子装等类目，其类目占比大约为 2.91%。

图 10-13 T 恤类目分布

宝贝的类目相关性越强，在搜索页面获得展示的几率越高。例如，小蔡店里这款 T 恤的类目应该设置成女装/女士精品> T 恤，如果小蔡将 T 恤的类目设置成了大码女装，可能关键词为宝贝带来的搜索流量就非常低。因为买家在搜索 T 恤时，大码女装类目的相关商品很少，展示在搜索结果页面的宝贝也很少。

所以，淘宝的搜索结果页面会优先展示女装/女士精品> T恤，淘宝卖家在设置宝贝的时候，应该先查看宝贝关键书的类目是否属于当前宝贝的热门类目。

（2）文本的相关性

当淘宝系统完成了类目相关性的匹配之后，又会对宝贝进行文本相关性的匹配，而文本相关性的匹配主要是指关键词的匹配。

小蔡指出许多的淘宝卖家在设置宝贝关键词的时候经常犯一个错误，也包括他当年刚接触淘宝的时候，淘宝卖家往往是根据自己的喜好来设置宝贝关键词，因此直接造成宝贝的搜索率很低，即使是被展示在搜索页面，宝贝的点击率也非常低。

小蔡在淘宝搜索框中输入t恤，搜索列表会自动显示热门的搜索词，"t恤女夏"这一关键词的搜索频率最高，"t恤女夏"的属性词主要按照风格、款式、年龄以及职业 4 个方面进行分类，如图 10-14 所示。因此，小蔡初步确定该款宝贝标题的关键词会有"t恤女夏"，再根据不同的属性词对标题进行优化组合，例如，韩版 T 恤女夏修身短袖 2015 新款简约显瘦学生中长款。

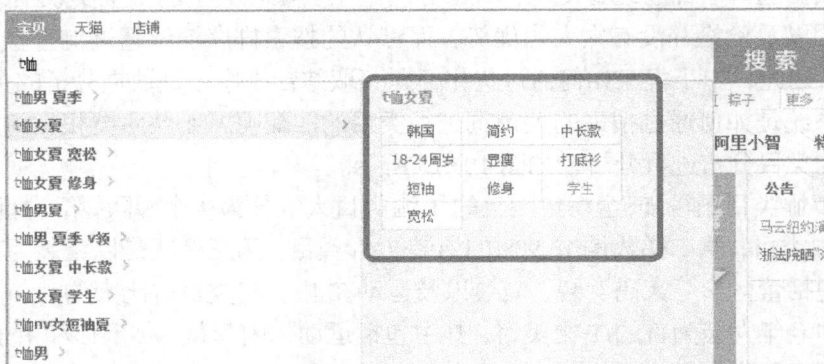

图 10-14　T恤的热门关键词

根据买家的搜索习惯和当前的热门搜索词来制定宝贝的热门搜索词，在一定程度上会极大地提升宝贝被搜索到的频率，同时，也会提升店铺的潜在成交转化率。

（3）时间的相关性

宝贝标题的优化最终目的也是提升搜索率和成交转化率，而标题的优化通常会结合下架时间优化。当其他因素相当的时候，宝贝越临近下架时间，搜索加权越重。因此，精准安排宝贝的下架时间也是提升转化率的一种有效方法。除此之外，在精准安排宝贝的上下架的时间之后，也需要注重竞争对手的下架时间。

小蔡直接利用在"生意参谋"查看竞争对手的下架时间，并完成相关的数据记录。图 10-15 所示为竞争宝贝下架时间统计图。

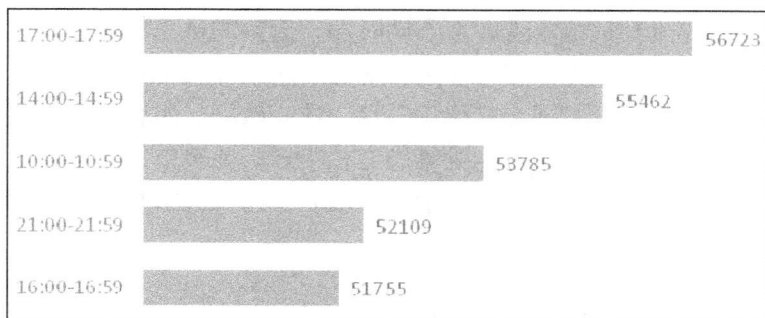

图 10-15　竞争宝贝下架 TOP5

如图 10-15 所示，竞争宝贝的搜索指数排名前五的时间段依次是：17:00—17:59，14:00—14:59，10:00—10:59，21:00—21:59，16:00—16:59。在清楚地掌握了竞争对手的下架时间后，再根据自己的店铺实际情况进行下架的时间优化，小蔡店铺的这款 t 恤的下架时间为 19:00，为了提升宝贝的搜索频率，他将店铺的下架时间调整为 17:00—17:59。

在完成了宝贝标题的相关的核心数据的分析之后，需要进行调整和优化，根据表 10-6 所示，宝贝的关键词成交转化率较高的是：宽松 T 恤女、夏装新款大码、2015 韩版 T 恤、中长款 显瘦大码，再结合所收集的相关数据进行调整和优化。

首先，淘宝卖家在设置宝贝的时候，应该先查看宝贝关键词的类目是否和当前宝贝的热门类目相一致；其次是按照买家的搜索习惯和搜索频率设置宝贝的关键词；最后还需要参考同行的下架时间，宝贝标题的优化需要配合下架时间，双管齐下，提升店铺宝贝的成交转化率。运营一段时间后，小蔡又对该款 T 恤的热门关键词做了相关的数据统计，如表 10-7 所示。

表 10-7　热门关键词数据统计表

热门关键词	搜索人气	搜索指数	点击指数	点击率	成交指数	转化率
韩版中长款 女	30553	178262	62741	42.33%	220	0.78%
T 恤 女夏	26420	52194	55436	68.49%	539	1.92%
夏装新款 大码	9543	25096	42196	46.72%	402	0.35%
T 恤女夏 学生	7123	18973	10892	53.14%	324	1.22%
2015 夏 T 恤女简约	6449	13497	7549	36.19%	200	0.65%
T 恤女夏 修身	3897	8972	5310	44.23%	105	0.41%
T 恤女夏 宽松	2614	6645	4922	39.52%	107	0.72%
短袖 T 恤学院	1526	3429	2266	38.11%	113	0.35%

小蔡称：店铺运营中有大量的数据指标，在掌握了核心数据的前提下，以影响核心数据的因素为维度进行相关的分析和总结。这种方法适合中小型买家，因为店铺正处于高速发展阶段，淘宝卖家需要相关的数据分析结果作为决策的支撑。

同时，核心数据并非一成不变，在不同时期，店铺的核心数据会有相应的变化。通常而言，"成交转化率"这一数据指标贯穿店铺运营的各个时期，店铺运营能力直接决定了店铺盈利能力的强弱，以"成交转化率"这一核心数据作为店铺运营能力考核指标之一，并且提取其他的相关数据指标作为辅助考核指标，如客单价、页面跳失率、回头客占比等，综合相关的数据进行分析，才能够保证分析结果的精准度，在最大程度上减小决策的失误率。

10.3　店铺数据分析之流量数据

不管店铺在哪个发展阶段，流量始终是店铺运营的基础。没有流量就等于没有销量。如何提升店铺的流量一直是淘宝卖家的关注焦点之一。众所周知，流量分为站内流量、站外流量、自主访问流量和付费流量。站内的流量有一部分相当的重要，如淘宝官方活动、首页的自主访问、直通车、钻石展位以及淘宝客等，淘宝卖家又该如何从店铺的流量数据进行分析呢？

接下来"流量数据达人"小陈为广大的淘宝卖家讲解该如何对流量数据进行分析。小陈是淘宝电商学院的数据分析人员，主要研究店铺的流量数据，于 2008 年加入淘宝，并从事相关的数据分析工作，具有丰富的数据分析经验。

10.3.1　流量指标的构成

在分析流量之前，首先需要明确店铺的流量指标构成，如图 10-16 所示，小陈分别以宝贝流量和店铺流量作为切入口对各项流量指标进行分析。

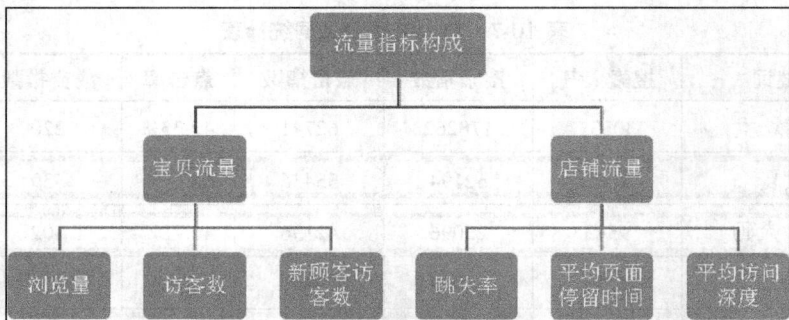

图 10-16　流量指标构成

在宝贝流量中，新顾客访客数是指之前没有在店铺产生过购买行为的客户的访问次数。新顾客访客数是衡量一个店铺的推广效果、装修风格受欢迎程度以及宝贝定位。因此，在宝贝流量中，新顾客访客数是重点研究的数据。

接下来分析店铺流量，跳失率、平均页面停留时间和平均访问深度 3 项数据指标都是衡量店铺流量的重要指标。跳失率是衡量店铺的用户体的关键指标，跳失率越低，说明用户体验越好；平均页面停留时间和平均访问深度衡量店铺对买家的黏性指标。

因此，小陈将根据新顾客访客数和跳失率对店铺的流量进行深入的分析。

10.3.2　用户行为轨迹数据

小陈认为，在店铺数据分析的大框架下，淘宝卖家通过对用户行为进行监测进而获得用户行为轨迹数据是流量数据分析的重中之重。淘宝卖家通过行为轨迹数据分析，更加清楚、详细地了解买家的需求、喜好以及相关的作息习惯，有助于店铺实现更加精准化的流量数据分析，实现店铺宝贝的精准化营销。

在面对满屏的数据时，很多新手淘宝卖家都是处于茫然不知所措的状态，首先，小陈告诉广大新手卖家，做用户行为轨迹数据分析的第一步就是确定目标。目标的确定是通过相关的流量数据分析，降低推广的成本，提升成交转化率和支付率；然后再对相关的数据指标进行分析和优化。

（1）新顾客访客数

小陈统计了店铺最近7天的访客数变化，如图10-17所示。

根据店铺的新老顾客访客数的对比发现：该店铺的新老访客数都比较稳定，新顾客的访客数是一个店铺的流量的主要来源，老顾客的访客数也是不容忽视的，其中老顾客为店铺的成交转化率的贡献也是相当大的。所以，淘宝卖家在开发新客户的同时，也需要对老客户进行关系的维护。

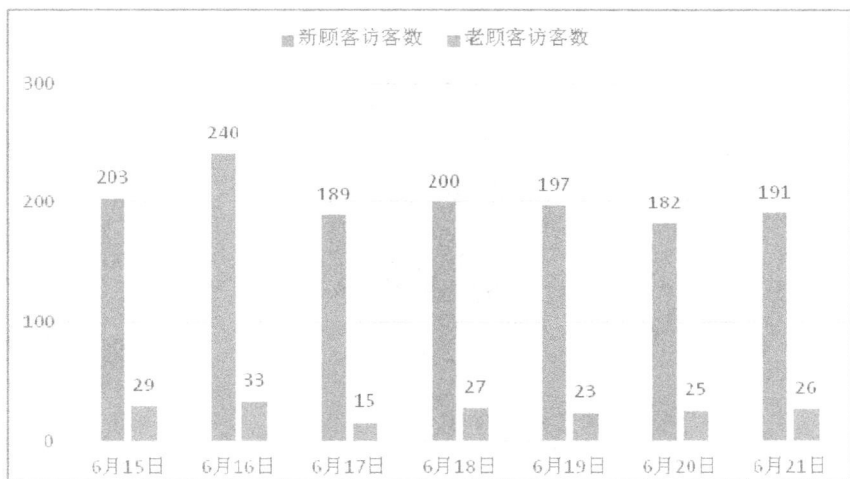

图10-17　新老顾客访客数对比图

一般情况下，淘宝店铺的新客户越多，说明淘宝店铺吸引新客户的能力越强，能够为店铺带来更多的流量。因此，接下来就需要对新客户的用户行为轨迹进行分析，新客户在访问某一宝贝的时候，其用户行为轨迹大致如图10-18所示。

当买家通过各种渠道进入宝贝主页之后，可能会受到价格、装修、客服响应时间以及关联营销等因素的影响，买家会产生进入店铺首页、分类页、其他宝贝页面和出店等行为。因此，在最大程度上增加新顾客的访客数是提升店铺流量的关键。小陈对店铺不同渠道的新客户访客数进行了数据统计，如图10-19所示。

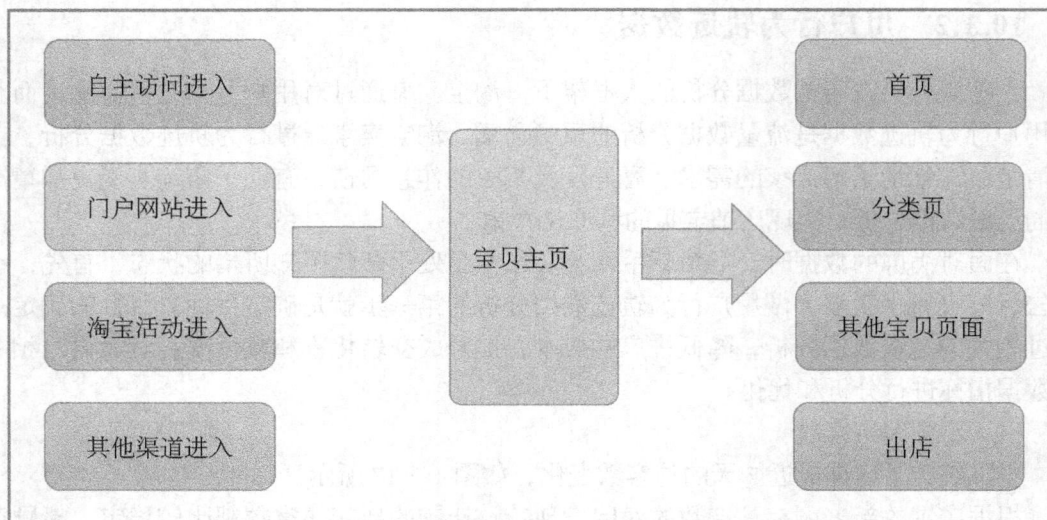

图 10-18　新客户行为轨迹图

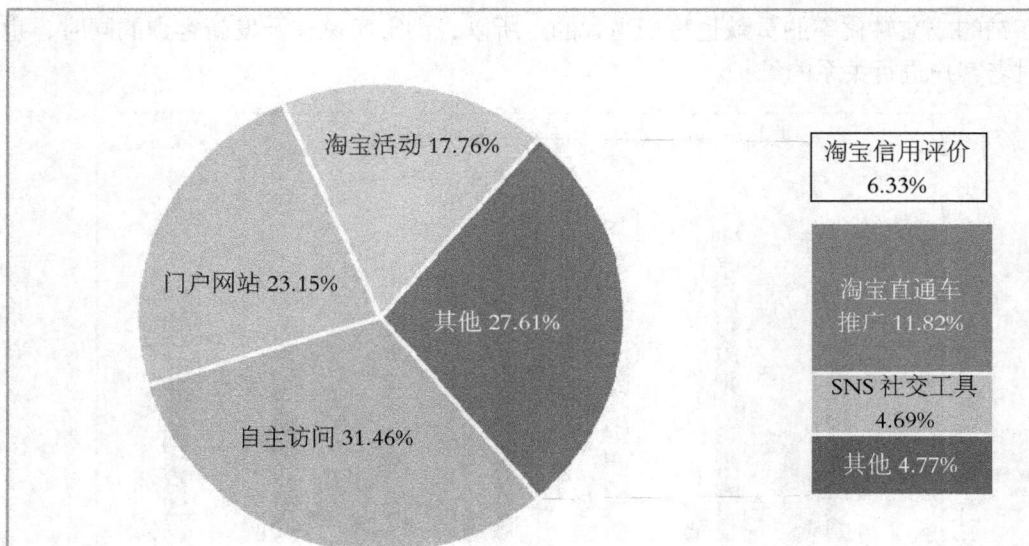

图 10-19　新顾客访问渠道统计图

　　小陈根据统计分析发现：新客户主要通过自主访问、门户网站和淘宝活动 3 种渠道进行访问，而淘宝信用评价、淘宝直通车推广、SNS 社交工具等渠道则丰富了店铺流量来源的类型，店铺可以从多种渠道获取流量。因此，淘宝卖家必须应该清楚新客户从哪里来？访问渠道是什么？是否需要再扩展访问渠道？

　　同时，小陈也提醒新手淘宝卖家：尤其是针对付费流量，如果投入的资金过多，但是获取的流量极少，那么，卖家应该考虑减少一部分付费流量的支出。

　　（2）跳失率

　　跳失率是指买家从某个或某组登录页面进入店铺，只访问了一个页面就离开的访问人次占据该组登录页面访问人次的比例。跳失率=调试人次/登录页面的访问人次。在数据运营分析工具中，"江湖策"能够监测店铺的跳失情况，如表 10-8 所示。

表 10-8　江湖策数据分析的三大版块

浏览量	访客数	跳失率	拍下件数	拍下金额	成交用户数	引导成交金额	成交转化率	操作
	潜在的买家			成交转化情况		寻找成交转化率最高的渠道		
352	136	52.16%	30	2096.4	15	978.32	9.46%	查看订单

根据表 10-8 所提供的数据分析可知：该款宝贝可大致划分为 3 个版块：潜在的买家、成交转化情况和寻找成交转化率最高的渠道。而潜在的买家就是本小节需要重点分析的部分，潜在的买家版块主要由浏览量、访客数和跳失率组成，接下来就针对跳失率作深入的数据分析。

小陈根据江湖策显示的跳失率数据图可知："宝贝收藏"浏览量和访客数均比较高，但是跳失率竟然达到 100%，所以，淘宝卖家在接下来需要立即对"宝贝收藏"页面进行优化，单击"宝贝收藏"后面的小柱形图，如图 10-20 所示，即可查看"宝贝收藏"指标最近 15 天的变化趋势。

渠道类型	浏览量	访客数	跳失率	拍下件数	拍下金额
自主访问	337	97	58.06%	34	9,900.00
店铺收藏	27	13	42.86%	3	268.00
宝贝收藏	101	41	100.00%	0	0.00
我的淘宝	28	9	40.00%	14	8,715.00
直接访问	172	45	63.08%	10	596.00
购物车	9	2	66.67%	5	321.00

图 10-20　跳失率分析

除了"宝贝收藏"页面需要优化外，"直接访问"的跳失率高达 63.08%；"购物车"的跳失率为 66.67%，这两项相关的数据指标都需要进行优化。

跳失率代表着买家访问店铺登录页面的装修以及影响效果的好坏。如果店铺的某一项访问渠道跳失率过高，那么，淘宝卖家就需要引起警惕了，首先查看不同渠道直接到达店铺的哪个页面，再分析跳失率过高的原因，最后完成访问渠道的优化。

本章小结

本章主要是以案例的形式为主，鉴于很多的新手卖家在创业初期资金周转有一定的难度，主要介绍了一些免费的数据渠道。

其中第一个案例讲解了新手卖家从店铺选货到推广，再到店铺利润的核算；第二个案例主要讲解宝贝标题的优化，其中包括关键词的优化、下架时间的优化和 SEO 优化；最后一个案例是分析店铺流量指标的构成，以新顾客访客数和跳失率为维度对买家的行为轨迹进行分析。

3 个案例的形式灵活，在案例中直接穿插了店铺的部分核心数据，如成交转化率、流量、SEO 优化和跳失率等，再根据相关的核心数据进行分析和优化。

课后思考题

淘宝卖家小王比较擅长借鉴别人的成功经验，也会试着将别人的成功经验和自己的店铺的实际情况相结合来运营店铺。在经历了一年多的店铺运营，他收获颇多，从第一单成交的无比喜悦到第一个回头客的出现，从第一次参加淘宝官方活动到熟练掌握店铺运营推广的方法和技巧，同时，在这期间，也有很多的坎坷，联系买家修改中差评，买家抱怨店铺的物流、客服不给力……这一路走来，他始终保持最初的信念——

有志者，事竟成，破釜沉舟，百二秦关终属楚；

苦心人，天不负，卧薪尝胆，三千越甲可吞吴。

为了帮助和鼓励更多的新手淘宝卖家，他总结了开店以来的经验，决定以案例的形式在淘宝论坛中发帖，目前他主要想讲解参加淘宝官方活动，但是他又不知道该从何处下笔。

跟根据本章所学习的内容，为小王梳理写案例时需要注意的要点。